두근두근
파이썬 개정판

천인국 지음

생능출판

저자 소개

천인국(千仁國)

1983년 서울대학교 전자공학과 공학사
1985년 한국과학기술원 전기및전자공학과 공학석사
1993년 한국과학기술원 전기및전자공학과 공학박사
1985~1988년 삼성전자 종합연구소 주임 연구원
1993년~현재 순천향대학교 컴퓨터 공학과 교수
2005년 캐나다 UBC 방문교수
E-mail: chunik@sch.ac.kr

두근두근 파이썬

초판발행 2017년 1월 16일
제2판2쇄 2024년 1월 31일

지은이 천인국
펴낸이 김승기
펴낸곳 (주)생능출판사 / **주소** 경기도 파주시 광인사길 143
출판사 등록일 2005년 1월 21일 / **신고번호** 제406-2005-000002호
대표전화 (031)955-0761 / **팩스** (031)955-0768
홈페이지 www.booksr.co.kr

책임편집 신성민 / **편집** 이종무, 최동진 / **디자인** 유준범, 노유안
마케팅 최복락, 김민수, 심수경, 차종필, 백수정, 송성환, 최태웅, 명하나, 김민정
인쇄 · 제본 (주)상지사P&B

ISBN 978-89-7050-656-2 93000
정가 25,000원

개정판 머리말

파이썬은 지금도 프로그래밍 언어 분야에 1위를 지키고 있는 매우 인기있는 언어이다. 파이썬은 인공지능이나 빅데이터 분야의 필수 언어가 되었고, 과학이나 공학 분야 뿐만 아니라 인문, 사회 과학 분야에서도 사용되고 있다. 무엇보다도 간결하고 사용하기가 쉬워서 그럴 것이다. 이번 개정판에서는 다음과 같은 점을 보완하고 수정하였다.

- 초판과 마찬가지로 적절한 그림을 가능한, 많이 사용하여 친숙하고, 지루하지 않으며 독자들이 이해하기 쉬운 교재를 만들려고 노력하였다. 터틀 그래픽과 tkinter 등을 이용하여서 흥미있는 예제들을 제공하려고 노력하였다.
- 파이썬이 인기있는 또 다른 이유는 강력한 라이브러리 때문이다. 초판에 비하여, 개정판에서는 라이브러리 사용 예제를 추가하였다. 너무 복잡한 라이브러리는 제외하였고 맷플롯립(MatPlotLib), 필로우(Pillow), OpenCV, PyGame 등의 기초적인 예제를 추가하였다.
- 예제 중에서 좀 더 심도있게 살펴보아야 할 주제는 LAB으로 제공하였다. LAB의 기본 소스를 학습자들이 수정 보완할 수 있도록 도전 문제를 추가하였다.
- 학습자들이 프로젝트로 진행할만한 주제들을 8장과 14장에 배치하여서 프로젝트 주제로 사용될 수 있도록 하였다.

초판이 발생된 후로 격려해주시는 많은 분들께도 깊은 감사를 드린다. 항상 교재 출판에 진심이신 생능출판사 여러분께 깊은 감사를 표한다. 또 초판과 마찬가지로 책의 교정을 도와준 천명준 군과 항상 조언을 많이 해주시는 심규헌 박사님께 심심한 감사를 표한다. 초판과 마찬가지로 학습자들이 이 책을 통하여 컴퓨터 프로그래밍을 흥미롭게 느낀다면 필자에게는 큰 보람이 될 것이다.

2022년 12월
저자 천인국

초판 머리말

파이썬은 입문자들에 매우 적합한 언어이다. 무엇보다도 간결하며 짧고 읽기 쉽고, 직관적인 코드를 작성할 수 있다. 하지만 성능은 강력해서 네트워킹, 과학 계산, 웹 프로그래밍 분야에서 널리 사용되고 있다. 최근에 만들어진 언어답게 그래픽 프로그램도 터틀 그래픽과 tkinter 를 사용하여 상당히 쉽게 작성이 가능하다. 이 책은 생애 최초로 프로그래밍을 하려는 학생들을 대상으로 파이썬 언어와 GUI 프로그래밍을 소개한다.

- 프로그래밍을 처음 시작하는 학습자도 쉽게 따라올 수 있도록 변수, 조건문, 반복문, 함수 등의 기본적인 프로그래밍 개념을 자세히 설명하였다.
- 적절한 그림을 가능한 많이 사용하여 더욱 친숙하고, 지루하지 않으며 독자들이 이해하기 쉬운 교재를 만들려고 노력하였다.
- 독자들이 흥미를 가질만한 실습 예제를 간추려서 LAB으로 제공하였다. LAB의 끝에는 도전 문제를 두어서 독자들이 주어진 소스를 개선할 수 있도록 하였다.
- 터틀 그래픽과 tkinter 기반의 흥미로운 예제와 연습문제를 제시하였다.

파이썬은 수많은 다양한 활용분야를 가지고 있기에 데이터베이스, 네트워크, 멀티미디어, 통계, 재무, 정보보안 프로그래밍은 관련책이나 인터넷 검색 등을 통하여 추가로 학습하기 바란다. 이 책이 만들어지기까지 많은 도움이 있었다. 항상 새로운 책에 대하여 적극적으로 지원해주신 생능출판사 여러분께 깊은 감사를 표한다. 또 책의 교정을 도와준 천명준 군과 기술교정을 봐주신 심규현 박사님께 심심한 감사를 표한다. 책이 발간될 때마다 오류를 지적해주시고 격려해주시는 많은 분들께도 깊은 감사를 드린다. 아무쪼록 이 책을 통하여 많은 이들이 컴퓨터 프로그래밍을 흥미진진한 분야로 생각한다면 필자에게는 큰 보람이 될 것이다.

2016년 12월
저자 천인국

이 책의 구성과 특징

이 책의 구성

이 책은 파이썬 입문자들을 위하여 기술되었다. 입문자들이 쉽게 개념을 이해하고 실력을 기를 수 있도록 다양한 학습 장치들을 배치하였다.

각 장에서 무엇을 배워야 하는 지를 제시하였다.

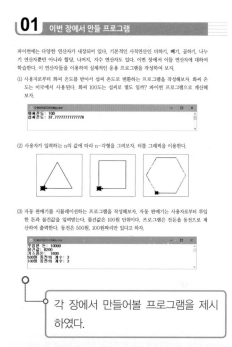

각 장에서 만들어볼 프로그램을 제시하였다.

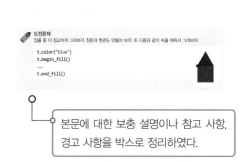

본문에 대한 보충 설명이나 참고 사항, 경고 사항을 박스로 정리하였다.

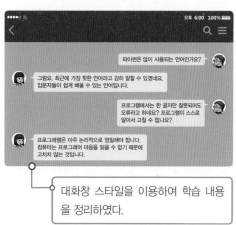

대화창 스타일을 이용하여 학습 내용을 정리하였다.

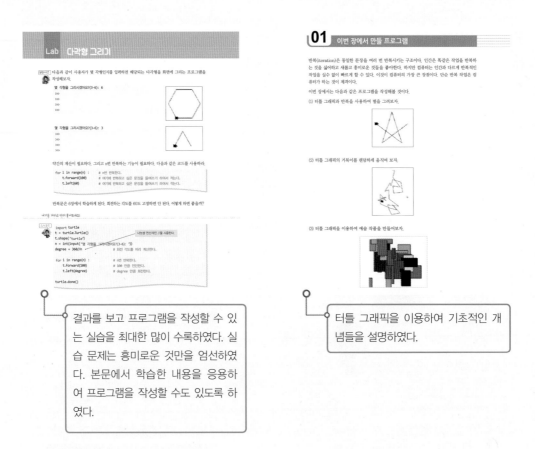

이 책의 특징

- 파이썬을 이용하여 프로그래밍에 입문하는 독자들을 위하여 프로그래밍의 기초적인 개념부터 자세히 설명하였다.
- 적절한 그림을 통하여 중요한 개념들을 빠르게 학습할 수 있다.
- 터틀 그래픽과 tkinter를 사용하여 독자들이 그래픽을 통하여 각종 개념을 실습할 수 있도록 하였다.
- 학습한 내용을 바탕으로 독자가 스스로 프로그램을 작성해볼 수 있는 실습 문제(LAB)를 대폭 수록하였다. 실습 문제들은 흥미로운 주제들로 엄선하였다. 실습 문제는 설명과 함께 자세한 답안이 제공된다.
- 컬러를 사용하여 빠르게 이해되도록 구성하였다.

강의 계획

강의 계획 I(Minimum Track)

기초 프로그래밍 교육은 다양한 전공의 학생들을 대상으로 하고 학교마다 강의시간이나 학점이 달라진다. 만약 2학점의 강의이고 수강생이 인문계라면 다음과 같은 진행을 생각할 수 있다.

주	해당 chapter	학습 주제
1	1장	파이썬 소개
2	2장	변수
3	3장	계산기능
4	4장	자료의 종류
5	5장	조건 I
6	6장	반복 I
7	6장	반복 II
8	중간고사	중간 평가
9	7장	함수 I
10	7장	함수 II
11	8장	프로젝트 I
12	8장	프로젝트 I
13	9장	리스트와 딕셔너리 I
14	9장	리스트와 딕셔너리 II
15		기말 프로젝트 발표
16	기말고사	기말 평가

기말 프로젝트 주제 예시
- 거북이 경주 게임 완성하기(8장 참조)
- 앵그리 터틀 게임 완성하기(8장 참조)
- 애니메이션 작성하기(8장 참조)

강의 계획 II(Medium Track)

기초 프로그래밍 교육은 다양한 전공의 학생들을 대상으로 하고 학교마다 강의시간이나 학점이 달라진다. 만약 3학점의 강의이고 수강생이 자연계 전공이라면 다음과 같은 진행을 생각할 수 있다.

주	해당 chapter	학습 주제
1	1장	파이썬 소개
2	2장	변수
3	3장	계산기능
4	4장	자료의 종류
5	5장	조건
6	6장	반복
7	7장	함수
8	중간고사	중간 평가
9	8장	프로젝트 I
10	9장	리스트와 딕셔너리 I
11	10장	tkinter I
12	10장	tkinter II
13	11장	파일 I
14	11장	파일 II
15		기말 프로젝트 발표
16	기말고사	기말 평가

기말 프로젝트 주제 예시
- 거북이 경주 게임 완성하기(8장 참조)
- 앵그리 터틀 게임 완성하기(8장 참조)
- 애니메이션 작성하기(8장 참조)
- 계산기 기능 확장(10장 참조)
- MyPaint 프로그램 기능 확장(10장 참조)
- 메모장 기능 확장(11장 참조)

강의 계획 III(Maximum Track)

기초 프로그래밍 교육은 다양한 전공의 학생들을 대상으로 하고 학교마다 강의시간이나 학점이 달라진다. 만약 3학점의 강의이고 수강생이 이공계 전공이라면 다음과 같은 진행을 생각할 수 있다.

주	해당 chapter	주제
1	1장	파이썬 소개
2	2장	변수
3	3장	계산기능
4	4장	자료의 종류
5	5장	조건
6	6장	반복
7	7장	함수
8	중간고사	중간 평가 및 프로젝트 제안서 발표
9	8장	프로젝트 I
10	9장	리스트와 딕셔너리
11	10장	tkinter
12	11장	파일
13	12장	라이브러리 사용
14	13장	객체와 클래스 개요
15	14장	프로젝트 II
16	기말고사	기말 평가 및 프로젝트 결과 발표

기말 프로젝트 주제 예시

- 과자 먹기 게임 완성(8장 참조)
- 앵그리 터틀 게임 완성하기(8장 참조)
- 애니메이션 작성하기(8장 참조)
- 계산기 기능 확장(10장 참조)
- MyPaint 프로그램 기능 확장(10장 참조)
- 메모장 기능 확장(11장 참조)
- Pillow 라이브러리를 이용한 영상처리 프로그램 작성(12장)
- pygame 라이브러리를 이용한 간단한 게임 작성(14장 참조)

차례

CHAPTER 4 데이터의 종류에는 어떤 것들이 있나요?

CHAPTER 5 조건을 따져봅시다

CHAPTER 8 프로젝트 I

CHAPTER 9 리스트와 딕셔너리

CHAPTER 10 tkinter로 GUI 만들기

CHAPTER **11 파일을 사용해봅시다**

CHAPTER **12 다양한 라이브러리를 사용해봅시다**

파이썬을 소개합니다

파이썬은 영국 코미디 프로의
이름을 딴 프로그래밍 언어죠.
첨단 기능으로 최근 엄청난
인기를 얻고 있어요.

파이썬이
무슨 의미인가요?

이번 장에서는 다음과 같은 내용을 학습합니다.

- 프로그래밍 언어의 역할을 설명할 수 있나요?
- 파이썬을 컴퓨터에 설치할 수 있나요?
- 간단한 파이썬 프로그램을 작성하여 실행할 수 있나요?
- 파이썬 코드를 파일에 저장하여 실행할 수 있나요?
- 터틀 그래픽으로 여러 가지 그림을 그릴 수 있나요?

01 프로그래밍이란 무엇인가?

프로그램(program)이란 컴퓨터에 작업을 어떻게 시킬지를 기록해놓은 작업 지시서이다. 우리가 많이 사용하는 '파워포인트'나 '카카오톡'과 같은 앱 들이 모두 프로그램이다. 프로그램 안에는 무엇이 들어 있을까? 프로그램 안에는 "무엇을 어떤 식으로 해라"와 같은 형태의 명령어(instruction)들이 들어 있다.

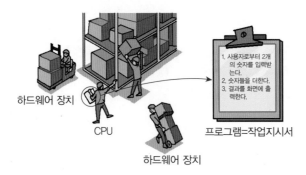

프로그램은 어떻게 만들어질까? 프로그램은 '프로그래밍 언어'로 작성된다. 프로그램을 만드는 사람을 '프로그래머'라고 한다.

프로그래밍 언어

'프로그래밍 언어'는 컴퓨터가 이해하는 언어이다. 컴퓨터는 우리가 사용하는 언어인 '한글'이나 '영어'를 정확하게 이해할 수 없다. 컴퓨터에서 실행되는 프로그램을 작성하려면 프로그래밍 언어를 사용하여 컴퓨터에게 작업을 지시하는 문서를 만들어야 한다.

컴퓨터가 알아듣는 언어는 오직 프로그래밍 언어뿐이에요.

02 프로그래밍이 어디에 도움이 될까?

우리가 프로그래밍을 배우면 무엇을 할 수 있을까? 몇 가지의 이유를 들 수 있다.

- 컴퓨터를 사용하는 것에서 한 걸음 더 나가서 컴퓨터를 여러분 마음대로 제어할 수 있다. 예를 들어서 프로그램을 이용하여, 반복되는 문서 작업을 자동화할 수도 있다.

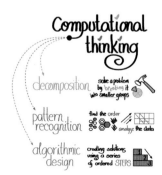

- 자신이 해결해야 하는 일에 딱 맞는 프로그램을 작성할 수 있다. 다른 사람이 만든 소프트웨어를 사용하면 그 사람이 만든 기능만을 이용하게 된다. 하지만 우리가 프로그래밍을 할 수 있다면 자신에게 필요한 기능을 스스로 추가할 수 있다. 예를 들어서 엑셀에서도 스크립트 언어를 이용하여 자신에게 필요한 기능을 추가할 수 있을 것이다. 또 자연과학에서 많이 사용되는 매트랩에서도 스크립트 언어를 이용하면 자신에게 필요한 기능을 구현할 수 있다.

- 프로그래밍을 하면 더 창의적인 사람이 된다고 한다. 프로그래밍은 아무것도 없는 상태에서 새로운 것을 창조하는 작업이기 때문이다.

- 프로그래밍을 하면 논리적으로 문제를 해결하는 능력을 배양할 수 있다고 한다. 프로그래밍 자체가 어떤 문제를 논리적으로 해결하는 과정이니 말이다. 프로그래밍을 열심히 하게 되면 더 정확하게 생각할 수 있으며 좀 더 논리적인 사람이 된다.

이 나라 모든 사람들이 컴퓨터 프로그래밍을
배워야 하는 이유는 사고하는 법을 가르쳐주기 때문입니다.
– 스티브 잡스(Steve Jobs)

프로그래밍 언어는 하나만 있을까? 그렇지 않다. 화장품에도 여러 가지 종류가 있어서 자신에 맞는 것을 구입하듯이 프로그래밍 언어도 많은 종류가 있고, 우리의 목적에 맞는 언어를 선택하면 된다. 프로그래밍 세계에는 많은 프로그래밍 언어들이 있다. 많이 사용되는 언어들에는 '파이썬', '자바', 'C', '자바스크립트' 들이 있다.

인기있는 프로그래밍 언어

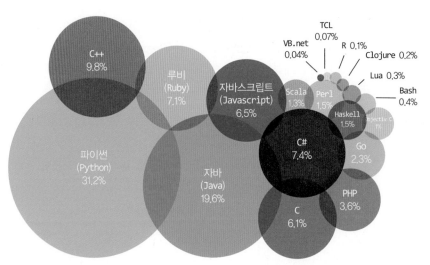

자료출처: http://www.techtechnik.com(2015년)

파이썬(Python)은 최근에 많은 인기를 얻고 있는 프로그래밍 언어이다. 파이썬은 1991년에 귀도 반 로섬(Guido van Rossum)이 개발한 대화형 프로그래밍 언어이다. 파이썬이라는 이름은 귀도가 좋아하는 BBC 방송의 코미디 "Monty Python's Flying Circus"에서 따온 것이다. 귀도는 파이썬 이름이 징그러운 파충류와는 전혀 관계가 없다는 점을 강조하고 있다.

최근에 파이썬이 전 세계적으로 각광을 받는 이유는 무엇일까? 가장 큰 이유는 파이썬의 생산성이 뛰어나기 때문이다. 파이썬을 이용하게 되면 풍부한 라이브러리를 사용할 수 있고, 간결하면서도 효율적인 프로그램을 작성할 수 있다. 구글, 인스타그램 등의 많은 기업에서 업무 처리를 위하여 많이 사용한다.

파이썬의 특징을 요약하면 다음과 같다.

- 코딩이 쉽다 – 파이썬은 매우 높은 수준의 프로그래밍 언어이지만 배우기 쉽다. 누구나 단 몇 시간 또는 며칠 만에 파이썬으로 코딩하는 법을 배울 수 있다.
- 읽기 쉽다 – 파이썬 코드는 간단한 영어 문장처럼 보이기 때문에 코드를 보기만 해도 코드가 무엇을 해야 하는지 알 수 있다.
- 무료 오픈 소스 – 파이썬은 오픈 소스 라이선스에 따라 개발되었다. 따라서 상업적 목적으로도 완전히 무료로 사용할 수 있다.
- 강력한 표준 라이브러리 – 파이썬에는 누구나 사용할 수 있는 광범위한 표준 라이브러리가 있다.

파이썬은 무엇보다도 초보자한테 좋은 언어이다. 그 이유는 파이썬이 인터프리터 언어(interpreted language)이기 때문이다. 파이썬에서는 프로그래머가 한 줄의 문장을 입력하고 엔터키를 치면 인터프리터(해석기)가 이것을 해석해서 바로 실행한다. 자신이 작성한 문장의 결과를 즉시 볼 수 있기 때문에 초보 프로그래머한테는 아주 바람직하다.

04 파이썬 설치하기 #1

파이썬을 설치해보자. 파이썬은 아주 다양한 환경에서 사용할 수 있다. 윈도우, 유닉스, 리눅스, 맥북에서 사용이 가능하다. 이 책에서는 윈도우 10에서 파이썬을 사용하는 것으로 가정하였다. 파이썬은 설치도 비교적 간단하다. 파이썬을 설치하려면 윈도우에서 웹브라우저를 실행한 다음 https://www.python.org/에 접속하여 윈도우용 [Python 3.10.5]를 선택하여 다운로드한다.

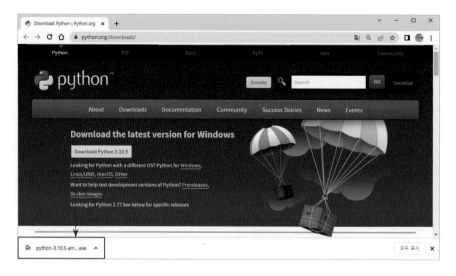

다운로드받은 python-3.10.5.exe 파일을 더블 클릭하여서 파이썬을 설치한다.

 참고 사항

파이썬의 버전
파이썬을 처음 학습할 때 우리가 결정해야 하는 중요한 문제가 있다. "어떤 버전의 파이썬을 써야 할 것인가?"이다. 파이썬에는 2.x와 3.x 버전이 있다. 문제는 이들 버전들이 전혀 호환되지 않는다는 점이다. 이 책에서는 3.x 버전을 사용한다. 또한 어떤 파이썬 라이브러리들은 최신 버전에서는 실행되지 않는다. 이 경우에는 버전을 낮추어서 설치하도록 하자. 즉 3.10 대신에 3.8을 설치한다.

 참고 사항
파이썬의 버전은 계속하여 업그레이드되고 있다. 이 책을 집필할 때는 파이썬의 최신 버전이 3.10.5이었지만 여러분이 1장을 읽을 때는 버전이 업그레이드될 수도 있다. 따라서 3. 다음에 붙는 숫자는 신경 안 써도 된다.

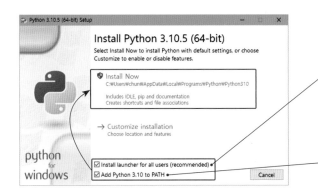

위 화면의 아래에 있는 첫 번째 체크 박스는 컴퓨터 사용자 전체가 사용하게 할 것인지, 아니면 현재의 사용자만 사용할 것인지를 묻는 것이다. "Install launcher for all users"를 체크한다.

두 번째 체크 박스 "Add Python 3.5 to PATH"는 PATH 환경 변수에 파이썬을 추가할 것인지를 묻는다. 이 부분을 설치 시 체크하지 않으면 나중에 직접 환경 변수 PATH를 변경하여야 한다. PATH에 파이썬이 들어 있어야 편리하다. 반드시 체크하도록 하자.

위의 화면에서 [Add Python 3.5 to PATH] 체크 박스를 반드시 체크하도록 하자.

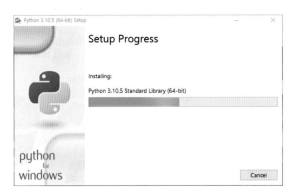

이후에는 모든 것을 기본으로 설정하면 된다.

다른 언어에 비하면 파이썬의 설치는 너무 쉽다. 이제 파이썬 프로그래머가 되기 위한 모든 준비가 완료되었다.

파이썬으로 화면에 "Hello World!"를 출력하는 프로그램을 작성해보자. 앞에서 우리는 파이썬을 설치하였다. 파이썬에는 프로그램을 개발할 수 있는 환경이 포함되어 있는데 이것을 IDLE라고 한다. IDLE(integrated Development Environment)는 '통합 개발 환경'이라는 의미로 개발자를 위한 프로그램이라고 생각하면 된다. 우리는 이 도구를 이용하여 파이썬 프로그램을 개발할 것이다. 윈도우의 시작 버튼을 누르고 [모든 프로그램] → [Python 3.10] → [IDLE(Python 3.10 64-bit)]을 클릭한다.

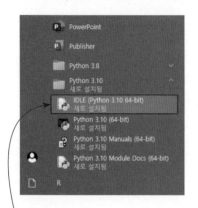

IDLE이 시작되어서 다음과 같은 윈도우가 등장한다. 파이썬의 버전 정보가 출력되고 >>> 옆에 커서가 깜빡인다.

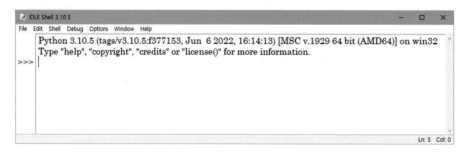

 Tip

실습할 때마다 시작 메뉴에서 파이썬을 찾아서 실행하여도 되지만 작업 표시줄에 아이콘으로 만들어두면 편리할 것이다. 시작 메뉴에서 파이썬 **IDLE**를 찾아서 마우스 오른쪽 버튼을 누르고 [작업 표시줄에 고정]을 선택한다. 아니면 바탕 화면에 아이콘으로 만들어두자. 시작 메뉴에서 파이썬 **IDLE** 항목을 찾아서 항목 위에서 마우스 오른쪽 버튼을 누르고 [보내기]->[바탕 화면에 바로 가기 만들기]를 클릭하면 바탕 화면에 단축 아이콘이 생성된다.

07 파이썬 쉘

아래와 같은 화면을 파이썬 쉘(python shell)이라고 부른다. 파이썬 쉘에서는 한 번에 하나의 명령이 실행되고 실행 결과가 즉시 화면에 나타난다. >>>은 프롬프트라고 불리고 여기에 우리가 명령을 입력하고 엔터키를 누르면 명령이 실행되고 결과가 화면에 출력된다. 마치 컴퓨터와 대화하는 것과 같다.

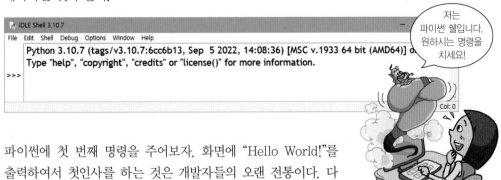

파이썬에 첫 번째 명령을 주어보자. 화면에 "Hello World!"를 출력하여서 첫인사를 하는 것은 개발자들의 오랜 전통이다. 다음과 같이 명령을 입력하고 키보드의 엔터키를 눌러보자.

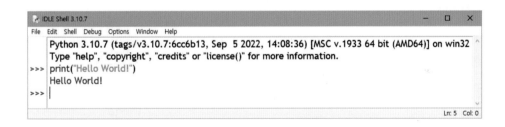

파이썬이 여러분이 지시한 대로 명령을 수행하였음을 알 수 있다. 프로그래밍에서 print는 화면에 텍스트를 표시하라는 명령이다. 여러분은 프로그래밍을 통하여 컴퓨터를 마음대로 제어하기 시작한 것이다. 여러분은 이제부터 공식적인 파이썬 프로그래머가 되었다. 아직 많은 내용을 학습해야 하지만 시작이 절반이라고 하지 않은가? 축하한다.

 도전문제
(1) 한글도 출력될까? "안녕하세요?"를 화면에 출력하여 보자. 따옴표를 올바르게 입력하여야 한다.
(2) "programming에 입문하신 것을 축하드립니다."를 출력하여 보자.

08 계산하기

지금부터 무엇을 하면 좋을까? 컴퓨터는 기본적으로 계산하는 기계이다. 덧셈, 뺄셈, 곱셈, 나눗셈을 컴퓨터를 이용하여서 실행하여 보자. 연습 삼아서 아래의 코드를 한 줄씩 입력하고 실행해보자.

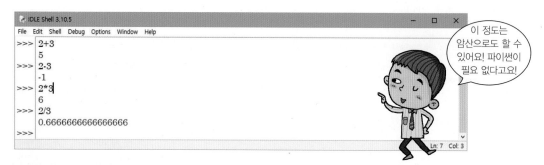

파이썬에서 곱셈을 나타내는 기호는 *이다. 이렇게 명령을 한 줄씩 입력한 후에 엔터키를 눌러서 실행하는 모드를 대화형 모드(interpret mode)라고 한다. 대화형 모드는 초보자에게 아주 편리한 기능이다. 물론 이 정도의 계산은 암산으로도 가능하다. 이번에는 좀 어려운 계산 2345*9876-5678을 해보자.

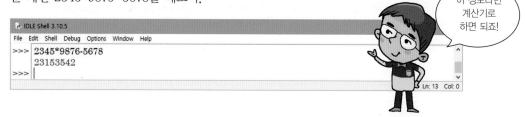

물론 위의 수식은 계산기로 계산할 수 있다. 그렇다면 아래의 수식은 계산할 수 있을까?

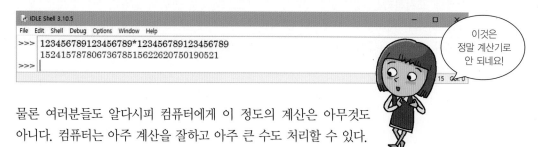

물론 여러분들도 알다시피 컴퓨터에게 이 정도의 계산은 아무것도 아니다. 컴퓨터는 아주 계산을 잘하고 아주 큰 수도 처리할 수 있다.

NOTE

계산 결과를 출력할 때 print(2+3)이라고 할 수도 있다. 파이썬 쉘에서는 다음의 2가지 문장은 동일하다.

```
>>> 2+3
>>> print(2+3)
```

NOTE

파이썬은 영어의 대소문자를 구분한다. 따라서 대문자로 **PRINT**라고 치면 파이썬은 알아듣지 못한다. 반드시 소문자로 print라고 입력하자.

```
>>> PRINT(2+3)
Traceback (most recent call last):
    File "<pyshell#0>", line 1, in <module>
        PRINT(2+3)
NameError: name 'PRINT' is not defined
```

NOTE

파이썬의 IDLE의 글자 크기를 키우려면 [Options] → [Configure IDLE]를 선택한다. 다음과 같은 설정창에서 폰트 크기를 변경할 수 있다. 폰트의 종류도 변경할 수 있다.

도전문제

파이썬의 **IDLE**를 이용하여 다음과 같은 계산을 하여 보자.

(1) 3.141592*10.0*10.0

(2) (1/100)*1234

09 문자열 출력하기

이번에는 숫자 계산 말고 다른 것도 해보자. 다음과 같은 코드를 입력하고 실행해보자.

```
>>> "강아지" + "고양이"
'강아지고양이'
>>>
```

파이썬에서 큰따옴표("...")로 둘러싸면 텍스트가 된다. 위의 코드에서 "강아지"는 텍스트이다. 텍스트에 + 연산자를 붙이면 텍스트와 텍스트가 연결된다.

이번에는 텍스트에 * 기호를 사용해보자.

```
>>> "반가워요 " * 20
'반가워요 반가워요 반가워요 반가워요 반가워요 반가워요 반가워요 반가워요 반가워요 반가워요 반가워요 반가워요 반가워요 반가워요 반가워요 반가워요 반가워요 반가워요 반가워요 반가워요 '
>>>
```

위의 코드에서는 "반가워요"를 20번 반복하여 출력되었다. 텍스트 뒤에 *가 붙고 숫자가 있으면 그 숫자만큼 텍스트를 반복한다. 컴퓨터는 계산도 잘하지만 어떤 것을 반복하는 것에도 소질이 있다.

프로그래밍 세계에서는 텍스트 데이터를 문자열(string)이라고 부른다. 우리는 문자열과 숫자를 구별하여야 한다. 예를 들어서 "100"은 문자열이고 100은 숫자이다.

- "100"+"200"을 실행하면 "100200"이 출력된다. 문자열이 서로 연결된다.

```
>>> "100" + "200"
'100200'
>>>
```

- 100+200을 실행하면 300이 출력된다. 정수에 대한 덧셈이 수행된다.

```
>>> 100 + 200
300
>>>
```

우리는 문자열과 숫자를 사용하여 많은 프로그램들을 지금부터 작성해볼 것이다. 컴퓨터는 "숫자 계산"이나 "문자열 처리" 말고 또 무엇을 할 수 있을까? 컴퓨터는 화면에 그림을 그릴 수 있다. 다음 페이지에서 살펴보자.

10 터틀 그래픽 #1

파이썬이 초보자에게 좋은 점 중의 하나는 화면에 그림을 그리기가 쉽다는 점이다. 파이썬에서는 터틀 그래픽(turtle graphic)이 지원된다. 터틀 그래픽은 화면에서 거북이를 이용하여서 그림을 그리는 기능이다. 거북이가 펜을 가지고 있고 우리가 화면에서 거북이를 움직이면 그림이 그려진다.

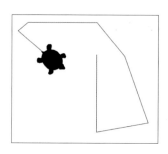

터틀 그래픽은 거북이가 화면 위에서 지나가면서 그림을 그리는 것이라고 생각하세요.

터틀 그래픽은 다음과 같이 동작한다.

① 터틀 그래픽을 시작하면 화면의 중앙에 거북이가 나타난다.
② 거북이에게 명령을 내리면 거북이가 움직인다. 예를 들어서 "앞으로 전진", "뒤로 후진", "왼쪽으로 방향 전환" 등의 명령을 사용할 수 있다.
③ 거북이가 움직이면서 화면 위에 그림이 그려진다. 거북이가 펜을 가지고 움직인다고 생각하면 된다.

파이썬 쉘에서 다음과 같이 입력하여 보자.

```
>>> import turtle
>>> t = turtle.Turtle()
>>> t.shape("turtle");
```

위의 3개의 문장을 입력하여 실행하면 화면의 오른쪽에 "Python Turtle Graphics"라는 이름의 캔버스가 나타난다.

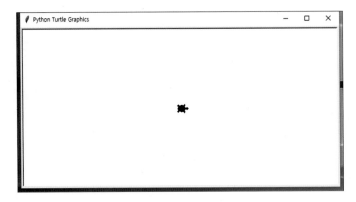

지금부터 거북이를 움직이면 캔버스에 그림이 그려진다. 다음과 같은 명령어를 이용하여 거북이를 앞으로 전진시켜보자.

```
>>> t.forward(100)
```

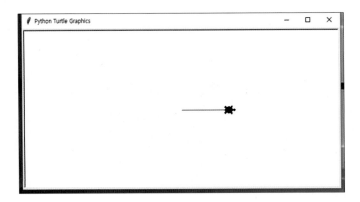

거북이가 움직이면서 직선이 그려지는 것을 볼 수 있다. 여기서 100은 100픽셀을 의미한다. 즉 거북이가 앞으로 100픽셀(pixel)을 움직이면서 직선을 그리게 된다.

이번에는 거북이를 왼쪽으로 회전시킨 후에 전진시켜보자. 거북이를 회전시키려면 left()와 right()을 호출하고 각도를 전달하면 된다. 왼쪽으로 90도 회전하는 명령은 left(90)이다. 오른쪽으로 회전시키려면 right()를 사용한다.

```
>>> t.left(90)
>>> t.forward(50)
```

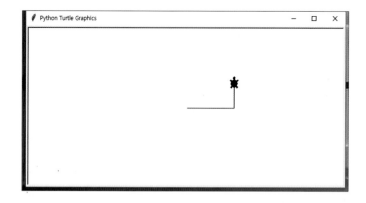

터클 그래픽을 종료하려면 done()을 사용한다.

```
>>> turtle.done()
```

 NOTE 터틀 그래픽 데모 구경하기

IDLE의 메뉴 중에서 [Help]->[Turtle Demo]를 선택하면 터틀 그래픽 데모 윈도우가 등장한다. 윈도우의 메뉴 중에서 [Examples]->[clock]을 선택하고 화면 아래쪽의 [START] 버튼을 눌러보자. 아래와 같은 화면을 볼 수 있다. 여러 가지 예제를 실행해보자.

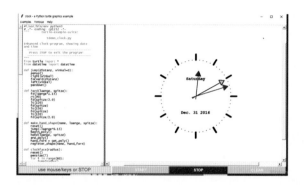

실습시간 앞에서 터틀 그래픽에서 거북이를 전진시키고 회전하는 명령어들을 학습하였다. 이들 명령어를 이용하여서 다음과 같이 사각형을 그려보자.

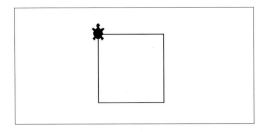

left()나 right()를 사용하여서 오른쪽이나 왼쪽으로 90도 회전하면서, forward() 명령으로 거북이를 전진시키면 된다.

```
>>> import turtle
>>> t = turtle.Turtle()
>>> t.shape("turtle")
>>> t.forward(100)
>>> t.right(90)
>>> t.forward(100)
>>> t.right(90)
>>> t.forward(100)
>>> t.right(90)
>>> t.forward(100)
>>> turtle.done()
```

상당히 코드가 복잡하여서 한 줄씩 입력하는 것이 힘들어졌다. 파이썬은 이 문제를 해결하는 스크립트 모드를 가지고 있다. 다음 페이지에서 알아보자.

NOTE
픽셀이란?
픽셀(pixel)은 컴퓨터 이미지를 이루는 가장 작은 단위인 점을 뜻한다. 픽셀은 그림(picture)의 원소(element)라는 의미를 가진다. 한자로는 화소라고 번역할 수 있다.

도전문제
거북이를 움직여서 삼각형을 그려보자. 회전하는 각도를 몇 도로 하여야 하는가?

11 스크립트 모드

우리의 프로그램은 점점 복잡해지고 길어지고 있다. 만약 프로그램 안의 코드가 수십 줄이 된다면 한 줄씩 입력하는 것은 상당한 고통이다. 좋은 방법이 없을까? 파이썬에는 스크립트 모드(script mode)가 있다. 이 모드에서는 파일을 만들고 이 파일 안에 코드를 저장한다. 실행할 때는 파일을 읽어서 처음부터 파일의 끝까지 모든 코드를 실행하게 된다. 간단한 프로그램을 스크립트 모드로 저장해보자.

(1) IDLE의 [File] → [New File] 메뉴를 선택한다. 메모장과 같은 텍스트 에디터가 등장한다. 여기에 다음과 같이 입력한다. 파이썬 쉘과는 다르게 바로 실행되지 않는다.

```
print("내가 제일 좋아하는 음식은 피자!")
print("피자"*10)
print("얌얌"*10)
```

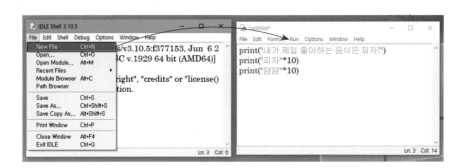

(2) 텍스트 에디터의 [File] → [Save] 메뉴를 선택하여 코드를 파일로 저장한다. 이때 저장할 폴더를 선택할 수 있다. 파이썬 소스만을 모아두는 폴더를 미리 생성해놓는 것도 좋을 것이다. 파일 이름으로 test.py를 입력해보자. 파이썬 소스에는 .py을 붙여야 한다.

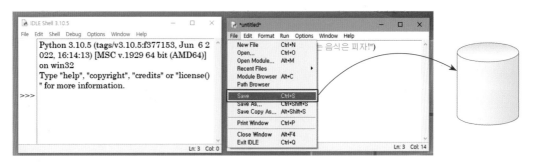

(3) 텍스트 에디터의 [Run] → [Run Module] 메뉴를 선택하여 코드를 실행해보자. F5 키를 눌러도 된다. 이때 실행결과는 파이썬 쉘에 표시된다. 앞으로 긴 프로그램은 모두 이런 방식으로 실행할 것이다.

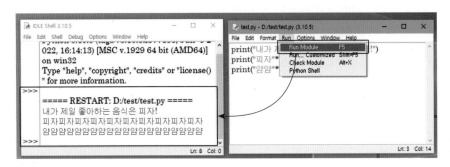

Tip

명령 프롬프트에서도 파이썬을 실행할 수 있다. 파이썬 스크립트 소스를 실행하기 위해서는 파이썬 설치 폴더가 **PATH** 환경변수에 등록되어 있어야 한다. 만약 여러분이 파이썬 설치 시에 **PATH** 변수를 설정하는 옵션을 선택하였다면 명령어 프롬프트에서 "**py test.py**"하여도 소스 파일이 실행된다.

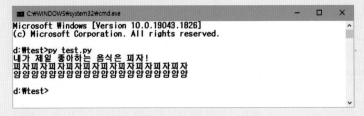

파이썬 소스 파일은 파일 탐색기에서 더블 클릭하여도 실행할 수 있다. 다만 이때는 실행이 끝나면 윈도우가 자동으로 닫히기 때문에 소스의 맨 끝에 **input()**을 넣어주면 사용자의 입력을 기다리게 된다. **input()** 함수는 2장에서 학습한다.

12 소스 파일 다시 열기

코드가 저장된 파일을 소스 파일(source file)이라고 한다. 우리는 언제든지 우리가 저장한 파일을 열어서 다시 실행할 수 있다. 앞에서 저장했던 파일을 다시 읽어서 실행하여 보자. 우리가 인터넷에서 좋은 파이썬 소스를 발견하였다면 이런 식으로 실행하고 변경할 수 있다.

(1) IDLE의 [File] → [Open] 메뉴를 선택한다. 우리가 저장하였던 폴더로 가서 원하는 파일을 선택한다. 텍스트 에디터가 나오고 우리가 입력하였던 소스가 다시 보일 것이다.

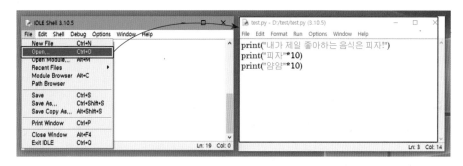

(2) 이 소스 파일을 다시 실행하려면 [Run] → [Run Module] 메뉴를 선택하면 된다.

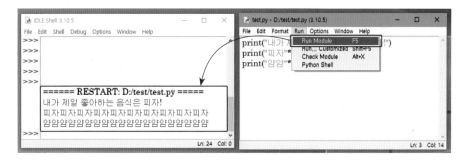

이렇게 파일에 소스 코드를 저장하고 불러서 실행하는 방식이 더 일반적인 프로그래밍 방식이다.

13 문법적인 오류

파이썬이 무척 관대한 언어이고 참을성도 많 지만 그렇다고 개발자가 아무렇게나 입력하면 안 된다. 컴퓨터는 인간과 달라서 상식이 전 혀 없기 때문에, 프로그래머는 프로그래밍 언 어의 문법을 지켜야 한다. 우리가 미국인과 영 어로 이야기할 때도 영문법을 지키지 않으면  의사소통이 힘든 것처럼 파이썬 프로그래밍도 마찬가지이다. 예를 들어서 다음과 같이 입력해 보자.

```
>>> pront("Hello World")
SyntaxError: invalid syntax
```

오류 메시지를 보면 파이썬이 이해할 수 없는 명령을 타이핑했다고 말하고 있다. print라고 해 야 할 것을 pront라고 입력한 것이다. 파이썬은 이것을 어떻게 처리해야 되는지 알지 못한다.

파이썬으로 계산할 때도 마찬가지이다. 다음과 같이 입력하고 실행하면 문법 오류가 발생한다.

```
>>> 1 +
SyntaxError: invalid syntax
>>> 3 +* 2
SyntaxError: invalid syntax
```

컴퓨터는 인간의 얼굴이나 행동을 보고 추리할 수 있는 기능이 없기 때문에, 잘못된 수식을 입 력하면 빨간색으로 오류(Error)를 출력한다. 문법을 지키라는 이야기이다.

텍스트를 출력할 때도 따옴표를 생략하면 오류가 발생한다.

```
>>> print(Good Bye)
SyntaxError: invalid syntax
```

따옴표가 생략되었다

14 실행 오류

두 번째 종류의 오류는 파이썬 인터프리터가 프로그램을 실행하기 전까지는 알 수 없는 오류이다. 일단 문법은 지켜서 프로그램이 작성되었지만 프로그램이 실행되면서 문제가 발생하는 경우이다. 하나의 예를 보면 다음과 같다.

```
print("안녕하세요? 파이썬에 오신 것을 환영합니다!")
print("프로그래밍 공부를 즐기셨으면 합니다.")
print("안녕!" + 3)
```

위의 코드를 파일에 저장했다가 실행하면 다음과 같은 오류가 발생된다.

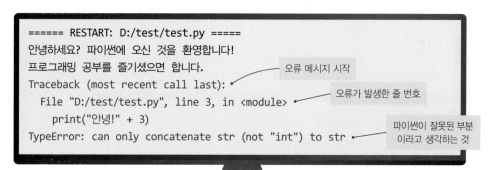

위의 메시지를 자세히 보면 오류가 발생한 위치, 오류가 발생한 문장, 오류가 발생한 원인 등을 알 수 있다. 파이썬은 문자열과 정수를 합하는 방법을 알지 못한다. 아마도 프로그래머는 다음과 같이 "안녕!"을 3번 되풀이하려고 한 거 같다.

```
print("안녕하세요? 파이썬에 오신 것을 환영합니다!")
print("프로그래밍 공부를 즐기셨으면 합니다.")
print("안녕!" * 3)
```

위와 같이 수정하면 파이썬은 오른쪽과 같이 실행결과를 표시할 것이다.

> 안녕하세요? 파이썬에 오신 것을 환영합니다!
> 프로그래밍 공부를 즐기셨으면 합니다.
> 안녕!안녕!안녕!
> >>>

 Tip
오류 메시지를 만나면 당황하지 말고 메시지를 잘 읽어본다. 오류를 찾아서 수정하는 데 유용한 정보들이 들어 있다.

15 파이썬 IDLE 종료하기

파이썬 IDLE를 종료하려면 [File] → [Exit IDLE] 메뉴를 선택한다.

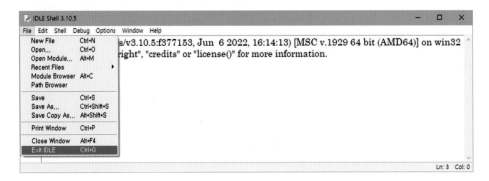

NOTE IDLE를 탐구해보자.

IDLE의 메뉴들을 관찰하고 실험해보자. 예를 들어서 소스에 줄 번호를 표시하려면 **[Options]->[Show Line Numbers]**를 실행하면 된다. **[Help]->[Python Docs]**에는 파이썬 언어에 대한 많은 자료들이 있다.

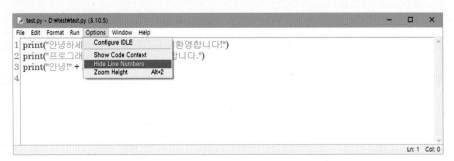

NOTE 도움말

터틀 그래픽 명령어가 생각이 나지 않으면 t.을 입력한 후에 [Tab] 키를 눌러보자.

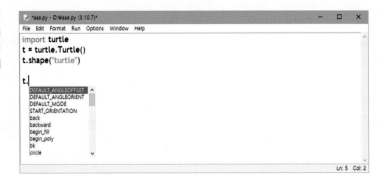

Lab   print() 함수 실습

[실습시간] print() 함수를 사용하여 다음과 같이 출력하는 소스를 대화형 모드로 작성해보자. 실제로 파이썬으로 9*8 연산을 하여서 계산 결과를 print() 함수로 출력해본다.

```
>>> [                    ]
안녕하세요? 여러분
>>> [                    ]
저는 파이썬을 무척 좋아합니다.
>>> [                    ]
9*8은 72 입니다.
>>> [                    ]
안녕히 계세요.
```

[힌트] 파이썬의 대화형 모드를 사용하여 출력문을 작성하여 실행해본다. 화면에 여러 가지 값을 출력할 때는 쉼표로 값들을 분리하여 print() 함수로 전달하면 된다.

곱하기 연산을 하려면 9*8과 같이 적어준다.

```
>>> print("9*8은", 9*8, "입니다.")
9*8은 72 입니다.
```

- -
여기를 가리고 먼저 풀어보세요!
- -

[소스코드]
```
>>> print("안녕하세요? 여러분")
안녕하세요? 여러분

>>> print("저는 파이썬을 무척 좋아합니다.")
저는 파이썬을 무척 좋아합니다.

>>> print("9*8은", 9*8, "입니다.")
9*8은 72 입니다.

>>> print("안녕히 계세요.")
안녕히 계세요.
```

실습시간 터틀 그래픽을 사용하여서 색상으로 채워진 원을 그려보자. 원을 그리는 명령어는 다음과 같다.

```
t.fillcolor("blue")      # 채우는 색상 지정
t.begin_fill()           # 채우기 시작
t.circle(100)            # 반지름이 100인 원이 그려진다.
t.end_fill()             # 채우기 종료
```

위의 코드에서 # 이하를 주석이라고 한다. 주석은 코드에 대한 설명이다. 있으면 코드를 이해하는 데 도움이 된다. 다음과 같이 2개의 원을 그려보자.

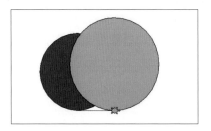

여기를 가리고 먼저 풀어보세요!

소스코드

```
import turtle
t = turtle.Turtle()
t.shape("turtle")        # 거북이 모양으로 설정

t.fillcolor("blue")      # 채우는 색상 지정
t.begin_fill()           # 채우기 시작
t.circle(100)            # 반지름이 100인 원이 그려진다.
t.end_fill()             # 채우기 종료

t.forward(100)           # 100 만큼 전진

t.fillcolor("orange")
t.begin_fill()
t.circle(120)            # 반지름이 120인 원이 그려진다.
t.end_fill()

turtle.done()
```

circle.py

Lab 자동차를 그려보자

실습시간 터틀 그래픽을 이용하여 자동차 모양을 그려보자. 거북이를 전진시키고 회전하는 명령을 되풀이하면 될 것이다. 새로운 명령어 up(), down(), goto()의 설명은 주석을 참조한다.

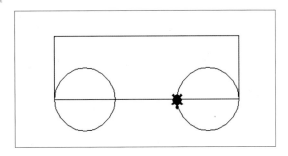

여기를 가리고 먼저 풀어보세요!

 소스코드 | circle.py

```python
import turtle
t = turtle.Turtle()
t.shape("turtle")

t.forward(300)          # 자동차 몸체를 그린다.
t.left(90)
t.forward(100)
t.left(90)
t.forward(300)
t.left(90)
t.forward(100)

                        # 타이어를 그린다.
t.up()                  # 펜을 들어서 거북이가 움직이더라도 그림이 그려지지 않게 한다.
t.goto(0, 0)            # 좌표 (0, 0)으로 간다
t.down()                # 펜을 내린다.
t.circle(50)            # 원을 그린다.
t.up()
t.goto(200, 0)
t.down()
t.circle(50)
turtle.done()
```

우리는 파이썬으로 무엇을 할 수 있을까? 파이썬으로 재미있는 그림을 그릴 수 있다. 다음의 프로그램을 소스 파일에 저장한 후에 실행하여 보자. 하나의 글자만 틀려도 실행되지 않으므로 주의하여 입력하도록 하자. 소스의 내용은 차차 이해하도록 하자.

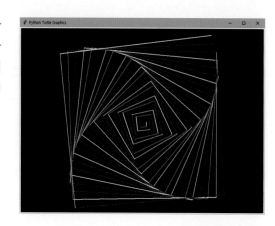

spiral.py

```python
import turtle
colors = ["red", "purple", "blue", "green", "yellow", "orange" ]
t = turtle.Turtle()

turtle.bgcolor("black")
t.speed(0)
t.width(3)
length = 10

while length < 500:
    t.forward(length)
    t.pencolor(colors[length%6])
    t.right (89)
    length += 5
turtle.done()
```

 Tip
터틀 그래픽의 명령어를 단축하여서 쓸 수 있다. 즉 forward는 fd, left는 lt, right는 rt로 적어도 된다.

```
>>> t.fd(100)
>>> t.lt(90)
>>> t.fd(100)
```

이번 장에서 배운 것

» 프로그래밍 언어의 역할을 설명할 수 있나요?
  - 프로그래밍 언어는 컴퓨터가 이해할 수 있는 언어입니다. 개발자의 의도를 컴퓨터에 전달하는 일종의 번역가의 역할을 합니다.
» 파이썬을 컴퓨터에 설치할 수 있나요?
  - 파이썬은 https://www.python.org 웹사이트에서 다운로드받아서 설치할 수 있습니다.
» 간단한 파이썬 프로그램을 작성하여 실행할 수 있나요?
  - IDLE은 파이썬으로 프로그램을 작성하기 위한 개발 환경입니다. 파이썬 쉘에서는 >>> 프롬프트 다음에 코드를 입력하고 Enter 를 누르면 코드가 실행됩니다.
» 파이썬 코드를 파일에 저장하여 실행할 수 있나요?
  - IDLE을 이용하여 스크립트 모드나 대화형 모드로 프로그램을 개발할 수 있습니다. 스크립트 모드를 사용하면 코드를 파일에 저장하여 실행할 수 있습니다.
» 터틀 그래픽으로 여러 가지 그림을 그릴 수 있나요?
  - 터틀 그래픽은 거북이에 펜을 매달아서 그림을 그리는 개념입니다. 거북이를 이동하면 그림이 그려집니다.
» print() 함수의 사용법을 설명할 수 있나요?
  - print()는 화면에 문자열이나 계산 결과를 출력할 수 있습니다.

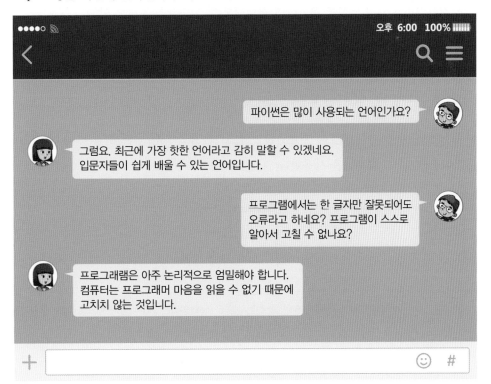

1 다음과 같이 오늘 할 일을 화면에 출력하는 프로그램을 작성하시오. 스크립트 모드로 실행한다.

> 스트레칭하기
> 파이썬 프로그래밍 수업 듣기
> 테니스 레슨 받기

HINT print() 함수를 사용하면 화면에 출력할 수 있다.

2 다음 프로그램의 실행 결과를 쓰시오.

```
print("반갑습니다. 파이썬!")
print(2/10)
print("Hello", "World")
```

HINT 파이썬에서 나눗셈은 실수 계산임을 잊지 않도록 한다. 정수 계산이 아니다.

3 반지름이 8인 원의 면적을 계산하여 출력해보자. 원주율은 3.14로 한다.

> 반지름이 8인 원의 면적은 200.96 입니다

HINT 3.14*8*8을 계산하여서 출력하면 된다.

4 터틀 그래픽에서 거북이를 이동시켜서 다음과 같은 그림을 그려보자. forward()와 right (), left() 함수만을 사용한다.

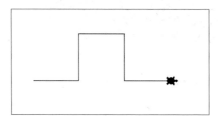

HINT forward(100)은 거북이를 100픽셀 전진시킨다. left(90)은 거북이를 왼쪽으로 90도 회전시킨다. right(90)은 거북이를 오른쪽으로 90도 회전시킨다.

5 터틀 그래픽에서 width() 함수를 호출하면 거북이가 그리는 선의 두께를 두껍게 한다. 거북이를 이동하여서 다음과 같이 두께가 10인 선을 그려보자.

HINT t.width(10)을 호출하면 선의 두께가 10이 된다.

6 터틀 그래픽에서 color() 함수를 호출하면 거북이가 그리는 선의 색상을 변경할 수 있다. 색상을 파란색으로 변경하여서 다음과 같이 길이가 100픽셀인 선을 그려보자.

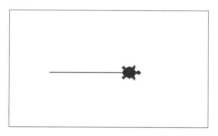

HINT t.color("blue")을 호출하면 선의 색상이 파란색이 된다. 색상은 영어 단어로 표시한다.

7 터틀 그래픽에서는 거북이의 모양을 삼각형, 원, 삼각형, 사각형으로 변경할 수 있다. 다음과 같이 shape() 함수를 사용하면 된다. 사각형으로 변경하고 100픽셀 길이의 직선을 그려보자.

```
t.shape("square")
```

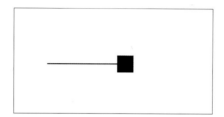

HINT "arrow", "turtle", "circle", "square", "triangle", "classic" 등의 모양이 가능하다.

8 터틀 그래픽에서 거북이가 이동할 때 선이 그려지지 않게 하려면 t.up()하여 펜을 들 수 있다. 반대로 t.down()은 펜을 내려놓는 명령어이다. 거북이를 화면 좌표 (100, 200)으로 이동시키려면 t.goto(100, 200)을 호출한다. 이들 명령어를 조합하여 다음과 같은 그림을 그려보자.

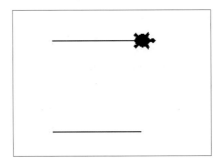

HINT 터틀 그래픽의 좌표계는 수학 좌표계와 동일하다. 화면 중앙이 원점 (0, 0)이 된다.

9 터틀 그래픽에서 t.circle(100)이라고 입력하고 실행하면 화면에 반지름이 100인 원이 그려진다. 이들 명령어를 조합하여서 화면에 오륜기를 그리는 프로그램을 작성해보자.

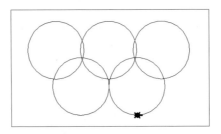

HINT goto()를 이용하여 거북이를 원하는 좌표로 이동시킨다. 이동시키면서 선이 그려지지 않게 하려면 up()을 호출한다. 다시 선을 그리려면 down()을 호출한다.

변수를 소개합니다

선생님,
변수라는 건
변하는 수인가요?

프로그램에서 변수는
핵심적인 개념이에요.
변수는 컴퓨터 안에서
어떤 값을 저장하고 있는
공간이지요.

이번 장에서는 다음과 같은 내용을 학습합니다.

● 변수가 무엇인지 설명할 수 있나요?

● 파이썬 콘솔에서 입력과 출력을 할 수 있나요?

● 간단한 계산기 프로그램을 작성할 수 있나요?

● print() 함수의 사용법을 설명할 수 있나요?

01 이번 장에서 만들 프로그램

프로그램이 무엇인가요? 만약 1장을 철저히 공부한 학생이라면 쉽게 대답할 수 있을 것이다. 프로그램은 "컴퓨터에 대한 명령어들의 모임"이다. 1장에서 출력 명령만 존재하는 아주 간단한 프로그램을 살펴보았다. 그러나 일반적인 프로그램은 외부로부터 데이터를 받아서(입력단계), 어떤 처리를 한 후에(처리단계), 결과를 화면에 출력(출력단계)한다. 이번 장에서는 이러한 일반적인 구조를 가지는 프로그램을 살펴본다.

데이터 입력   데이터 처리   결과출력

이번 장에서 이러한 프로그램들을 난이도순으로 학습하여 보자.

(1) 첫 번째 프로그램은 두 개의 정수를 가지고 덧셈 연산을 실행한 후에, 연산 결과를 화면에 출력한다. 이 프로그램에서는 데이터들을 메모리에 저장하기 위하여 변수라는 새로운 개념을 사용한다. 또한 print()를 사용하여 변수의 값을 출력하는 방법도 살펴본다.

(2) 사용자로부터 집의 크기를 입력받아서 터틀 그래픽으로 화면에 그린다.

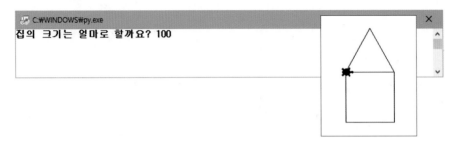

이번 장에서 첫 번째로 만들어볼 프로그램은 사용자로부터 정수 2개를 받아서 덧셈 연산을 하는 프로그램이다. 사용자로부터 정수를 받으면 어딘가에 저장하여야 할 것이다. 이것은 마치 우리가 요리하기 전에 음식 재료를 사다가 그릇 안에 놓는 것과 유사하다.

컴퓨터는 어디에 사용자가 입력하는 숫자들을 저장할까? 컴퓨터는 메모리(memory)에 모든 것을 저장한다. 파이썬에서는 어떻게 메모리를 사용할 수 있을까? 메모리를 사용하려면 프로그램에서는 변수(variable)를 만들어야 한다. 변수는 메모리 공간에 이름을 붙이는 것으로 우리는 여기에 숫자나 문자열을 저장할 수 있다. 우리는 변수의 이름을 통해서 변수에 저장된 값을 꺼낼 수 있다. 변수를 하나 생성하여서 정수 100을 저장해보자.

```
>>> x = 100
```

우리가 위와 같이 입력하고 Enter 를 누르면 이름이 x인 변수가 만들어지고 여기에 100이 저장된다. 위의 코드에 있는 '=' 기호는 '같다'는 의미가 아니라 '오른쪽의 값을 왼쪽의 변수에 저장하라'는 의미이다. 변수의 값을 출력하여 보자. 우리가 저장하였던 100이 출력되는 것을 알 수 있다.

```
>>> print(x)
100
```

파이썬 쉘에서는 변수의 이름만 입력하고 엔터키를 눌러도 변수가 저장하고 있는 값이 출력된다.

```
>>> x
100
```

03 변수 #2

변수는 데이터를 담아 두는 상자로 생각할 수 있다. 변수에 있는 값은 언제든지 바뀔 수 있다(그래서 변수라는 이름이 붙은 것이다). 즉 우리가 필요에 따라서 변수에 들어 있는 값을 다른 값으로 바꿀 수 있는 것이다.

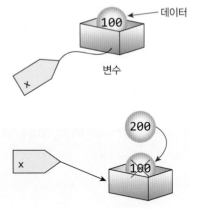

다음과 같은 코드를 입력하고 결과를 보자.

```
>>> x = 100
>>> x = 200
>>> print(x)
200
```

변수 x에 100이 저장되고 이어서 200이 저장되었다. 따라서 앞에서 저장되었던 100이 없어지고 200이 새롭게 저장된다.

변수는 우리가 필요하면 얼마든지 만들 수 있다. 변수 2개를 생성하고 100과 200을 저장해보자.

```
>>> x = 100
>>> y = 200
```

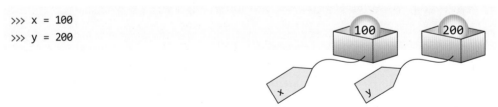

변수에 대해서도 덧셈이나 뺄셈을 할 수 있다. x+y 연산을 하여 변수 sum에 저장하고 sum의 값을 출력해보자.

```
>>> x = 100
>>> y = 200
>>> sum = x + y
>>> print(sum)
300
```

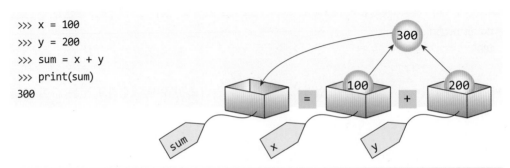

 경고
입문자들이 가장 많이 틀리는 문제 중의 하나가 =을 '양변이 같다"고 해석하는 것이다. 파이썬에서 = 기호는 "변수에 값을 저장하라"라는 의미이다. 혼동하지 않도록 하자. 등호는 ==와 같이 표시한다.

04 변수는 문자열도 저장할 수 있다!

여러분들은 프로그래머들이 사용하는 용어에도 익숙해져야 한다. 문자열(string)이 무엇인지 생각나는가? "문자들의 시퀀스(sequence of characters)"를 문자열이라고 한다. 순서 있는 모임을 시퀀스라고 한다. 변수는 문자열도 저장할 수 있다. 이름과 주소를 변수에 저장해보자.

```
>>> name = "홍길동"
>>> address = "서울시 종로구 1번지"
```

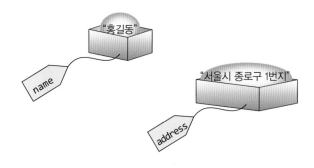

이름과 주소를 print()를 이용하여 출력해보자.

```
>>> print(name)
홍길동
>>> print(address)
서울시 종로구 1번지
```

파이썬에서 따옴표가 있으면 문자열이고 따옴표가 없으면 숫자이다. 아래의 코드를 잘 구별하여야 한다. 차이점을 알 수 있는가?

```
>>> print("23" + "56")
2356
>>> print(23 + 56)
79
```

"23"과 "56"은 모두 따옴표가 있기 때문에 파이썬은 문자열로 보았다. 따라서 + 연산자에 의하여 문자열은 서로 합쳐진다. 하지만 23과 56은 따옴표가 없으므로 23 + 56은 2개의 숫자를 합하라는 수식이 되어서 파이썬은 여러분에게 두 숫자의 합을 출력한다.

파이썬에서는 문자열을 나타낼 때, 작은따옴표도 사용할 수 있다.

```
>>> name = "홍길동"
>>> name= '홍길동'
```

 NOTE
콘솔에서 변수의 값 출력
파이썬 콘솔에서는 >>> x와 같이 변수의 이름을 입력하고 엔터키를 누르면 변수의 값을 알 수 있다. 물론 >>> print(x) 하여도 된다. 하지만 스크립트에서는 반드시 print(x) 해야만 변수의 값이 출력된다.

도전문제
무엇이 출력될까?

```
>>> x = 7
>>> y = 6
>>> print(x + y)
[                    ]
>>> x = '7'
>>> y = '6'
>>> print(x + y)
[                    ]
```

05 변수의 이름은 어떻게 짓나요?

우리는 아기가 태어나면 심사숙고하여서 이름을 짓는다. 변수의 이름도 마찬가지이다. 변수의 이름은 프로그래머가 마음대로 지을 수 있지만 몇 가지의 규칙을 지켜야 한다. 변수의 이름은 식별자(identifier)의 일종이다. "홍길동", "김철수" 등의 이름이 사람을 식별하듯이 식별자는 변수와 변수들을 식별하는 역할을 한다.

식별자는 다음과 같은 규칙에 따라 만들어야 한다.

- 식별자는 영문자와 숫자, 밑줄 문자(_)로 이루어진다.
- 식별자의 중간에 공백이 들어가면 안 된다.
- 식별자의 첫 글자는 반드시 영문자 또는 밑줄 문자(_)이어야 한다. 식별자는 숫자로 시작할 수 없다.
- 대문자와 소문자는 구별된다. 따라서 변수 index와 Index, INDEX은 모두 서로 다른 변수이다.

다음과 같은 것들은 유효한 식별자이다.

```
sum                  // 영문 알파벳 문자로 시작
_count               // 밑줄 문자로 시작할 수 있다.
number_of_pictures   // 중간에 밑줄 문자를 넣을 수 있다.
King3                // 맨 처음이 아니라면 숫자도 넣을 수 있다.
```

다음과 같은 것들은 유효하지 않은 식별자이다.

```
2nd_base (X)         // 숫자로 시작할 수 없다.
money# (X)           // #과 같은 기호는 사용할 수 없다.
```

변수의 이름을 지을 때는 변수의 역할을 가장 잘 설명하는 이름을 지어야 한다. 좋은 변수 이름은 전체 프로그램을 읽기 쉽게 만든다. 하지만 반대로 즉흥적으로 지은 이름을 사용하게 되면 나중에 프로그램을 읽기가 아주 힘들어진다. 예를 들면 연도와 월, 일을 나타내는데 i, j, k 라고 하는 것보다 year, month, date라고 하는 편이 이해하기 쉬울 것이다.

06 이런 것도 가능하다!

다음과 같은 코드를 생각해보자.

```
score = 10
score = score + 1
```

첫 번째 문장은 우리가 익히 알고 있는 문장이다. 변수 score에 10을 저장한다. 두 번째 문장은 어떤 의미일까? 일단 수학적으로는 말이 안 된다. score와 (score+1)은 절대 같을 수 없다!

하지만 앞장에서도 설명하였듯이 프로그래밍에서 '=' 기호는 양변이 같다는 등호가 아니다. 오른쪽의 값을 왼쪽의 변수에 저장하라는 의미가 된다. 먼저 (score+1)이 계산되고 수식의 결과 값인 11인 다시 score에 저장된다. 이 문장은 충분히 가능한 문장이고 사실 가장 많이 사용되는 문장 중의 하나이다. 변수의 값을 하나 증가시키는 문장이다.

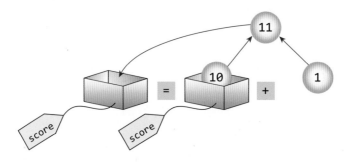

 Tip
변수의 이름을 지을 때는 너무 짧은 이름이나 너무 긴 이름으로 하지 않는 것이 좋다. 프로그래밍에 있어서 많은 오류가 변수의 이름 때문에 발생한다. 다음과 같은 변수 이름은 좋지 않다.

```
m = "홍길동"
t1234xababab = "홍길동"
```

07 여러 값을 함께 출력하기

우리는 이제까지 print()를 사용하여서 변수의 값을 출력하고 있다. 만약 다음과 같이 출력하고 싶으면 어떻게 해야 할까? 변수 x에 100이 저장되어 있고, y에 200, sum에 300이 저장되어 있다고 하자. 이 변수들의 내용과 문자열을 연결하여 다음과 같이 출력하려면 어떻게 해야 할까?

> 100 과 200 의 합은 300 입니다.

이 때는 print() 안에 출력하고 싶은 변수들과 문자열을 콤마(,)로 분리하여 나열하면 된다.

문법 2.1

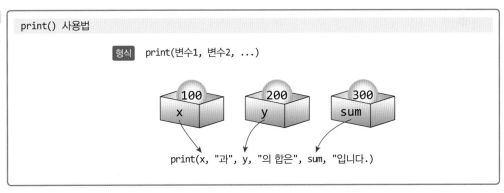

print() 사용법

형식 print(변수1, 변수2, ...)

```
print(x, "과", y, "의 합은", sum, "입니다.")
```

완전한 프로그램을 만들어보면 다음과 같다.

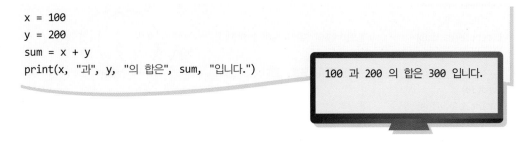

```
x = 100
y = 200
sum = x + y
print(x, "과", y, "의 합은", sum, "입니다.")
```

> 100 과 200 의 합은 300 입니다.

NOTE

함수

print()와 같은 것을 함수라고 한다. 프로그래밍에서 함수는 어떤 특수한 기능을 하도록 만들어진, 코드의 묶음이다. **print()** 함수는 (...) 안에 주어진 것들을 출력하는 기능을 한다. **print()** 함수는 파이썬이 미리 만들어서 우리에게 제공해준다. 파이썬에서는 많은 함수들이 기본으로 제공된다.

실습시간 우리는 앞에서 변수에 대하여 학습하였다. 변수는 어디에 유용할까? 다음과 같이 터틀 그래픽을 사용하여 반지름이 100픽셀인 3개의 원을 그리는 프로그램이 있다고 하자.

```
t.circle(100)      # 반지름이 100인 원이 그려진다.
t.fd(30)
t.circle(100)      # 반지름이 100인 원이 그려진다.
t.fd(30)
t.circle(100)      # 반지름이 100인 원이 그려진다.
```

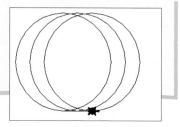

그렇게 특별할 것은 없다. 하지만 갑자기 원의 반지름을 50으로 변경하여서 다시 그려야 한다면 어떨까? 우리는 3개의 100을 50으로 변경해야 한다. 하지만 원의 반지름이 변수로 표현되었다면 더 쉬운 방법이 있다.

여기를 가리고 먼저 풀어보세요!

소스코드 원의 반지름이 변수로 표현되었다면 이 변수의 값만 변경하면 된다. 만약 변수를 사용하지 않았으면 3군데를 모두 변경하여야 했을 것이다. 변수를 사용하면 원의 크기를 한 번에 바꿀 수 있다.

draw_cir.py

```
import turtle
t = turtle.Turtle()
t.shape("turtle")
radius = 50
t.circle(radius)      # 반지름이 50인 원이 그려진다.
t.fd(30)
t.circle(radius)      # 반지름이 50인 원이 그려진다.
t.fd(30)
t.circle(radius)      # 반지름이 50인 원이 그려진다.
turtle.done()
```

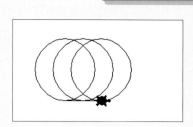

 도전문제
거북이가 앞으로 움직이는 거리도 변수 x에 저장하여 보자. 변수의 값을 변경하면서 위의 프로그램을 실행하여 보자.

08 사용자로부터 정수 입력받기 #1

앞의 프로그램도 덧셈의 결과를 출력하지만, 항상 100+200의 결과만을 출력한다. 다음과 같이 사용자로부터 정수 2개를 받아서 덧셈을 한 후에 결과를 출력한다면 보다 유용한 프로그램이 될 것이다.

```
첫 번째 정수를 입력하시오: 300
첫 번째 정수를 입력하시오: 400
300 과 400 의 합은 700 입니다.
```

파이썬에서 사용자로부터 무엇인가를 입력받으려면 input() 함수를 사용한다. input() 함수는 사용자의 입력을 무조건 문자열 형태로 우리에게 반환하기 때문에 이것을 정수로 변환하려면 int()로 감싸야 한다. int() 함수는 문자열을 정수로 변환한다. 일단은 사용자로부터 정수값을 입력받으려면 다음과 같은 문장을 사용한다고 알아두자.

```
>>> x = int(input("첫 번째 정수를 입력하시오: "))
첫 번째 정수를 입력하시오: 300
```

input()은 (...) 안의 메시지를 화면에 출력하고 사용자의 입력을 기다린다. 사용자가 무엇인가를 입력하면 input()이 종료된다.

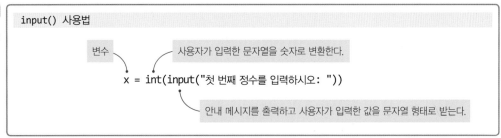

사용자가 키보드로 "300"을 입력하면 변수 x에는 300이 저장되고 컴퓨터가 변수 x의 값을 읽을 때마다 300이 읽혀지게 된다.

완전한 코드는 다음과 같다.

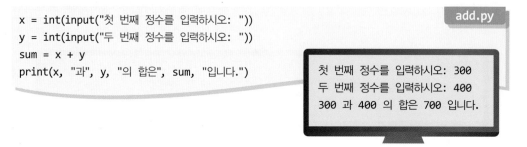

```
x = int(input("첫 번째 정수를 입력하시오: "))
y = int(input("두 번째 정수를 입력하시오: "))
sum = x + y
print(x, "과", y, "의 합은", sum, "입니다.")
```

add.py

```
첫 번째 정수를 입력하시오: 300
두 번째 정수를 입력하시오: 400
300 과 400 의 합은 700 입니다.
```

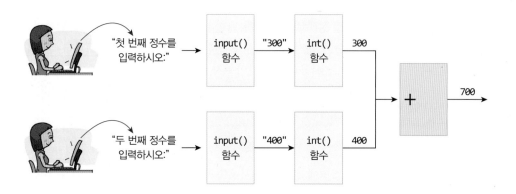

 도전문제

사용자로부터 2개의 정수를 받아서 사칙연산(+, -, *, /)을 한 후에 결과를 출력하는 프로그램을 작성해보자.

 Tip

파이썬 쉘에서 변수의 현재값을 확인하려면 다음과 같이 변수의 이름을 적은 후에 엔터키를 치면 된다.

```
>>> x = 10
>>> x
10
```

10 사용자로부터 문자열 입력받기

앞에서 문자열(string)이란 "문자들이 모인 것"이라고 하였다. 사용자로부터 문자열을 입력받아서 변수에 저장하려면 어떻게 하면 될까?

사용자로부터 문자열을 입력받으려면 단순히 input()을 사용하면 된다. 이때 int()를 붙일 필요가 없다. 예를 들어서 사용자의 이름을 입력받는 코드는 다음과 같다.

```
>>> name = input("이름을 입력하시오: ")
이름을 입력하시오: 홍길동
>>>
```

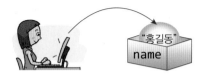

위의 코드가 실행되면 파이썬 내부에는 name이라는 변수가 생성되었고 여기에는 "홍길동"이라는 문자열이 저장되었다. 파이썬의 변수는 무엇이든지 저장할 수 있다!

변수 name에는 사용자의 이름이 저장되어 있다. 이 변수를 이용하여 다음과 같이 출력하는 코드를 작성해보자.

```
이름을 입력하시오: 홍길동
홍길동 씨, 안녕하세요?
파이썬에 오신 것을 환영합니다.
```

완전한 코드는 다음과 같다.

```
name = input("이름을 입력하시오: ")
print(name, "씨, 안녕하세요?")
print("파이썬에 오신 것을 환영합니다.")
```

 도전문제
사용자의 이름을 물어보고 이어서 2개의 정수를 받아서 덧셈을 한 후에 결과를 출력하는 다음과 같은 프로그램을 작성해보자.

```
이름을 입력하시오: 홍길동
홍길동 씨, 안녕하세요?
파이썬에 오신 것을 환영합니다.
첫 번째 정수를 입력하시오: 300
두 번째 정수를 입력하시오: 400
300 과 400 의 합은 700 입니다.
```

Lab 집 그리기

실습시간 변수의 첫 번째 용도는 사용자로부터 받은 입력을 저장하는 것이다. 우리는 사용자로부터 집의 크기를 입력받아서 크기에 맞는 집을 그려보자.

집의 크기는 얼마로 할까요? 100

사용자가 100을 입력했다면 다음과 같이 각 변의 길이가 100픽셀인 집을 화면에 그린다.

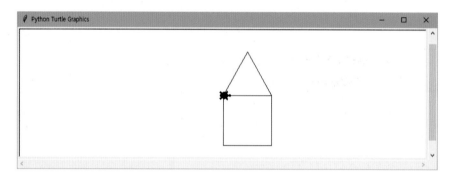

터틀 그래픽에서 거북이의 각도는 다음과 같다. 초기 상태에서 거북이의 각도는 0도이다. right(60)를 호출하면 오른쪽으로 60도 회전한다. left(60)을 호출하면 왼쪽으로 60도 회전한다. 거북이를 forward(length)를 호출하여 움직여도 그림이 그려진다. 아니면 goto(x, y)를 호출하여 거북이를 특정 좌표로 이동시켜도 그림이 그려진다. 집의 크기를 변수에 저장해두면 편리하다. 집의 크기를 변경하기 위해서는 단순히 size 변수의 값만 변경하면 된다.

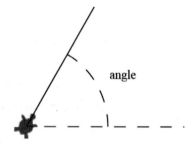

Lab 집 그리기 Solution

```python
import turtle
t = turtle.Turtle()
t.shape("turtle")

# 사용자로부터 집의 크기를 받아서 size라는 변수에 저장한다.
size = int(input("집의 크기는 얼마로 할까요? "))

t.left(60)
t.forward(size)  # ①
t.right(120)
t.forward(size)  # ②

t.right(30)
t.forward(size)  # ③
t.right(90)
t.forward(size)  # ④
t.right(90)
t.forward(size)  # ⑤
t.right(90)
t.forward(size)  # ⑥

turtle.done()
```

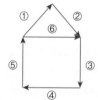

 도전문제

집을 좀 더 정교하게 그려보자. 창문과 현관도 만들어 보자. 또 다음과 같이 속을 채워서 그려보자.

```python
t.color("blue")
t.begin_fill()
...
t.end_fill()
```

Lab 로봇 기자 만들기

실습시간 야구 기사를 보면 거의 비슷한 기사가 되풀이 된다. 이긴 팀이나 진 팀, 점수, 경기장, 우수 선수 등의 핵심 요소를 제외한 나머지 부분은 바뀌지 않는다. 기사의 틀을 만들어두고 핵심 요소는 변수로 만들면 자동으로 기사를 작성할 수 있다. 로봇 기자 프로그램을 만들어보자. 사용자에게 경기장, 점수, 이긴 팀, 진 팀, 우수 선수를 질문하고 변수에 저장한다. 이들 문자열에 문장을 붙여서 기사를 작성한다.

```
경기장은 어디입니까?서울
이긴팀은 어디입니까삼성
진팀은 어디입니까?LG
우수선수는 누구입니까?홍길동
스코어는 몇대몇입니까?8:7


========================================
오늘 서울 에서 야구 경기가 열렸습니다.
삼성 과 LG 은 치열한 공방전을 펼쳤습니다.
홍길동 이 맹활약을 하였습니다.
결국 삼성 가 LG 를  8:7 로 이겼습니다.
========================================
```

여기를 가리고 먼저 풀어보세요!

소스코드

journal.py

```python
# 사용자의 대답을 변수에 저장한다.
stadium = input("경기장은 어디입니까?")
winner = input("이긴팀은 어디입니까")
loser = input("진팀은 어디입니까?")
vip = input("우수선수는 누구입니까?")
score = input("스코어는 몇대몇입니까?")

# 변수와 문자열을 연결하여 기사를 작성한다.
print("")
print("========================================")
print("오늘", stadium, "에서 야구 경기가 열렸습니다.")
print(winner, "과", loser, "은 치열한 공방전을 펼쳤습니다.")
print(vip, "이 맹활약을 하였습니다.")
print("결국", winner,"가", loser,"를 ", score,"로 이겼습니다.")
print("========================================")
```

 도전문제

축구 경기나 테니스, 골프 등 자신이 좋아하는 경기로 바꾸어서 위의 프로그램을 다시 작성해보자.

Lab 웹 사이트 오픈하기

실습시간 파이썬의 장점은 라이브러리가 많다는 것이다. 우리는 여기에서 webbrowser 모듈을 이용하여서 사용자로부터 웹 사이트 주소를 받아서 특정 웹 사이트를 오픈해주는 프로그램을 만들어보자.

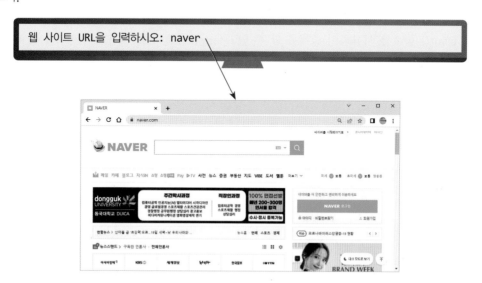

```
웹 사이트 URL을 입력하시오: naver
```

여기를 가리고 먼저 풀어보세요!

- -

소스코드

webopen.py

```python
import webbrowser

url = input("웹 사이트 URL을 입력하시오: ")
webbrowser.open("https://www."+ url +".com")
```

 도전문제

"https://translate.google.co.kr/#en/ko/"에 번역할 영어 문장을 붙이면 자동으로 번역된 결과를 보여준다. 문자열의 + 연산을 사용해보자. 이 기능을 이용하여서 사용자가 입력한 영어 단어를 한국어로 번역해주는 사이트를 오픈해보자.

```python
import webbrowser

s = input("번역할 영어 문장을 입력하시오: ")
url="https://translate.google.co.kr/#en/ko/"+s
webbrowser.open(url)
```

» 변수가 무엇인지 설명할 수 있나요?
  • 변수는 값을 저장하는 메모리 공간에 이름을 붙인 것입니다. 컴퓨터에서는 변수를 사용하여 어떤 것을 저장할 수 있습니다.

» 파이썬 콘솔에서 입력과 출력을 할 수 있나요?
  • print() 함수를 사용하여 출력을 할 수 있고, input() 함수를 사용하여 입력을 할 수 있습니다.

» 간단한 계산기 프로그램을 작성할 수 있나요?
  • x = int(input("첫 번째 수:"))와 같은 문장을 사용하여 정수를 입력받습니다. 이 정수들을 가지고 연산을 한 후에 print() 함수로 출력하면 됩니다.

» print() 함수의 사용법을 설명할 수 있나요?
  • print() 함수를 변수와 문자열을 동시에 출력할 수 있습니다. print("연산 결과:", sum) 와 같은 문장을 사용합니다.

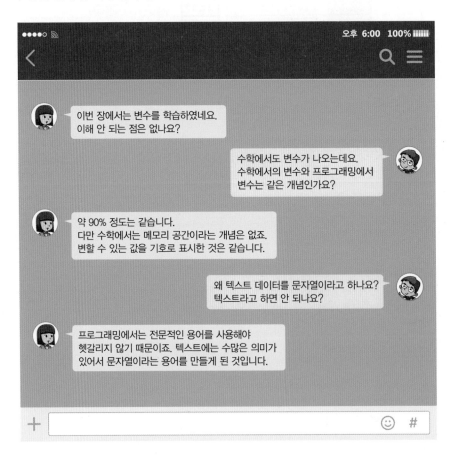

1   사용자한테 이름과 나이를 입력하게 한다. 사용자가 내년에 몇 살인지를 화면에 출력하는 프로그램을 작성하라.

> 이름을 입력하시오: 홍길동
> 나이를 입력하시오: 20
> 홍길동 씨는 내년에 21 살이시네요!

HINT   print(name, "씨는 내년에", "살이시네요!")을 호출한다.

2   부동산의 주소는 문자열 형태로 street 변수에 저장될 수 있다. 부동산의 가격은 정수 형태의 변수 price에 저장될 수 있다. 이들 변수들을 사용하여 다음과 같은 부동산 광고를 화면에 출력하여 보자.

> 주소: 서울시 종로구
> 방의 개수: 3
> 가격: 100000000
>
> 서울시 종로구 에 위치한 아주 좋은 아파트 가 매물로 나왔습니다. 이 아파트 는 3 개의 방을 가지고 있으며 가격은 100000000 입니다.

3   사용자로부터 3개의 숫자를 받아서 평균을 계산하여 출력하는 프로그램을 작성하라.

> 첫 번째 숫자를 입력하시오: 10
> 두 번째 숫자를 입력하시오: 20
> 세 번째 숫자를 입력하시오: 30
> 10 20 30 의 평균은 20.0 입니다.

HINT   사용자로부터 받은 문자열은 int() 함수를 적용하여 정수로 바꾼다.

4 사용자로부터 원의 반지름을 입력받아서 원의 면적을 계산하는 프로그램을 작성해보자.

```
반지름을 입력하시오: 10
반지름이 10 인 원의 넓이 = 314.1592
```

> **HINT** 곱셈을 나타내는 기호는 *이다. 제곱 연산은 **이다.

5 원의 반지름을 변수 radius에 저장한다. radius의 초기값은 50이다. radius 변수를 20씩 증가시면서 (0,0), (100,0), (200,0) 좌표에 원을 3개 그려보자. 터틀 그래픽을 이용하고 반복문은 사용하지 않는다.

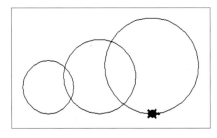

> **HINT** 1장에서 학습한 up(), down(), circle(), goto()와 같은 함수를 이용한다. 기억나지 않으면 1장 연습문제를 참조하라.

6 삼각형의 한 변의 길이를 side 변수로 나타낸다. side 변수의 초기값은 100이다. side 변수를 이용하여 화면에 삼각형을 그려보자.

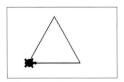

> **HINT** 거북이를 side만큼 전진시키고 120도 왼쪽으로 회전한다. 또 side만큼 전진, 120도 회전, side만큼 전진, 120도 회전을 되풀이하면 삼각형이 그려진다.

7 6번 문제에서 우리는 삼각형 한 변의 길이를 side 변수로 표시했었다. 만약 우리가 삼각형 한변의 길이를 200으로 변경한다고 하자. 코드에서 어디만 수정하면 되는가?

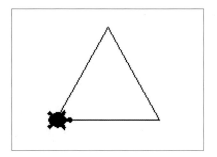

HINT 변수를 사용하면 삼각형의 크기를 한 번에 바꿀 수 있다. 변수 side의 값을 200으로 변경하고 다른 코드는 그대로 재사용하면 된다.

8 다음과 같이 색깔이 다른 5개의 원을 그려보자. 원의 반지름은 radius 변수에 저장한다.

HINT 색상을 변경하려면 t.color("blue")을 사용한다. 펜의 두께는 t.pensize(6)와 같이 변경한다.

9. 다음과 같은 화면에 자동차를 그리는 프로그램을 작성해보자. 자동차의 각 치수를 변수에 저장하고, 이 변수를 이용하여 자동차를 움직이도록 해보자.

HINT 도형을 채워서 그리려면 도형을 그리기 전에 t.begin_fill()하고 도형 그리기가 끝나면 t.endfill()을 호출한다.

3

계산해볼까요?

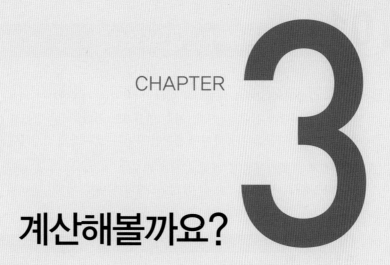

컴퓨터에서 계산기능이 중요한가요? 요즘은 다른 작업을 더 많이 하는 거 같던데요?

컴퓨터는 본질적으로 계산하는 기계입니다. 컴퓨터에서 모든 것은 계산으로 처리됩니다.

이번 장에서는 다음과 같은 내용을 학습합니다.

- 파이썬에서 더하기, 빼기, 곱하기, 나누기는 어떻게 하나요?
- 나머지 계산이나 지수도 계산하는 연산자가 있나요?
- 변수에 값을 할당하는 연산자에는 어떤 것들이 있나요?
- 주석의 개념을 설명할 수 있나요?
- 연산자들이 섞여 있는 경우, 어떤 연산자가 먼저 실행되나요?

파이썬에는 다양한 연산자가 내장되어 있다. 기본적인 사칙연산인 더하기, 빼기, 곱하기, 나누기 연산자뿐만 아니라 할당, 나머지, 지수 연산자도 있다. 이번 장에서 이들 연산자에 대하여 학습한다. 이 연산자들을 이용하여 실제적인 응용 프로그램을 작성하여 보자.

(1) 사용자로부터 화씨 온도를 받아서 섭씨 온도로 변환하는 프로그램을 작성해보자. 화씨 온도는 미국에서 사용된다. 화씨 100도는 섭씨로 몇도 일까? 파이썬 프로그램으로 계산해보자.

(2) 사용자가 입력하는 n의 값에 따라 n−각형을 그려보자. 터틀 그래픽을 이용한다.

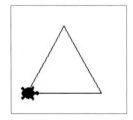 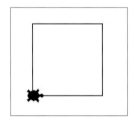 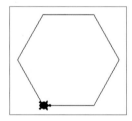

(3) 자동 판매기를 시뮬레이션하는 프로그램을 작성해보자. 자동 판매기는 사용자로부터 투입한 돈과 물건값을 입력받는다. 물건값은 100원 단위이다. 프로그램은 잔돈을 동전으로 계산하여 출력한다. 동전은 500원, 100원짜리만 있다고 하자.

02 수식은 어디에나 있다!

우리가 즐겨보는 영화의 컴퓨터 그래픽 장면들이 컴퓨터의 계산 기능을 통하여 이루어진다는 것은 아주 흥미롭다. 예를 들어서 건물들의 폭발 장면은 물리학의 여러 가지 공식들을 이용하여 컴퓨터로 계산한 결과를 화면에 표시하는 것이다.

(사진출처: 영화 어벤져스의 한 장면)

많은 사람들은 수학을 두려워한다. 그러나 안심해도 좋다. 이번 장에서는 우리가 직접 계산할 필요는 없다. 수식만 작성하여 컴퓨터로 넘기면 컴퓨터가 알아서 수식을 계산한다. 컴퓨터는 수식을 두려워하지 않을뿐더러, 엄청난 속도로 계산하여 정확한 결과를 알려줄 것이다.

컴퓨터가 수식 계산을 담당한다면 왜 우리가 수식에 대하여 알아야 할까? 우리는 올바르게 수식을 작성하는 방법을 배울 것이다. 연산자가 적용되는 순서를 알아야 한다. 수식은 항상 왼쪽에서 오른쪽으로 계산되는 것은 아니다. 나머지 연산자나 할당 연산자와 같이 수학 시간에 배우지 않은 연산자들도 있다. 연산자를 잘 사용하면 코드의 길이를 줄일 수 있다.

03 수식과 연산자

수식(expression)이란 피연산자들과 연산자의 조합이라고 할 수 있다. 연산자(operator)는 어떤 연산을 나타내는 기호를 의미한다. 피연산자(operand)는 연산의 대상이 되는 것이다. 수식 (5 * 8)에서 5와 8은 피연산자이고 *는 연산자이다.

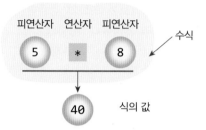

산술 연산자는 기본적인 산술 연산인 덧셈, 뺄셈, 곱셈, 나눗셈과 나머지 연산을 실행하는 연산자이다. 아래 표에 산술 연산자들을 정리하였다.

연산자	기호	사용예	결과값
덧셈	+	7 + 4	11
뺄셈	−	7 − 4	3
곱셈	*	7 * 4	28
나눗셈	//	7 // 4	1
나눗셈	/	7 / 4	1.75
나머지	%	7 % 4	3

덧셈, 뺄셈, 곱셈은 별 문제가 없고 나눗셈은 주의할 점이 있다. 파이썬에서 나눗셈은 항상 실수로 계산된다.

```
>>> 7 / 4
1.75
```
나눗셈은 항상 실수로 계산된다.

하지만 경우에 따라서는 나눗셈의 몫을 정수로 계산하고 싶은 경우가 있을 것이다. 이때는 //을 사용하면 된다. //을 사용하여 나눗셈을 하면 소수점 이하는 없어지고 정수 부분만 남는다.

```
>>> 7 // 4
1
```
//을 사용해서 나누면 정수만 남는다.

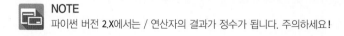

NOTE
파이썬 버전 2.X에서는 / 연산자의 결과가 정수가 됩니다. 주의하세요!

04 나머지 연산자

프로그래밍에서 불가사의하게 많이 사용되는 연산자가 나머지 연산자(%)이다. x%y는 x를 y로 나누어서 남은 나머지를 반환한다. 예를 들어 7%4는 3이다. 7을 4로 나누면 몫은 1이고 나머지는 3이 된다. 몫은 // 연산자로 계산할 수 있고 나머지는 % 연산자로 계산할 수 있다. 예를 들어서 7/4 연산에서 몫과 나머지를 계산하는 코드는 다음과 같다.

$$4\overline{)\,7}$$
$$\begin{array}{r} 1 \\ 4\,\overline{)\,7} \\ -4 \\ \hline 3 \end{array}$$

```
p = int(input("분자를 입력하시오: "))
q = int(input("분모를 입력하시오: "))
print("나눗셈의 몫=", p // q)
print("나눗셈의 나머지=", p % q)
```

```
분자를 입력하시오: 7
분모를 입력하시오: 4
나눗셈의 몫= 1
나눗셈의 나머지= 3
```

그런데 나머지 연산자를 어디에 이용하면 좋을까? 나머지 연산자를 이용하면 짝수와 홀수를 쉽게 구분할 수 있다. 즉 어떤 수 x를 2로 나누어서 나머지가 0이면 짝수이다.

```
number = int(input("정수를 입력하시오: "))
print(number%2)
```

```
정수를 입력하시오: 28
0
```

다른 예제로 초 단위의 시간을 받아서 몇 분 몇 초인지를 계산하여 보자. 즉 1000초가 몇 분 몇 초에 해당하는지를 계산할 수 있다.

```
sec = 1000
min = 1000 // 60
remainder = 1000 % 60
print(min, remainder)
```

```
16 40
```

1000초는 16분 40초인 것을 알 수 있다.

실습시간 다음과 같이 사용자가 몇 각형인지를 입력하면 해당되는 다각형을 화면에 그리는 프로그램을
작성해보자.

몇 각형을 그리시겠어요?(3-6): 6
>>>
>>>
>>>
>>>

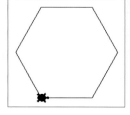

몇 각형을 그리시겠어요?(3-6): 3
>>>
>>>
>>>
>>>

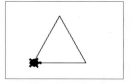

약간의 계산이 필요하다. 그리고 n번 반복하는 기능이 필요하다. 다음과 같은 코드를 사용하라.

```
for i in range(n) :         # n번 반복한다.
    t.forward(100)          # 여기에 반복하고 싶은 문장을 들여쓰기 하여서 적는다.
    t.left(60)              # 여기에 반복하고 싶은 문장을 들여쓰기 하여서 적는다.
```

반복문은 6장에서 학습하게 된다. 회전하는 각도를 60도 고정하면 안 된다. 어떻게 하면 좋을까?

여기를 가리고 먼저 풀어보세요!

소스코드

```
import turtle
t = turtle.Turtle()
t.shape("turtle")                           나눗셈 연산자인 //을 사용한다.
n = int(input("몇 각형을 그리시겠어요?(3-6): "))
degree = 360//n                  # 회전 각도를 미리 계산한다.

for i in range(n) :              # n번 반복한다.
    t.forward(100)               # 100 만큼 전진한다.
    t.left(degree)               # degree 만큼 회전한다.

turtle.done()
```

실습시간 우리가 커피 전문점을 내려고 한다. 다음과 같은 커피 메뉴가 있을 때, 하루 매출을 계산해보
고자 한다.

```
아메리카노 판매 개수: 10
카페라떼 판매 개수: 20
카푸치노 판매 개수: 30
총 매출은 185000 입니다.
```

- -

여기를 가리고 먼저 풀어보세요!

소스코드

caffe.py

```python
americano_price = 2000
cafelatte_price = 3000
capucino_price = 3500

americanos = int(input("아메리카노 판매 개수: "))
cafelattes = int(input("카페라떼 판매 개수: "))
capucinos = int(input("카푸치노 판매 개수: "))

sales = americanos*americano_price
sales = sales + cafelattes*cafelatte_price
sales = sales + capucinos*capucino_price
print("총 매출은", sales, "입니다.")
```

 도전문제
총 재료 비용이 100000원이었다고 하자. 순이익을 계산하여 출력한다.

실습시간 우리나라에서는 온도를 나타낼 때 섭씨온도를 사용하지만 미국에서는 화씨온도를 사용한다. 화씨온도를 받아서 섭씨온도로 바꾸는 프로그램을 작성해보자.

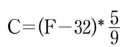

$$C = (F - 32) * \frac{5}{9}$$

화씨온도: 100
섭씨온도: 37.77777777777778

여기를 가리고 먼저 풀어보세요!

소스코드

temp.py

```
ftemp = int(input("화씨온도: "))
ctemp = (ftemp-32.0)*5.0/9.0
print("섭씨온도:", ctemp)
```

다음과 같이 하여도 된다.

```
ftemp = int(input("화씨온도: "))
ctemp = (ftemp-32)*5/9
print("섭씨온도:", ctemp)
```

파이썬에서 나눗셈 연산자 /는 항상 실수로 계산하기 때문이다.

 도전문제
반대로 섭씨온도를 화씨온도로 변환하는 프로그램도 작성해보자.

Lab 자동 판매기 프로그램

실습시간 자동 판매기를 시뮬레이션하는 프로그램을 작성해보자. 자동 판매기는 사용자로부터 투입한 돈과 물건값을 입력받는다. 물건값은 100원 단위라고 가정한다. 프로그램은 잔돈을 계산하여 출력한다. 자판기는 동전 500원, 100원짜리만 가지고 있다고 가정하자.

```
투입한 돈: 5000
물건값: 2600
거스름돈: 2400
500원 동전의 개수: 4
100원 동전의 개수: 4
```

여기를 가리고 먼저 풀어보세요!

소스코드

```python
money = int(input("투입한 돈: "))                              atm.py
price = int(input("물건값: "))

change = money-price
print("거스름돈: ", change)
coin500s = change // 500          # 500으로 나누어서 몫이 500원짜리의 개수
change = change % 500             # 500으로 나눈 나머지를 계산한다.
coin100s = change // 100          # 100으로 나누어서 몫이 100원짜리의 개수

print("500원 동전의 개수:", coin500s)
print("100원 동전의 개수:", coin100s)
```

 도전문제
자판기가 만약 50원짜리 동전과 10원짜리 동전도 거슬러 줄 수 있다면 위의 코드를 어떻게 수정하여야 하는가?

파이썬은 대단히 친절한 프로그래밍 언어이다. 지수(power) 계산도 연산자로 제공한다. 지수를 계산하려면 ** 연산자를 사용한다. 예를 들어서 2^7을 계산하는 파이썬 수식은 2**7이다.

```
>>> 2**7
128
```

 2의 7승이 계산된다.

수학에서처럼 지수 연산자는 다른 연산자들보다 높은 우선순위를 가진다. 예를 들어서 10*2**7은 $10 \times 2^7 = 1280$이다. 다른 연산자하고는 다르게 지수 연산자는 오른쪽에서 왼쪽으로 계산된다. 예를 들어서 2**2**3은 2**(2**3)=2**8=256이 된다.

지수 연산자는 생각보다 아주 많이 사용된다. 예를 들어서 제곱근을 계산할 때도 지수 연산자를 사용할 수 있다.

```
>>> 16**0.5
4.0
```

역수 계산도 지수 연산자로 할 수 있다. X**-N == 1/(X**N)와 같이 계산된다.

```
>>> 10**-1
0.1
```

예를 들어서 은행에 1000만 원을 연복리 6%로 5년 동안 맡겼을 때, 받을 수 있는 돈을 계산해보자. 원금 a, 이자율 r, n년 후에 원리금 합계는 b = a(1+r)**n이 된다. 이것을 파이썬으로 만들어서 계산하면 다음과 같다.

```
money = 10000000
rate = 0.06
n = 5
print("5년 후 원리금 합계=", int(money*(1+rate)**n))
```

5년 후 원리금 합계= 13382255

Lab 2차 방정식 근 계산하기

실습시간 2차 방정식의 근을 계산해보자. 사용자로부터 2차 방정식의 계수를 받아서 지수 연산자 **을 사용하여 2개의 근을 계산한다. 이때 a≠ 0라고 가정한다. 또 판별식이 양수여서 2개의 실근이 있다고 가정하자.

```
a: 1
b: 10
c: -24
2개의 실근이 있는 경우만 계산할 수 있습니다.
2개의 실근: 2.0 -12.0
```

여기를 가리고 먼저 풀어보세요!

소스코드

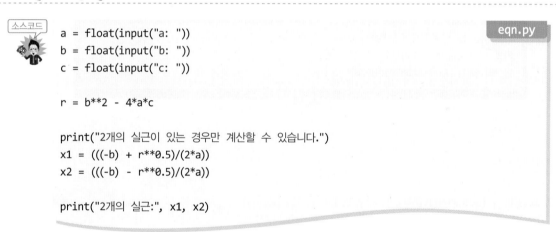

```python
a = float(input("a: "))
b = float(input("b: "))
c = float(input("c: "))

r = b**2 - 4*a*c

print("2개의 실근이 있는 경우만 계산할 수 있습니다.")
x1 = (((-b) + r**0.5)/(2*a))
x2 = (((-b) - r**0.5)/(2*a))

print("2개의 실근:", x1, x2)
```

eqn.py

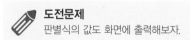 도전문제
판별식의 값도 화면에 출력해보자.

실습시간 BMI(Body Mass Index)는 체중(kg)을 신장(m)의 제곱으로 나눈 값으로 체지방 축적을 잘 반영하기 때문에 비만도 판정에 많이 사용한다.

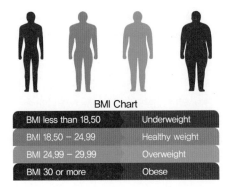

$$BMI = \frac{(weight\ in\ kilograms)}{height\ in\ meters^2}$$

BMI Chart

BMI less than 18.50	Underweight
BMI 18.50 – 24.99	Healthy weight
BMI 24.99 – 29.99	Overweight
BMI 30 or more	Obese

사용자로부터 신장과 체중을 입력받아서 BMI 값을 출력하는 프로그램을 작성하여 보자.

```
몸무게를 kg 단위로 입력하시오: 85.0
키를 미터 단위로 입력하시오: 1.83
당신의 BMI= 25.381468541909282
```

여기를 가리고 먼저 풀어보세요!

소스코드

bmi.py

```python
weight = float(input("몸무게를 kg 단위로 입력하시오: "))
height = float(input("키를 미터 단위로 입력하시오: "))

bmi = (weight / (height**2))              # 지수 연산자를 사용해보자.
print("당신의 BMI=",  bmi)
```

여기서는 변수 weight와 height는 모두 실수 변수로 정의하여야 한다. float() 함수는 문자열을 실수로 변환하는 함수이다.

 도전문제
사용자가 키를 센티미터로 입력한다면 위의 프로그램을 어떻게 수정하여야 하는가?

할당 연산자

할당 연산자는 이미 우리에게 친근하다. 우리가 이제까지 변수에 값을 대입할 때 사용하였던 = 기호가 바로 할당 연산자(assignment operator)이다. = 기호는 "같다"라는 의미가 아니다. 할당 연산자는 변수에 값을 저장하는 연산자이다. =의 왼쪽은 반드시 변수이어야 하고 등호의 오른쪽은 어떠한 수식이라도 가능하다.

$$x = 100 + 200$$

등호의 왼쪽이 변수가 아니면 문제가 발생한다. 다음과 같은 수식은 잘못된 수식이다.

$$100 = x + y$$

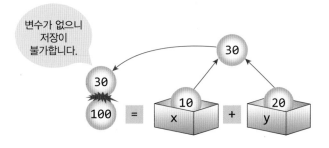

다음과 같이 여러 개의 변수에 동일한 값을 저장하는 것도 가능하다.

$$x = y = 100$$

다음과 같이 여러 개의 변수에 서로 다른 값을 저장하는 것도 가능하다.

$$x, y = 100, 200$$

위의 문장이 실행되면 변수 x에는 100이 저장되고 변수 y에는 200이 저장된다.

참고 사항

할당 연산자는 책에 따라서 대입 연산자, 배정 연산자라고도 한다. 그리고 알고리즘을 나타낼 때는 <- 기호로 표시하기도 한다.

07 복합 연산자

복합 연산자(compound operator)란 +=처럼 대입 연산자와 다른 연산자를 합쳐 놓은 연산자이다. num += 2는 num = num + 2와 같다. 복합 대입 연산자는 소스를 간결하게 만들 수 있다.

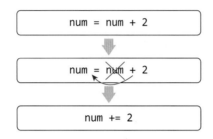

대입 연산자에 다양한 연산자를 조합할 수 있다. 다음 표에는 가장 많이 사용되는 복합 연산자만을 표시하였다.

복합 연산자	의미
x += y	x = x + y
x -= y	x = x - y
x *= y	x = x * y
x /= y	x = x / y
x %= y	x = x % y

간단히 예제를 작성해보면 다음과 같다.

```
x = 1000
print("초기값 x=", x)

x += 2;
print("x += 2 후의 x=", x)

x -= 2;
print("x -= 2 후의 x=", x)
```

comp.py

```
초기값 x= 1000
x += 2 후의 x= 1002
x -= 2 후의 x= 1000
```

08 관계 연산자

관계 연산자(relational operator)는 두 개의 피연산자를 비교하는데 사용된다. 예를 들면 "변수 x가 변수 y보다 큰지"를 따지는데 사용된다. 관계 연산자의 결과는 참(True) 아니면 거짓(False)으로 계산된다. 파이썬에서는 다음 표와 같은 6가지의 관계 연산자를 사용한다.

표 3-1 관계 연산자

연산	의미	수학적 표기
x == y	x와 y가 같은가?	=
x != y	x와 y가 다른가?	≠
x > y	x가 y보다 큰가?	>
x < y	x가 y보다 작은가?	<
x >= y	x가 y보다 크거나 같은가?	≥
x <= y	x가 y보다 작거나 같은가?	≤

관계 수식은 참이나 거짓이라는 값을 생성한다. 파이썬에서 참과 거짓은 True와 False로 표시된다. (100 > 1)이라는 관계식을 예로 들어보자. 100이 1보다 크기 때문에 이 수식은 참을 의미하는 값 True를 생성한다. (1 > 100) 수식은 거짓이므로 False 값이 생성된다.

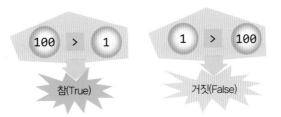

조건식에는 변수를 사용할 수 있다. 즉 (x > y)와 같은 수식이 가능하다. 변수 x가 변수 y보다 크면 이 수식의 값은 True가 된다. 반대로 변수 x의 값이 변수 y보다 크지 않으면 False가 된다.

경고

==와 =

아주 많이 하는 오류가 두 값을 비교할 때 == 연산자를 사용하지 않고 = 연산자를 사용하는 것이다. = 연산자는 변수에 값을 할당하는 연산자이다. 비교하려면 ==을 사용한다.

비교 연산자를 사용하여서 문자열도 비교할 수 있다. s1 == s2와 같은 조건식은 두 개의 문자열이 완벽하게 일치하면 True가 된다. 만약 문자열 안의 글자가 하나라도 다르면 False가 된다.

```
>>> s1 = "Audrey Hepburn"
>>> s2 = "Audrey Hepburn"
>>> s1 == s2
True
```

s1 〈 s2와 같은 조건식은 사전에서 s1이 s2보다 앞에 있으면 True가 되고 그렇지 않으면 False가 된다.

```
>>> s1 = "Audrey Hepburn"
>>> s2 = "Grace Kelly"
>>> s1 < s2
True
```

기본적으로는 사전 순서이지만 주의할 점도 있다. 모든 대문자는 소문자보다 앞에 있는 것으로 간주된다. 스페이스 문자는 모든 알파벳 문자보다 앞에 있는 것으로 간주된다. 숫자는 문자보다 앞에 있다.

다음과 같은 프로그램을 실행시키면 결과가 어떻게 나올까? 0.1과 0.2를 더한 후에 0.3과 비교하였다.

```
>>> a=0.1 + 0.2
>>> a==0.3
False
```

하지만 결과는 다르다고 나온다. 왜 그럴까? 실수와 실수를 비교할 때는 아주 조심하여야 한다. 왜냐하면 위의 비교는 참이 되기 힘들다. 왜냐하면 컴퓨터에서는 비트의 수가 제한되어 있으므로 복잡한 실수값은 정확하게 표현되지 않기 때문이다. 따라서 실수 2개가 같은지를 판별하려면 오차를 감안하여서 비교하여야 한다. 즉 2개의 숫자가 오차 이내로 근접하면 같은 것으로 판정하는 방법이다.

```
>>> import math                  # math 모듈 포함

>>> a=0.1 + 0.2
>>> abs(a-0.3) < 0.00000001      # a와 0.3의 차이가 작으면
True
```

여기서 abs()는 절대값을 계산하는 함수이다. 다음과 같이 math 모듈의 isclose() 함수를 사용하는 것도 좋다.

```
>>> import math

>>> math.isclose(3.14, 3.15)
False
>>> math.isclose(3.141590003, 3.141590002)
True
```

Tip

관계 연산자의 우선순위는 산술 연산자보다 작다. 따라서 다음과 같은 문장은 괄호 없이도 안심하고 사용할 수 있다.

```
number - 1 > 100
```

관계 연산자가 먼저 계산되고 비교 연산자가 나중에 적용된다.

11 주석

주석(comment)은 소스 코드에 붙이는 설명글와 같은 것이다. 주석은 프로그램이 하는 일을 설명한다. 주석은 프로그램의 실행 결과에 영향을 끼치지 않는다. 주석은 반드시 있어야 되는 부분은 아니다. 컴파일러는 주석을 무시하며 주석에 대한 기계어 코드를 전혀 생성하지 않는다. 파이썬에서는 '#'로 시작하면 줄의 끝까지 주석으로 취급한다.

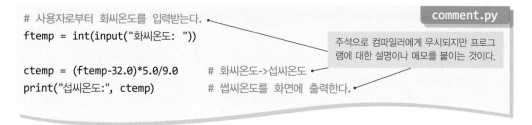

```
# 사용자로부터 화씨온도를 입력받는다.
ftemp = int(input("화씨온도: "))

ctemp = (ftemp-32.0)*5.0/9.0     # 화씨온도->섭씨온도
print("섭씨온도:", ctemp)          # 썹씨온도를 화면에 출력한다.
```

comment.py

주석으로 컴파일러에게 무시되지만 프로그램에 대한 설명이나 메모를 붙이는 것이다.

주석은 컴퓨터를 위한 것이 아니고 프로그램을 읽는 사람을 위한 것이다. 도대체 누가 읽을까? 프로그램은 완성된 후에도 지속적으로 유지보수를 위한 업데이트가 필요하다. 따라서 여러분 또는 후임 개발자가 프로그램의 업데이트를 위하여 소스 코드를 읽을 수 있다. 코드가 상당히 복잡하고 상당한 시간이 흘렀다면, 아무리 자신이 개발했다고 하여도 코드를 분석하는 데 많은 시간이 걸릴 수도 있다. 따라서 개발자는 자신의 프로그램이 무엇을 하려고 하는지 주석으로 만들어서 코드에 붙일 필요가 있는 것이다.

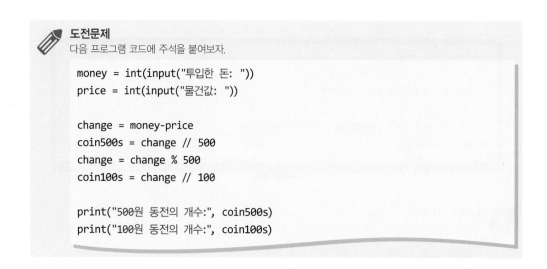

도전문제
다음 프로그램 코드에 주석을 붙여보자.

```
money = int(input("투입한 돈: "))
price = int(input("물건값: "))

change = money-price
coin500s = change // 500
change = change % 500
coin100s = change // 100

print("500원 동전의 개수:", coin500s)
print("100원 동전의 개수:", coin100s)
```

12 연산자의 우선순위

만약 아래와 같이 하나의 수식이 2개 이상의 연산자를 가지고 있는 경우에는 어떤 연산자가 먼저 수행될 것인가? 예를 들면 다음과 같은 문장에서 가장 먼저 수행되는 연산은 무엇인가?

$$x + \underbrace{\underbrace{y * z}_{①}}_{②}$$

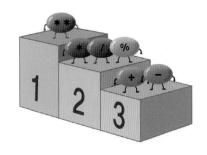

우리는 수학에서 배웠듯이 곱셈과 나눗셈이 덧셈과 뺄셈보다 먼저 수행되어야 한다. 우선순위 (precedence)는 많은 연산들 중에서 어떤 연산을 먼저 수행할지를 결정하는 규칙이다. 각 연산자들은 서열이 매겨져 있다. 즉 곱셈과 나눗셈은 덧셈이나 뺄셈보다 우선순위가 높다. 산술 연산자들의 우선순위를 높은 것부터 나열하면 위의 그림과 같다.

만약 사용자가 이러한 우선순위대로 연산을 하지 않고 다른 순서로 하고 싶은 경우는 어떻게 하면 되는가? 수학에서도 배웠듯이 이 경우에는 괄호를 사용하면 된다.

$$\underbrace{\underbrace{(x + y)}_{①} * z}_{②}$$

파이썬에서 사용되는 중요한 연산자에 대한 우선순위를 높은 것부터 아래 표에 정리하였다.

연산자	설명
**	지수 연산자
* / % //	곱셈, 나눗셈, 나머지 연산자
+ –	덧셈, 뺄셈
⟨= ⟨ ⟩ ⟩=	비교 연산자
== !=	동등 연산자
=	할당 연산자
in not in	소속 연산자
not or and	논리 연산자

위의 표에서 같은 칸에 있는 연산자들의 우선순위는 같다. 우선순위를 모두 암기하기는 상당히 어렵기 때문에 우선순위를 기억할 수 없으면, 먼저 계산되어야 되는 부분을 괄호로 감싸는 것도 좋은 방법이다.

Lab 평균 구하기

실습시간 일반적인 경우에는 연산자의 우선순위에 대하여 신경 쓰지 않아도 된다. 하지만 수식을 프로그램으로 구현하는 경우에는 주의할 필요가 있다. 사용자로부터 3개의 수를 입력받아서 평균값을 계산하여 출력하는 프로그램을 살펴보자.

이것을 다음과 같이 코딩하면 안 된다.

```python
x = int(input("첫 번째 수를 입력하시오: "))
y = int(input("두 번째 수를 입력하시오: "))
z = int(input("세 번째 수를 입력하시오: "))

avg = x + y + z / 3
print("평균 =", avg)
```

```
첫 번째 수를 입력하시오: 10
두 번째 수를 입력하시오: 20
세 번째 수를 입력하시오: 30
평균 = 40.0
```

무엇이 문제인가? 올바르게 수정하라.

여기를 가리고 먼저 풀어보세요!

소스코드 연산자 /가 + 보다 우선순위가 높아서 z/3이 먼저 계산되기 때문에 전체 계산이 잘못된다. 따라서 다음과 같이 괄호를 사용하여야 한다.

```python
x = int(input("첫 번째 수를 입력하시오: "))
y = int(input("두 번째 수를 입력하시오: "))
z = int(input("세 번째 수를 입력하시오: "))

avg = (x + y + z) / 3
print("평균 =", avg)
```

avg.py

```
첫 번째 수를 입력하시오: 10
두 번째 수를 입력하시오: 20
세 번째 수를 입력하시오: 30
평균 = 20.0
```

Lab 산수 퀴즈 프로그램

실습시간 0부터 9까지의 숫자를 이용하여서 간단한 산수 퀴즈를 출제하는 프로그램을 만들어보자. 산수 계산은 치매 예방에도 도움이 된다고 한다.

```
산수 퀴즈에 오신 것을 환영합니다.
2 + 5 = 7
True
7 - 6 = 1
True
2 ** 3 = 8
True
```

여기를 가리고 먼저 풀어보세요!

- -

소스코드   **mquiz1.py**   산수 퀴즈 Ver.1

```python
print("산수 퀴즈에 오신 것을 환영합니다.\n")

ans = int(input("2 + 5 = "))
print(ans==2+5)

ans = int(input("7 - 6 = "))
print(ans==7-6)

ans = int(input("2 ** 3 = "))
print(ans==2**3)
```

> ✏️ **도전문제**
> 숫자가 고정되면 재미가 없다. 어떻게 하면 문제의 숫자들을 랜덤하게 할 수 있을까? 다음과 같은 코드를 테스트해보자.
>
> ```python
> import random
> n = random.randint(0,10)
> ```

Lab math 모듈 사용하기

실습시간 파이썬에는 여러 가지 수학 함수를 가지고 있는 math 내장 모듈이 제공된다. 이 모듈을 사용하여 여러 가지 산술 계산을 해보자.

```
원의 둘레= 18.84955592153876
7!= 5040
6.999999999와 7의 비교= True
log(3.4)= 1.2237754316221157
4의 제곱근= 2.0
```

여기를 가리고 먼저 풀어보세요!

소스코드

math.py

```python
import math

# 원의 둘레 계산
radius = 3
circ = 2 * math.pi * radius
print("원의 둘레=", circ)

# 팩토리얼 계산
print("7!=", math.factorial(7))

# 2개의 실수가 거의 동일한지를 검사
print("6.999999999와 7의 비교=", math.isclose(6.999999999, 7))

# 자연 로그값 계산
print("log(3.4)=", math.log(3.4))

# 제곱근 계산
print("4의 제곱근=", math.sqrt(4.0))
```

 도전문제
(1) math.cos(90.0)과 math.sin(90.0)을 계산하여 출력해보자.
(2) comb(n, k)은 조합값을 계산한다. perm(n, k)은 순열값을 계산한다. 예제를 만들어보자.

이번 장에서 배운 것

» 파이썬에서 더하기, 빼기, 곱하기, 나누기는 어떻게 하나요?
  - 덧셈, 뺄셈, 곱셈, 나눗셈을 위하여 +, −, *, / 기호를 사용한다.
» 나머지 계산이나 지수도 계산하는 연산자가 있나요?
  - 지수 연산자는 **이다. 나눗셈에서 몫을 계산하려면 // 연산자를 사용한다. 나눗셈에서 나머지를 계산하려면 % 연산자를 사용한다.
» 변수에 값을 할당하는 연산자에는 어떤 것들이 있나요?
  - = 연산자를 이용하여 변수에 값을 저장할 수 있다. 또 += 와 같이, 기존의 변수에 어떤 연산을 하여 다시 저장할 수 있다.
» 주석의 개념을 설명할 수 있나요?
  - 주석은 코드에 대한 설명이다. 코드의 실행에는 영향을 주지 않는다.
» 연산자들이 섞여 있는 경우, 어떤 연산자가 먼저 실행되나요?
  - 우선순위가 높은 연산자가 먼저 계산된다. *와 /가 +와 −보다 우선순위가 높다. 연산자의 우선순위를 변경하려면 괄호를 사용한다. 단항 연산자들은 이항 연산자보다 우선순위가 높다.

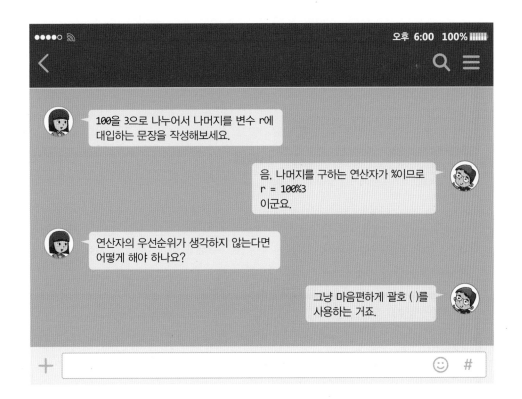

1 수학에서 나타나는 수식을 파이썬의 수식 형태로 바꾸어보자.

(a) $x^4 - 9x^3 + x^2$

(b) $\frac{4}{3}\pi r^3$

(c) $\frac{-b + \sqrt{b^2 - 4ac}}{2a}$

> HINT 제곱근을 계산하려면 0.5승을 하면 된다. x**0.5하면 x의 제곱근이 계산된다.

2 자동차의 연비를 계산하는 프로그램을 작성해보자. 사용자로부터 자동차에 주유한 연료의 양과 주행 거리를 입력받는다.

```
주유한 연료의 양(단위: 리터): 30
주행한 거리(km): 900
자동차의 연비는 30.0 km/리터입니다.
```

3 전염병이 돌고 있다고 하자. 조사를 해보니 한 사람이 하루에 2명을 감염시키는 것으로 나타났다. 감염자 1명이 발생한 후, 10일 후에는 몇 명의 감염자로 되는지를 계산해보자.

```
감염 지수: 2
일수: 10
10 일 후의 예상 감염자는 1024 명입니다.
```

> HINT 2X2X...2가 되어서 2의 10승이 될 것이다.

4 두근이가 1000만 원을 5년 만기의 복리 예금에 가입했을 경우, 5년 후에는 얼마의 돈을 받을 수 있는지를 계산해보자. 이자는 복리 연 5%라고 하자. 세금은 없다고 가정하자. 이자율이나 원금을 사용자로부터 입력받도록 하자.

```
이자율(단위: %): 5
원금(단위: 만원): 1000
거치 기간(단위: 년): 5
5년 후의 원리금은 12762816 원입니다.
```

5 사용자로부터 두 개의 정수를 받아서 정수의 합, 정수의 차, 정수의 곱, 정수의 평균, 큰 수, 작은 수를 계산하여 화면에 출력하는 프로그램을 작성하라. 파이썬이 제공하는 내장 함수 max(x, y), min(x, y)을 사용해보자.

```
x: 10
y: 20
두수의 합: 30
두수의 차: -10
두수의 곱: 200
두수의 평균: 15.0
큰수: 20
작은수: 10
```

HINT max(x, y)와 같이 호출하면 x와 y 중에서 큰 수가 반환된다.

6 원기둥의 부피를 계산하는 프로그램을 작성해보자. 원기둥의 부피는 다음과 같이 계산한다.

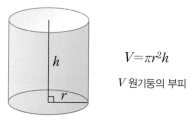

$$V = \pi r^2 h$$

V 원기둥의 부피

```
r:10
h:100
원기둥의 부피: 31415.92
```

HINT vol = 3.141592*r**2 * h와 같은 수식을 사용한다.

7 사용자로부터 정수를 받아서 정수의 자리수의 합을 계산하는 프로그램을 작성하여 보자. 예를 들어서 사용자가 1234를 입력하였다면 1+2+3+4를 계산하면 된다. 나머지 연산자와 정수 나눗셈 연산자 //를 적극적으로 사용해보자.

```
정수를 입력하시오: 1234
자리수의 합: 10
```

> **HINT** 1의 자리수는 number % 10으로 계산할 수 있다. 10의 자리수는 number = number // 10한 후에 동일한 처리를 되풀이 한다. 단 반복문은 사용하지 않는다.

8 사용자로부터 두 점의 좌표 (x1, y1)과 (x2, y2)를 입력받아서 두 점 사이의 거리를 계산하는 프로그램을 작성해보자. 스크립트 모드로 작성하라. 거리는 다음 식으로 계산한다.

$$\sqrt{(x_1 - x_2)^2 + (y_1 - y_2)^2}$$

```
x1: 0
y1: 0
x2: 100
y2: 100
두점 사이의 거리= 141.4213562373095
```

> **HINT** 제곱근을 계산하려면 0.5승을 하면 된다. x**0.5하면 x의 제곱근이 계산된다.

9 8번 문제에서 계산한 거리가 맞는지, 터틀 그래픽으로 확인해보자. 거북이를 왼쪽으로 45도회전하여 141만큼 전진시킨다. 다시 거북이를 (0, 0)으로 이동하고 0도를 가리키게 한 후에 100만큼 전진하고 왼쪽으로 90도 회전하여 100만큼 전진한다. 화면에 그려진 직선이 일치하는가?

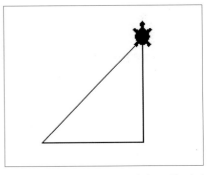

> **HINT** 거북이의 방향을 설정하려면 setheading()을 사용하는 것이 편리하다. 예를 들어서 0도를 가리키게 하려면 setheading(0)이 된다.

10 사용자로부터 두 점을 입력받아서 터틀 그래픽을 이용하여 두 점을 연결하는 직선을 그린다. 직선의 끝점에 직선의 길이를 계산하여 출력해보자.

> **HINT** 어떤 점으로 이동하려면 goto(x1, y1)과 같이 적는다. 터틀 그래픽에서 화면에 문자열을 출력하려면 t.write("점의 길이"+str(len))를 사용한다.

11 파이썬에서 time()을 호출하면 1970년 1월 1일 이후 흘러온 전체 초가 반환된다. 이것을 적절하게 나누거나 나머지를 구해서 현재 시각의 시와 분을 계산할 수 있을까?

```
import time
...
fseconds = time.time()   // 실수로 넘어온다. 예를 들면 1482208666.267769
```

> 현재 시간(영국 그리니치 시각): 5 시 11 분

> **HINT** 반환값의 정수부가 초이다. 전체 초를 60으로 나누어서 몫을 구하면 전체 분이 된다. 이것을 60으로 나눈 나머지가 현재 분이 된다.

12 움직이는 물체의 운동에너지를 계산해보자. 물체의 에너지를 계산하는 식은 0.5×무게×속도^{2}이다.

> 물체의 무게를 입력하시오(킬로그램): 10
> 물체의 속도를 입력하시오(미터/초): 100
> 물체는 50000.0 (줄)의 에너지를 가지고 있다.

4

데이터의 종류에는
어떤 것들이 있나요?

네, 하지만 정수, 실수, 문자열이
기본입니다. 다른 자료 유형은
차차 학습하도록 하죠.

파이썬에서 처리하는
데이터의 종류가 많나요?

이번 장에서는 다음과 같은 내용을 학습합니다.

- 자료형을 설명할 수 있나요?
- 파이썬에서 사용가능한 자료형에는 어떤 것들이 있을까요?
- 정수를 문자열로, 문자열을 정수로 변환할 수 있나요?
- 문자열에 관련된 연산에는 어떤 것들이 있을까요?
- 리스트에 대하여 간단히 설명할 수 있나요?

앞장에서 변수가 무엇인지를 학습하였다. 이번 장에서는 변수가 저장할 수 있는 자료형에 대하여 살펴보자. 우리는 정수, 실수, 문자열, 리스트에 대하여 간단히 살펴보자. 다른 자료형은 차차 학습하게 될 것이다.

(1) 변수를 사용하여 사용자의 이름과 나이를 문자열 형태로 기억했다가 친근하게 대화하는 챗봇 프로그램을 작성해보자.

(2) 구글 TTS(Text-to-Speech) 라이브러리를 설치하고, 이것을 이용하여 문자열을 컴퓨터가 소리 내 읽도록 해보자.

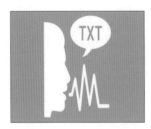

(3) 여러 개의 색상을 리스트에 저장하였다가 하나씩 꺼내서 원들을 그려보자.

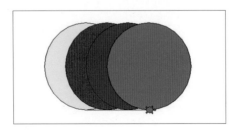

02 파이썬에서 사용할 수 있는 데이터의 종류

프로그램에서 사용할 수 있는 데이터의 종류를 자료형 (data type)이라고 한다. 파이썬에서 사용할 수 있는 기본 자료형에는 3가지 종류가 있다. 첫 번째는 1이나 2와 같은 정수(integer)이다. 두 번째는 3.2와 같은 실수(floating-point)이다. 세 번째는 'Hello World!'와 같은 문자열(string)이다.

자료형	예
정수	..., −2, −1, 0, 1, 2, ...
실수	3.2, 3.14, 0.12
문자열	'Hello World!', "123"

파이썬에서 문자열은 큰따옴표(겹따옴표)를 사용하여 "Hello World!"와 같이 나타내어도 되고 작은따옴표(홑따옴표)를 사용하여 'Hello World!'와 같이 써도 된다. 어떤 표현이든지 동일하다.

파이썬에서는 변수에 어떤 종류의 데이터도 할당할 수 있다. 이것은 프로그래머에게는 축복과도 같다. 왜냐하면 다른 언어에서는 변수를 선언할 때, 반드시 자료형을 지정하여야 한다. 하지만 파이썬에서는 동일한 변수로 어떤 종류의 데이터도 가리킬 수 있다.

```
x = 10
print("x =", x)

x = 3.14
print("x =", x)

x = "Hello World!"
print("x =", x)
```

```
x = 10
x = 3.14
x = Hello World!
```

위의 코드를 보면 동일한 변수 x에 정수, 실수, 문자열을 차례대로 할당하고 있다. 전혀 문제가 없다!

03 문자열이란?

우리는 3장에서 주로 숫자를 처리하는 파이썬 프로그램을 살펴보았다. 컴퓨터에게는 숫자가 중요하지만, 인간은 주로 텍스트(text)를 사용하여 정보를 표현하고 저장하므로 프로그래밍에서 텍스트의 처리도 무척 중요하다.

예를 들어서 이메일 주소 "aaa@google.com"에서 '@' 문자를 중심으로 아이디와 도메인을 분리하는 문제를 생각해보라. 다른 프로그래밍 언어에서는 문자열을 처리하는 작업이 상당히 복잡하다. 하지만 파이썬은 최근에 개발된 언어이니만큼 문자열을 처리하는 작업이 놀랄 정도로 간단하고 직관적이다.

문자열(string)은 문자들의 나열(sequence of characters)이다. 문자열은 우리가 흔히 텍스트 (text)라고 부르는 것이다. 프로그래밍에서는 전문적인 용어를 사용해야만 혼동이 없기 때문이다. string은 끈이라는 의미이다. 우리는 글자들이 끈으로 묶여 있는 모습을 상상하면 되겠다.

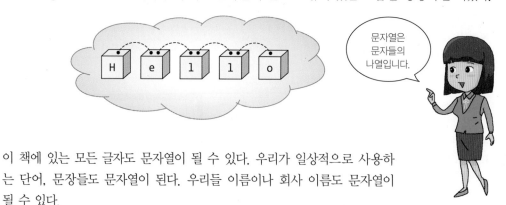

이 책에 있는 모든 글자도 문자열이 될 수 있다. 우리가 일상적으로 사용하는 단어, 문장들도 문자열이 된다. 우리들 이름이나 회사 이름도 문자열이 될 수 있다.

04 문자열을 만드는 방법

파이썬에서는 텍스트를 큰따옴표("...")로 감싸면 무조건 문자열이 된다. 예를 들어서 "Hello"은 문자열이다.

```
>>> "Hello"
'Hello'
```

문자열은 변수에 저장될 수 있다. 변수에 저장된 문자열을 print() 함수를 이용하여 출력할 수 있다. 아니면 그냥 변수 이름만 입력하고 엔터키를 눌러도 된다.

```
>>> msg = "Hello"
>>> msg
'Hello'
>>> print(msg)
Hello
```

작은따옴표('...')를 사용하여도 문자열을 만들 수 있다.

```
>>> msg = 'Hello'
```

하지만 큰따옴표(")로 시작했다가 작은따옴표(')로 끝내면 문법적인 오류이다.

```
>>> msg = "Hello'
SyntaxError: EOL while scanning string literal
```

EOL은 end-of-line으로 줄의 끝을 의미한다. 줄의 끝에 따옴표가 없었다는 것을 알려준다.

또 따옴표로 시작했는데 단어의 끝에 따옴표가 없어도 문법적인 오류가 된다.

```
>>> msg = "Hello
SyntaxError: EOL while scanning string literal
```

문법(syntax)이라는 것은 컴퓨터에서는 프로그램의 문장을 바르게 구성하기 위한 규칙을 의미한다. 만약 우리가 영어 문장을 작성하는데 다음과 같은 주어와 동사의 수를 일치시키지 않는다면 문법적인 오류이듯이 프로그래밍 언어에서도 문장을 작성하는데 지켜야 할 규칙이 있는 것이다.

파이썬에서 문법 오류가 발생하면 "SyntaxError: ..."라는 경고 메시지가 표시된다. 앞장의 오류 메시지 "SyntaxError: EOL while scanning string literal"에서 EOL이라는 것은 "End of Line" 즉 줄의 끝을 만났다는 의미이다. 파이썬 인터프리터는 큰따옴표가 있을 것으로 기대하였는데 줄의 끝을 만날 때까지 발견하지 못했다는 의미가 된다. 문법적인 오류가 발생하면 코드의 실행은 중지된다. 이때는 문법적인 오류를 수정한 후에 다시 인터프리터를 실행하여야 한다.

 NOTE

그런데 왜 프로그램에서는 따옴표를 이용하여 텍스트 데이터를 감싸야 하는 것일까? 다음과 같이 작성하면 안될까?

```
>>> msg = Hello
SyntaxError: invalid syntax
```

프로그램에서는 따옴표("")가 없으면 무조건 변수 이름이라고 생각한다. 따라서 변수가 아니라 텍스트라는 것을 표시하기 위하여 따옴표를 붙이는 것이다.

06 왜 큰따옴표와 작은따옴표를 동시에 사용할까?

왜 파이썬에서는 문자열을 나타내는데 큰따옴표와 작은따옴표를 동시에 사용할까? 이것에도 이유가 있다. 문자열 안에 따옴표가 들어가는 경우를 처리하기 위해서이다. 예를 들어서 "철수가 "안녕"이라고 말했습니다." 문장을 문자열 안에 저장할 수 있을까? "..." 형태의 문자열 안에 "..." 형태의 문자열이 포함되면 컴파일러가 혼동을 한다.

```
>>> message="철수가 "안녕"이라고 말했습니다."
SyntaxError: invalid syntax
```

"..."안에 "..."가 있어서 파이썬 인터프리터가 문자열의 시작과 끝을 구분할 수 없다는 의미이다.

파이썬은 문자열이 "철수가 "라고 생각한다. "이라고 말했습니다."도 새로운 문자열로 생각한다. 중간의 "안녕"은 문자열로 생각하지 못하는 것이다.

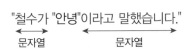

"철수가 "안녕"이라고 말했습니다."
문자열   문자열

이 문제를 해결하려면 "..." 형태의 문자열 안에 '...' 형태의 문자열을 넣어주면 된다.

```
>>> message="철수가 '안녕'이라고 말했습니다."
>>> print(message)
철수가 '안녕'이라고 말했습니다.
```

"와 '는 잘 혼동되니 주의해서 봐야돼요.

걱정마세요. 선생님!

2장에서도 살펴보았지만 100과 "100"은 완전히 다른 자료형이다. 100은 정수형이고 "100"은 문자열이다. 자료형이 달라지면 동일한 연산도 다르게 해석되어 처리된다. 예를 들어서 다음과 같은 코드를 보자. + 연산이 자료형에 따라 다르게 실행된다.

```
>>> 100 + 200        # 정수끼리의 합계를 계산한다.
300
>>> "100"+"200"      # 문자열이라면 2개의 문자열을 붙인다.
'100200'
```

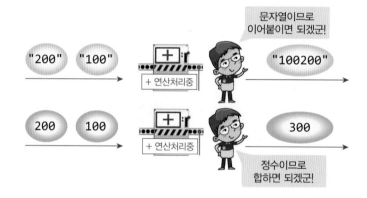

자료형을 알려면 type() 함수를 사용한다.

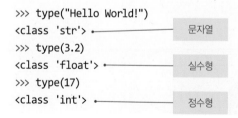

```
>>> type("Hello World!")
<class 'str'>          문자열
>>> type(3.2)
<class 'float'>        실수형
>>> type(17)
<class 'int'>          정수형
```

만약 "100"을 100으로 바꾸고 싶다면 어떻게 하면 될까? 파이썬에는 이런 경우를 대비하여서 문자열을 숫자로 변환해주는 함수가 있다. int()와 float()가 그것이다. int()는 문자열을 정수로 변환한다. 즉 "100"을 100으로 변환한다. float()는 문자열을 실수로 변환한다. 즉 "3.14"를 3.14로 변환한다.

08 숫자를 문자열로 변환하려면?

나이를 출력하기 위하여 다음과 같이 코드를 작성하고 실행하면 오류가 발생한다.

```
>>> print('나는 현재 ' + 21 + '살이다.')
Traceback (most recent call last):
  File "<pyshell#1>", line 1, in <module>
    print('나는 현재 ' + 21 + '살이다.')
TypeError: Can't convert 'int' object to str implicitly
```

'나는 현재 '는 문자열이고 21은 정수여서 이 2개를 서로 합칠 수가 없었다는 오류이다.

어떻게 해야 할까? 이때는 str() 함수를 사용하여 정수를 문자열로 변환한 후에 합치면 된다.

```
>>> print('나는 현재 ' + str(21) + '살이다.')
나는 현재 21살이다.
```

실수를 문자열로 변경할 때도 str()을 사용한다.

```
>>> print('원주율은 ' + str(3.14) + '입니다.')
원주율은 3.14입니다.
```

실습시간 변수를 사용하여 사용자의 이름과 나이를 문자열 형태로 기억했다가 출력할 때 사용하는 프로그램을 작성해보자.

문자열의 길이를 계산하려면 len() 함수를 사용한다. len("Hello")와 같이 호출하면 문자열의 길이 5가 반환된다.

여기를 가리고 먼저 풀어보세요!

소스코드

```python
print('안녕하세요?')

name = input('이름이 어떻게 되시나요? ')
print('\n만나서 반갑습니다.' + name + "씨")
print('이름의 길이는 다음과 같군요:' +str(len(name)))

age = int(input("나이가 어떻게 되나요? "))
print("내년이면 "+str(age+1)+"이 되시는군요.")
```

chat.py

 도전문제
사용자에게 다른 정보도 물어보고 친근하게 다시 답변해보자. 예를 들어서 취미에 관하여 다음과 같이 질문할 수도 있다.
"취미가 무엇인가요?" 영화보기
"네 저도 영화보기 좋아합니다."

09 파이썬은 문자열 처리에 강한 언어

파이썬에서는 문자열을 처리하는 것이 너무 쉽다. 문자열 처리가 아주 어려운 언어도 있지만 파이썬은 정말 쉽다! 문자열과 관련된 연산을 몇 가지만 살펴보자. 우리는 이미 + 연산자로 2개의 문자열을 하나의 문자열로 합치고 * 연산자로 문자열을 반복하는 것을 알고 있다.

```
>>> "Hello" + "World"
'Hello World'

>>> "=" * 50
'=================================================='
```

내장 함수 len()은 문자열의 길이를 계산한다.

```
>>> len("Hello World")              # 문자열의 길이
11
```

문자열에 대하여 in 또는 not in 연산자를 사용할 수 있다.

```
>>> 'Hello' in "Hello World"        # 서브 문자열이 있으면 True
True
```

파이썬에서 모든 것은 객체로 구현된다. 문자열도 예외가 아니다. 객체는 변수와 함수를 합친 것이다. 문자열은 많은 자체 함수들을 가지고 있다. 기초적인 것들을 살펴보자.

```
>>> text = " Hello World "
>>> text.count("o")       # 서브 문자열이 나오는 횟수
2
>>> text.lower()          # 소문자로 만든다.
' hello world '
>>> text.strip()          # 좌우 공백 문자 제거
'Hello World'
```

10 f-문자열

문자열에 변수의 값을 삽입하여 출력하고 싶으면 많은 방법이 있다. 저자가 추천하는 방법은 f-문자열(f-string)이다. 이 방법은 문자열 안에 출력하고 싶은 변수를 중괄호로 감싸서 넣는 방법이다. 문자열 맨 앞에 f를 붙여주고, 중괄호 안에 출력하고 싶은 변수를 넣으면 된다. 예를 들어서 물건의 가격을 변수에 저장한 후에 "상품의 가격은 10000원입니다."와 같이 출력한다고 하자.

```
>>> price = 10000
>>> print(f"상품의 가격은 {price}원입니다.")
상품의 가격은 10000원입니다.
```

print()에서 상품의 가격이 들어갈 부분은 {price}로 표시되었다. 물론 처음부터 "상품의 가격은 10000원입니다."라고 하여도 되지만 상품의 가격은 항상 변할 수 있는 값이기 때문에 변수를 사용하는 것이 좋다. f-문자열은 파이썬 3.6 버전부터 지원된다.

2개 이상의 변수도 얼마든지 문자열에 넣을 수 있다. 수식도 계산하여서 문자열 안에 넣을 수 있다. 다음과 같은 코드가 가능하다.

```
product = "coffee"
count = 3
price = 10000
print(f"상품 {product} {count}개의 가격은 {count*price}원입니다.")
```

```
상품 coffee 3개의 가격은 30000원입니다.
```

만약 정수나 실수의 자리수까지 세밀하게 지정하고 싶다면 다음과 같이 지정할 수 있다.

```
pi = 3.141592
print(f"원주율={pi:.2f}") # 소수점 두 번째 자리까지 출력
```

```
원주율=3.14
```

11 문자열에서 개별 문자들을 추출하려면?

가끔은 문자열에서 개별 문자들을 추출할 필요가 있다. 예를 들어서 암호화 알고리즘에서는 문자열에서 개별 문자들을 추출하여서 암호화 알고리즘을 적용한다. 문자열 안에 저장된 문자들은 0부터 시작하는 번호가 매겨져 있다. 이 번호를 이용하여 원하는 문자를 추출할 수 있다. 이 번호를 인덱스(index)라고 한다.

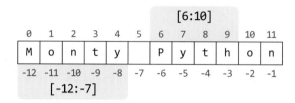

"Monty Python"이라는 문자열이 변수 s에 저장되어 있다고 하자.

```
s = "Monty Python"
```

여기서 s[0]는 문자 'M'이다. s[1]은 문자 'o'가 된다. s[11]은 'n'이 된다. 음수 인덱스도 있다. 문자열의 마지막 문자는 항상 s[−1]이다. 또 여러 개의 문자를 동시에 선택하려면 s[6:10]과 같은 표기법을 사용한다. s[6]에서 s[9]까지의 문자를 모두 선택한다는 의미가 된다.

```
s = "Monty Python"
print(s[6:10])
```

```
Pyth
```

NOTE

컴퓨터에서 모든 문자는 코드를 이용하여 숫자로 표현된다. ord() 함수를 이용하면 문자의 코드값을 알 수 있다. 또 chr() 함수를 이용하면 코드에 해당하는 문자를 출력할 수 있다.

```
ord('A')      # 문자 'A'의 코드값 65를 출력한다.
chr(65)       # 코드값 65를 'A'로 변환하여 출력한다.
```

12 특수 문자열

파이썬 쉘에서 다음과 같은 코드를 입력하고 엔터키를 눌러보자. 어떻게 출력되는가?

```
>>> print("말 한마디로\n천냥빚을 갚는다")
말 한마디로
천냥빚을 갚는다
```

\n은 특별한 역할을 하는 것을 알 수 있다. \n은 줄바꿈 문자를 나타내는 특수한 문자열이다. 파이썬 쉘은 문자열 안에 \n이 있으면 그 위치에서 사용자가 엔터 키를 누른 것으로 생각한다. \n은 이스케이프 시퀀스(escape sequence)라고 불리는 것으로 특수 문자열의 하나의 예이다. 문자 앞에 \(역슬래시)가 붙으면 특수 문자열이 된다. 다음 표에서 파이썬에서 많이 사용되는 특수 문자열을 나타내었다.

특수 문자열	의미
\n	줄바꿈 문자
\t	탭문자
\\	역슬래시 자체
\"	겹따옴표 자체
\'	홑따옴표 자체

특수 문자열을 이용하여 홑따옴표를 화면에 출력해보면 다음과 같다.

```
>>> message= 'doesn\'t'
>>> print(message)
doesn't
```

만약 특수 문자열을 사용하지 않고 위의 문장을 실행하면 다음과 같이 오류가 발생한다.

```
>>> message= 'doesn't'
SyntaxError: invalid syntax
```

왜 그럴까? 파이썬에서는 'doesn'까지를 문자열로 생각하기 때문이다. 'doesn'만 문자열이고 뒤에 붙은 t는 문자열이 아닌 것으로 생각하는 것이다. 홑따옴표는 파이썬에서 문자열을 나타내고 있기 때문에 홑따옴표 자체를 화면에 출력하려면 역슬래시를 사용해야 하는 것이다.

Lab 이니셜 출력하기

 사용자로부터 영어 이름을 받아서 첫 글자를 모아서 영어 이니셜을 만들어보자. 예를 들면 다음과 같다.

이름의 첫 번째 글자를 입력하시오: Kim
이름의 두 번째 글자를 입력하시오: Jung
이름의 세 번째 글자를 입력하시오: Soon

영어 이니셜은 KJS입니다.

문자열의 각 글자에는 인덱스라고 하는 번호가 붙어있다. 인덱스는 0부터 시작한다. 따라서 문자열의 첫 글자는 s[0]가 될 것이다. 글자들을 합칠 때는 + 연산자를 사용한다. 빈 줄을 하나 두려면 특수 문자열 \n을 적어준다.

여기를 가리고 먼저 풀어보세요!

```
x = input("이름의 첫 번째 글자를 입력하시오: ")
y = input("이름의 두 번째 글자를 입력하시오: ")
z = input("이름의 세 번째 글자를 입력하시오: ")

initial = x[0] + y[0] + z[0]
print("\n영어 이니셜은"+initial +"입니다.")
```
initial.py

 도전문제
사용자로부터 영어 이름을 받아서 이니셜을 J.S. Kim과 같이 출력해보자.

Lab TTS 만들어보기

 파이썬을 이용하면 텍스트를 소리 내 읽어주는 TTS 프로그램을 쉽게 만들 수 있다. 우리는 구글의 도움을 받도록 하자. 다음과 같이 구글 TTS를 설치하여야 한다. 명령어 프롬프트에서 다음과 같이 입력한다.

```
C> pip install gtts
...
```

파이썬 라이브러리를 설치하려면 위와 같이 pip 명령어를 사용하면 된다.

여기를 가리고 먼저 풀어보세요!

```
                                                        tts.py
from gtts import gTTS
import os

text ="안녕하세요, 여러분. 파이썬은 재미있습니다. "

tts = gTTS(text=text, lang='ko')
tts.save("ttt.mp3")
os.system("ttt.mp3")
```

> ✏️ **도전문제**
> (1) 앞의 챗봇 Lab 프로그램에 TTS를 접목해보자. 즉 컴퓨터가 이야기하는 내용은 TTS를 통하여 출력되도록 한다.

Lab 단답형 퀴즈 프로그램

 실습시간 단답형 퀴즈를 출제하고 사용자가 답변을 하면 정답인지 오답인지를 출력하는 프로그램을 작성해보자.

세상에서 가장 쉬운 프로그래밍 언어는? 파이썬
True
파이썬에서 제곱 연산자는? **
True
프로그래밍 언어에서 텍스트를 무엇이라고 부르는가? 글자열
False

문자열과 문자열의 비교는 == 연산자로 가능하다. 예를 들어서 s가 "파이썬"과 같은 지를 검사하는 코드는 s == "파이썬"이다. == 연산자는 왼쪽 값과 오른쪽 값이 동일하면 True를 반환하고 그렇지 않으면 False를 반환한다.

- -
여기를 가리고 먼저 풀어보세요!

 소스코드

quiz2.py

```python
s = input("세상에서 가장 쉬운 프로그래밍 언어는? ")
print(s=="파이썬")

s = input("파이썬에서 제곱 연산자는? ")
print(s=="**")

s = input("프로그래밍 언어에서 텍스트를 무엇이라고 부르는가? ")
print(s=="문자열")
```

 도전문제
여러분이 파이썬 시험 문제를 출제한다고 생각하자. 위의 코드에 몇 개의 단답형 문제를 추가해보자.

실습시간 두근이와 두순이는 2022년 9월 1일에 처음 만났다. 현재 날짜로 만난 지 며칠이나 되었을까? 파이썬에는 날짜를 처리할 수 있는 datetime 모듈이 있다. 이 모듈을 이용해보자.

```
만난 일: 2022-09-01 00:00:00
현재: 2022-09-18 20:35:03.911234
만난 지 17일 되었습니다.
```

년, 월, 일을 전달하여 특정한 날짜를 나타내는 datetime.date 객체를 만들 수 있다.

```
import datetime

x = datetime.date(2022, 9, 1)
y = datetime.date(2023, 3, 1)
```

날짜 간의 차이는 y-x와 같이 계산할 수 있다.

```
delta = y - x
print(delta.days)
```

여기를 가리고 먼저 풀어보세요!

소스코드

datediff.py

```
import datetime

x = datetime.datetime(2022, 9, 1)
y = datetime.datetime.now()

delta = y - x
print("만난 일: "+str(x))
print("현재: "+str(y))
print("만난 지 "+ str(delta.days)+ "일 되었습니다.")
```

✎ **도전문제**
str()을 사용하지 않고 print("만난 지", delta.days, "일 되었습니다.")와 같이 쉼표를 사용하여 변수와 문자열을 동시 출력할 수 있는가? 위의 프로그램을 이런 식으로 변경해보자. 어떤 방법이 편리한가?

13 리스트란?

모든 프로그래밍 언어에서는 여러 개의 자료들을 모아서 하나의 묶음으로 저장할 수 있는 기능을 제공한다. 파이썬에서 가장 널리 사용되는 것은 리스트(list)이다.

파이썬에서 리스트를 생성하려면 항목(item)들을 쉼표로 분리하여 대괄호 안에 넣으면 된다. 예를 들어서 교과목들의 리스트를 생성하려면 다음과 같이 한다.

```
slist = [ '영어', '수학', '사회', '과학' ]
```

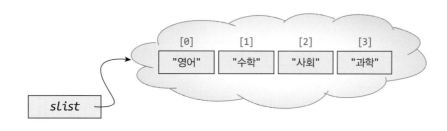

리스트는 숫자도 항목으로 저장할 수 있다.

```
alist = [ 1, 2, 6, 3 ]
```

우리는 공백 리스트를 생성한 후에 코드로 리스트에 값을 추가할 수도 있다. 공백 리스트를 생성하는 문장은 alist = []이다. 다음 코드는 공백 리스트를 생성한 후에 append() 함수를 이용하여서 리스트에 값들을 추가하는 코드이다.

```
alist = []
alist.append(1)
alist.append(2)
alist.append(6)
alist.append(3)

print(alist)
```

```
[1, 2, 6, 3]
```

14 리스트 요소 접근하기

파이썬에서 리스트는 아주 유용하다. 왜냐하면, 우리는 필요에 따라서 리스트를 조작할 수 있기 때문이다. 즉 리스트에 저장된 값을 추가, 삭제, 교체할 수 있다는 의미이다. 파이썬의 리스트 안에 저장된 항목들은 번호를 가지고 있다. 리스트의 항목에 붙어 있는 번호를 인덱스 (index)라고 한다.

```
slist = [ '영어', '수학', '사회', '과학' ]
```

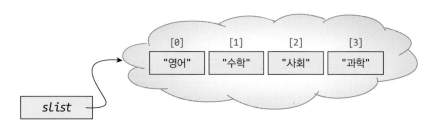

우리는 번호를 가지고 리스트 안의 특정한 항목을 출력할 수 있다. 예를 들어서 첫 번째 항목을 화면에 출력하는 문장은 다음과 같다.

```
slist = [ '영어', '수학', '사회', '과학' ]
print(slist[0])
```

영어

그런데 좀 이상하다. 첫 번째 항목인데 왜 slist[1]이 아니고 slist[0]라고 하였을까? 이것은 프로그래밍의 오랜 전통 때문에 그렇다. 인덱스는 0부터 시작한다(이렇게 하는 것이 항목의 메모리 주소를 계산할 때 효율적이다). 따라서 첫 번째 항목의 인덱스는 0이고 두 번째 항목의 인덱스는 1, 세 번째 항목의 인덱스는 2인 것이다.

리스트는 9장에서 자세히 학습하겠지만 우리는 그때까지 기다릴 수 없다. 리스트는 아주 유용해서 이후의 예제에서 많이 등장하게 될 것이다.

실습시간 제일 친한 친구 5명의 이름을 리스트에 저장했다가 출력하는 프로그램을 작성하자. 우리는 아직 반복문을 학습하지 않았으므로 5명만 저장한다.

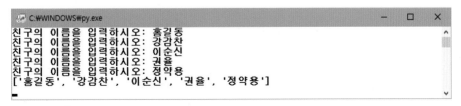

```
C:₩WINDOWS₩py.exe                                           —    □    ×
친구의 이름을 입력하시오: 홍길동
친구의 이름을 입력하시오: 강감찬
친구의 이름을 입력하시오: 이순신
친구의 이름을 입력하시오: 권율
친구의 이름을 입력하시오: 정약용
['홍길동', '강감찬', '이순신', '권율', '정약용']
```

공백 리스트를 생성하는 문장은 friend_list = []이다. 공백 리스트를 생성한 후에 append() 함수를 이용하여서 리스트에 값들을 추가할 수 있다.

여기를 가리고 먼저 풀어보세요!

소스코드

list1.py

```python
friend_list = [ ]

friend = input("친구의 이름을 입력하시오: ")
friend_list.append(friend)

friend = input("친구의 이름을 입력하시오: ")
friend_list.append(friend)

friend = input("친구의 이름을 입력하시오: ")
friend_list.append(friend)

friend = input("친구의 이름을 입력하시오: ")
friend_list.append(friend)

friend = input("친구의 이름을 입력하시오: ")
friend_list.append(friend)

print(friend_list)
```

도전문제

리스트의 크기는 len() 함수로 계산할 수 있다. 위의 코드에 친구의 수를 출력하는 문장을 추가해보자.

Lab 리스트에 저장된 색상으로 원 그리기

실습시간 리스트에 색상을 문자열로 저장하였다가 하나씩 꺼내서 거북이의 채우기 색상으로 설정하고 원을 그려보자. 반복문은 사용하지 않는다.

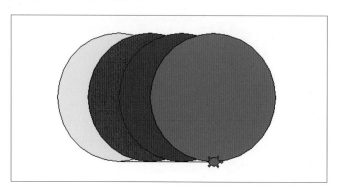

터틀 그래픽에서 색상으로 채워진 원을 그리려면 t.color()로 색상을 지정하고 t.begin_fill() 함수와 t.end_fill() 함수 사이에서 원을 그리면 된다.

```
color_list = [ "yellow", "red", "blue", "green" ]

t.fillcolor(color_list[0])        # 리스트의 첫 번째 항목으로 채우기 색상을 설정한다.
t.begin_fill()                    # 채우기를 시작한다.
t.circle(100)                     # 속이 채워진 원이 그려진다.
t.end_fill()                      # 채우기를 종료한다.
...
```

도전문제

오륜기 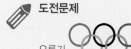 를 화면에 그려보자. 각 링의 색상과 위치를 리스트에 저장했다가 꺼낼 수 있는가?

Lab 리스트에 저장된 색상으로 원 그리기 Solution

실습시간

```python
import turtle
t = turtle.Turtle()
t.shape("turtle")

# 리스트를 사용하여 색상을 문자열로 저장한다.
color_list = [ "yellow", "red", "blue", "green" ]

t.fillcolor(color_list[0])       # 채우기 색상을 설정한다.
t.begin_fill()                   # 채우기를 시작한다.
t.circle(100)                    # 속이 채워진 원이 그려진다.
t.end_fill()                     # 채우기를 종료한다.

t.forward(50)
t.fillcolor(color_list[1])       # 채우기 색상을 설정한다.
t.begin_fill()                   # 채우기를 시작한다.
t.circle(100)                    # 속이 채워진 원이 그려진다.
t.end_fill()                     # 채우기를 종료한다.

t.forward(50)
t.fillcolor(color_list[2])       # 채우기 색상을 설정한다.
t.begin_fill()                   # 채우기를 시작한다.
t.circle(100)                    # 속이 채워진 원이 그려진다.
t.end_fill()                     # 채우기를 종료한다.

t.forward(50)
t.fillcolor(color_list[3])       # 채우기 색상을 설정한다.
t.begin_fill()                   # 채우기를 시작한다.
t.circle(100)                    # 속이 채워진 원이 그려진다.
t.end_fill()                     # 채우기를 종료한다.

turtle.done()
```

» 자료형을 설명할 수 있나요?
  • 자료형은 데이터의 유형이다.
» 파이썬에서 사용가능한 자료형에는 어떤 것들이 있을까요?
  • 여러 가지가 있다. 그중에서도 정수형, 실수형, 문자열은 가장 기본적인 자료형이다. 문자열은 큰따옴표("...")나 작은따옴표('...')을 사용할 수 있다.
» 정수를 문자열로, 문자열을 정수로 변환할 수 있나요?
  • 문자열을 정수로 변경하려면 int()를 사용한다. 문자열을 실수로 변경하려면 float()를 사용한다.
» 문자열에 관련된 연산에는 어떤 것들이 있을까요?
  • 문자열은 + 연산자로 합칠 수 있다. == 연산자로 두 개의 문자열을 비교할 수 있다. 문자열을 반복하려면 * 연산자를 사용한다.
» 리스트에 대하여 간단히 설명할 수 있나요?
  • 리스트는 자료들을 모아서 저장할 수 있다.

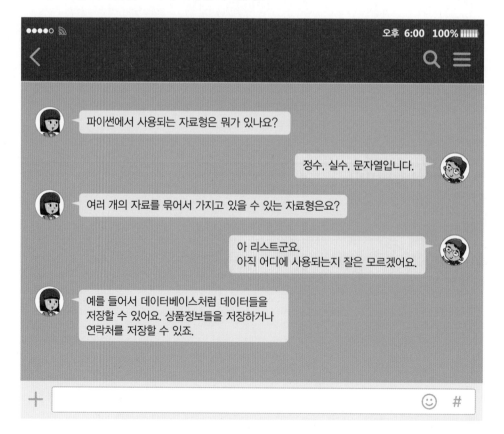

1 왜 다음과 같은 수식이 오류를 발생시키는가? 올바르게 수정할 수 있는가?

'나는 ' + 12 + '개의 사과를 먹었다.'

HINT 문자열과 숫자는 합칠 수 없다. 숫자를 문자열로 변환한 후에 문자열과 합쳐야 한다.

2 다음과 같은 수식을 계산하면 결과는 무엇인가?

```
'apple' + 'grape'
'apple' * 3
```

HINT (문자열+문자열)하면 두 개의 문자열이 합쳐진다. (문자열*n)하면 문자열이 반복된다.

3 다음과 같이 사용자가 입력한 문자열 뒤에 항상 "하는 중"을 붙이는 프로그램을 작성해 보자.

```
문자열을 입력하시오: 청소
청소하는 중
```

HINT 문자열은 + 연산자로 합칠 수 있다.

4 사용자가 입력한 기호 안에 문자열을 삽입하려면 어떻게 해야 하는가? 기호는 문자 2개로 이루어있다고 가정한다.

```
기호를 입력하시오: []
중간에 삽입할 문자열을 입력하시오: python
[python]
```

HINT 기호가 symbol에 저장되고 사용자한테 받은 문자열이 word라고 하면 symbol[0]은 "["이고 symbol[1]은 "]"이다. 이들을 모두 합쳐보자.

5 4개의 숫자가 들어 있는 리스트가 있다. 리스트 안의 숫자들을 꺼내서 합계를 계산하여 출력하는 프로그램을 작성하라. 반복문은 사용하지 않는다. 리스트의 길이는 항상 4라고 가정한다.

```
리스트 = [1, 2, 3, 4]
리스트 숫자들의 합 = 10
```

HINT 리스트의 첫 번째 항목은 list[0]로 얻을 수 있다.

6   사용자가 입력하는 3개의 숫자를 리스트에 저장하였다가 다시 꺼내서 합계를 계산하는
     프로그램을 작성한다. 반복문은 사용하지 않는다.

```
정수를 입력하시오: 10
정수를 입력하시오: 20
정수를 입력하시오: 30
리스트 = [10, 20, 30]
리스트 숫자들의 합 = 60
```

7   사용자가 입력하는 3가지 색상을 리스트에 저장하였다가 하나씩 꺼내서 그 색상으로 채
     워진 원을 그리는 프로그램을 작성해보자. 신호등처럼 보이게 출력한다. 반복문은 사용
     하지 않는다.

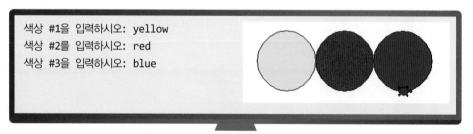

```
색상 #1을 입력하시오: yellow
색상 #2를 입력하시오: red
색상 #3을 입력하시오: blue
```

HINT "yellow", "red", "blue"를 색상 이름으로 입력하자. append()를 호출하여 비어 있는 리스트
에 추가할 수 있다.

8   사용자가 입력하는 3개의 좌표 (x, y)를 리스트에 저장한다. 이들 좌표를 꺼내서 거북이
     를 이동하는 프로그램을 작성해보자. 반복문은 사용하지 않는다.

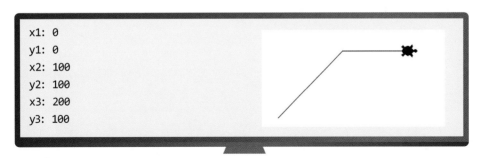

```
x1: 0
y1: 0
x2: 100
y2: 100
x3: 200
y3: 100
```

HINT   t.goto(list[0], list[1])과 같이 호출한다.

9   3개의 색상과 3개의 좌표를 리스트에 저장한다. 저장된 색상과 좌표로 거북이를 화면에서 이동한 후에 거북이 모양을 찍어보자. stamp() 함수를 호출하면 거북이 모양을 현재 좌표에 찍을 수 있다. 반복문은 사용하지 않는다.

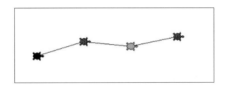

HINT   t.shape("turtle")을 호출한 후에 t.fillcolor(colors[0]); t.goto(x_cord[0], y_cord[0]); t.stamp(); 문장을 차례대로 실행하면 지정된 색상으로 거북이가 화면에 그려진다.

10   알파벳 소문자와 숫자 중에서 3글자를 랜덤으로 선택하여 패스워드를 생성하는 프로그램을 만들어보자.

생성된 패스워드: 7bq

HINT   리스트에서 랜덤하게 하나를 선택하는 문장은 random.choice(list1)이다. 이것을 3번 되풀이하여 + 연산자로 합한다. 반복 구조는 사용하지 않는다.

CHAPTER

5

조건을 따져봅시다

네, 조건을 따져서 서로 다른 동작을 하게 하는 것은 프로그래밍의 필수적인 특징이에요. 외부 조건에 따라서 적절하게 반응할 수 있기 때문에 컴퓨터가 스마트한 것이죠.

파이썬에서도 조건을 많이 따지나요?

📋 **이번 장에서는 다음과 같은 내용을 학습합니다.**

- 프로그래밍에서 제어문을 설명할 수 있나요?
- if-else 문을 사용할 수 있나요?
- 관계연산자와 논리연산자에는 어떤 것들이 있나요?
- 프로그래밍에서 블록은 어떤 의미인가요?
- if-else 문을 중첩시켜서 사용할 수 있나요?

컴퓨터 프로그램의 필수적인 특징 중의 하나는 상황에 따라서 서로 다른 결정을 내릴 수 있는 능력이다. 자동차가 도로의 신호등에 따라서 직진하거나 좌회전하는 것처럼 컴퓨터 프로그램은 입력이나 주위 상황에 따라서 서로 다른 동작을 실행할 수 있다. 이번 장에서는 프로그램이 어떻게 결정을 내려서 스마트하게 동작할 수 있는지를 학습한다.

이번 장에서는 다음과 같은 프로그램을 작성해볼 것이다.

(1) 터틀 그래픽을 사용하여 동전의 앞면이나 뒷면이 나오는 동전 던지기 게임을 작성해보자.

 또는

(2) 사용자로부터 정수를 받아서 정수의 부호에 따라서 거북이를 (100, 100), (100, 0), (100, −100)으로 움직이는 프로그램을 작성해보자.

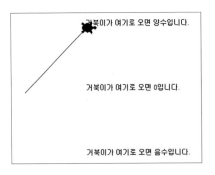

(3) 파이썬 쉘에서 "1"을 입력하면 거북이가 왼쪽으로 100픽셀 이동하고 "r"을 입력하면 거북이가 오른쪽으로 100픽셀 이동하는 프로그램을 작성하여 보자.

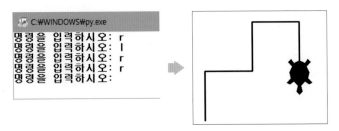

02 3가지의 기본 제어구조

프로그램을 작성할 때, 사용할 수 있는 3가지의 기본적인 제어 구조가 있다.

- 순차 구조(sequence) – 명령들이 순차적으로 실행되는 구조이다.
- 선택 구조(selection) – 둘 중의 하나의 명령을 선택하여 실행되는 구조이다.
- 반복 구조(iteration) – 동일한 명령이 반복되면서 실행되는 구조이다.

아래 그림은 순차 구조, 선택 구조, 반복 구조를 순서도(flowchart)로 나타낸 것이다.

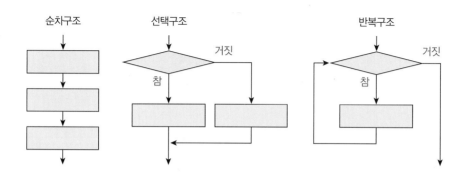

이것들은 레고의 기본 블록과 유사하다. 레고의 거의 모든 작품은 기본 블록 몇 가지만을 이용하여 만들어진다. 프로그램도 마찬가지이다. 어떠한 프로그램이라도 3가지의 기본 블록만 있으면 만들 수 있다. 프로그램의 기본 블록을 쉽게 이해하려면 이것을 자동차(CPU)가 주행하는 도로로 생각하면 된다. 이번 장에서는 선택 구조에 집중하자.

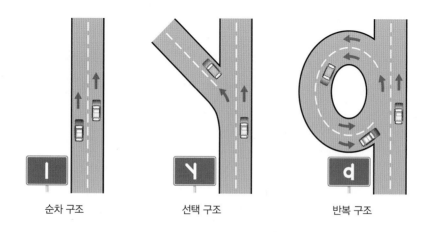

순차 구조   선택 구조   반복 구조

선택 구조는 질문(question)을 한 후에 결정(decision)하는 것이다. 우리는 현실에서 수많은 선택을 하여야 한다. 당장 다음 식사 때 어떤 메뉴를 선택할 지 고민되지 않는가?

우리가 사용하는 프로그램에도 수많은 선택 구조가 존재한다. 프로그램의 어떤 단계에서는 실행 경로가 여러 개인 경우가 있고, 이때 우리는 어떤 실행 경로를 선택할 것인지를 결정하여야 한다.

만약 선택 구조가 없다면 프로그램은 항상 동일한 동작만을 되풀이 할 것이다. 프로그램이 항상 동일한 동작만 한다면 현실에서는 별로 쓸모가 없을 것이다. 자율 주행 자동차 프로그램이 신호등이나 전방 장애물에 따라서 동작을 다르게 하지 않는다면 큰일이 날 것이다.

예를 들어서 다음과 같은 경우에, 선택 구조가 필요하다.

- 게임에서 사용자가 정답을 맞혔으면 점수를 1만큼 증가한다.
- 포탄이 우주선을 맞추었으면 폭발 사운드를 출력한다.
- 파일이 하드 디스크에 없으면 오류 메시지를 출력한다.

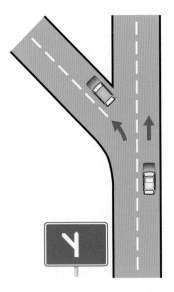

파이썬에서는 선택 구조를 위하여 if-else 문을 준비하고 있다. 예를 들어 성적이 60점 이상이면 합격으로, 60점 미만이면 불합격으로 처리해야 한다고 하자. 파이썬으로 다음과 같이 작성할 수 있다.

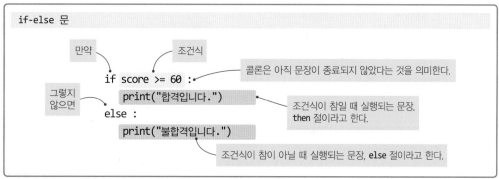

if-else 문장은 "만약 조건이 참이면 이것을 실행하고, 조건이 참이 아니라면 저것을 실행해!"라고 말하는 것과 같다. if-else 문에서는 조건을 수식으로 표현하고, 그 수식을 '조건식'이라고 한다. 일반적으로 조건식에는, 참이나 거짓으로 결과를 생성되는 수식이 사용된다. 조건식은 일반적으로 "score >= 60"과 같은 비교 수식이 된다.

조건식 뒤에는 콜론(:)이 있다. 콜론(:)은 파이썬 인터프리터에게 "아직 전체 문장을 끝나지 않았으니 잠시 해석을 미뤄달라"고 요청하는 기호이다. if-else 문은 주어진 조건식을 계산하여 조건식이 참(true)으로 계산되면 if 아래에 있는 문장을 실행한다. 만약 거짓이면 else 아래에 있는 문장을 실행한다. 여기서 else 이하는 생략될 수 있다.

조건의 영향을 받는 문장들은 반드시 들여쓰기 하여야 한다. 보통 4개의 스페이스를 앞에 붙인다. [Tab] 키를 누르면 자동으로 4개의 스페이스가 입력된다.

```
if score >= 60:
□□□□print("합격입니다.")
else:
□□□□print("불합격입니다.")
```

05 if-else 문으로 예제를 작성해보자

예제 #1

사용자로부터 성적을 입력받아서 합격 여부를 판단하는 프로그램을 작성해보면 다음과 같다. 스크립트 모드로 작성한다.

```python
score = int(input("성적을 입력하시오: "))     # if1.py
if score >= 60:                    # score가 60 이상이면
    print("합격입니다.")              # 합격이다.
else:                              # 그렇지 않으면
    print("불합격입니다.")            # 불합격이다.
```

```
성적을 입력하시오: 80
합격입니다.
```

위의 프로그램에서는 사용자의 성적을 입력받는다. 만약 입력된 값이 60 이상이면 프로그램은 "합격입니다."를 출력한다. 그렇지 않으면 "불합격입니다." 메시지를 출력한다.

예제 #2

사용자로부터 정수를 입력받아서 짝수인지 홀수인지를 검사하는 프로그램을 작성해보자.

```python
num = int(input("정수를 입력하시오: "))        # if2.py
if num % 2 == 0 :                  # num을 2로 나눈 나머지가 0이면
    print("짝수입니다.")              # 짝수이다.
else:                              # 그렇지 않으면
    print("홀수입니다.")              # 홀수이다.
```

```
정수를 입력하시오: 10
짝수입니다.
```

06 블록

만약 조건이 참인 경우에 여러 개의 문장이 실행되어야 한다면 어떻게 하여야 하는가? 예를 들어서 성적이 90점 이상이면 합격과 동시에 장학금도 받을 수 있다고 출력하려면 어떻게 해야 할까? 이런 경우에는 다음과 같이 들여쓰기를 이용하여서 문장들을 묶을 수 있다.

문법 5.1

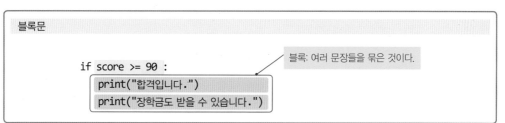

위의 코드에서 score의 값이 90 이상이면 print()를 호출하는 2개의 문장이 실행된다. 이들 문장들이 동일한 개수의 공백을 가지고 있다는 것에 유의하라. 이들 모두는 동일한 블록(block)에 속해있다. 하나의 블록에 속하는 문장들은 모두 같이 실행된다. 블록에 있는 문장들은 앞에 4칸의 공백을 두고 있다. 이 공백들을 □로 표시해보면 다음과 같다.

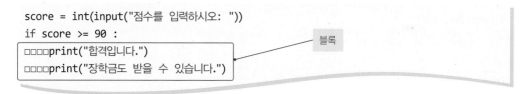

만약 동일한 블록에 속해야 하는데 실수로 공백을 더 많이 또는 더 적게 추가하였다면 오류가 발생한다. 예를 들어서 다음과 같은 코드에서는 오류가 발생한다.

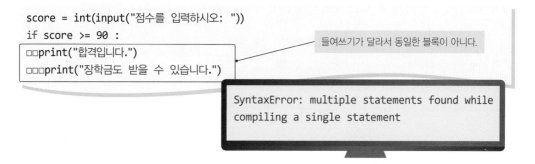

실습시간 사용자로부터 정수를 받아서 정수의 부호에 따라서 거북이를 (100, 100), (100, 0), (100, −100)으로 움직이는 프로그램을 작성해보자.

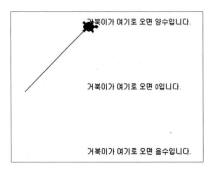

터틀 그래픽에서 penup()을 호출하고 거북이를 움직이면 그림이 그려지지 않는다. pendown() 하면 그림이 그려진다.

거북이를 특정한 좌표로 움직이는 함수는 goto()이다. 예를 들어서 (100, 100)좌표로 거북이를 이동하는 문장은 다음과 같다.

```
t.goto(100, 100)
```

그리고 화면에 글씨를 쓰는 함수는 다음과 같다.

```
t.write("거북이가 여기로 오면 양수입니다.")
```

사용자로부터 숫자를 받을 때는 다음과 같은 문장을 사용해보자.

```
s = turtle.textinput("", "숫자를 입력하시오: ")
```

 도전문제
양수와 음수일 때 거북이와 선의 색상이 파랑색과 빨강색으로 변하도록 코드를 추가해보자. 블록을 사용한다.

실습시간

if3.py

```python
import turtle
t = turtle.Turtle()
t.shape("turtle")

t.penup()                          # 펜을 올려서 그림이 그려지지 않게 한다.
t.goto(100, 100)                   # 거북이를 (100, 100)으로 이동시킨다.
t.write("거북이가 여기로 오면 양수입니다.")
t.goto(100, 0)
t.write("거북이가 여기로 오면 0입니다.")
t.goto(100, -100)
t.write("거북이가 여기로 오면 음수입니다.")

t.goto(0, 0)                       # (0, 0) 위치로 거북이를 이동시킨다.
t.pendown()                        # 펜을 내려서 그림이 그려지게 한다.
s = turtle.textinput("", "숫자를 입력하시오: ")
n=int(s)
if n > 0 :
    t.goto(100, 100)
if n == 0 :
    t.goto(100, 0)
if n < 0 :
    t.goto(100, -100)
turtle.done()
```

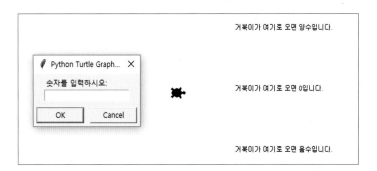

Lab 영화 나이 제한 검사

실습시간 두근이는 기말고사가 끝나서 영화를 보러갔다. 15세 이상만 볼 수 있는 영화가 있다고 하자.
 사용자의 나이를 입력받아서 영화를 볼 수 있는지 없는지를 화면에 출력해보자.

```
안녕하세요? 두근두근 영화관입니다.
나이를 입력하시오: 19
본 영화를 보실 수 있습니다.
```

```
안녕하세요? 두근두근 영화관입니다.
나이를 입력하시오: 14
본 영화를 보실 수 없습니다.
```

여기를 가리고 먼저 풀어보세요!

소스코드

movie.py

```python
print("안녕하세요? 두근두근 영화관입니다.")
age = int(input("나이를 입력하시오: "))
if age >= 15:
    print("본 영화를 보실 수 있습니다.")
else:
    print("본 영화를 보실 수 없습니다.")
```

✏️ **도전문제**
15세 이상이면 "영화를 보실 수 있습니다." 메시지에 추가로 "영화의 가격은 10000원입니다."를 출력해보자.
만약 15세 미만이면 "영화를 보실 수 없습니다." 메시지에 추가로 "다른 영화를 보시겠어요?"를 출력해보자.

07 논리 연산자

복잡한 조건은 관계 연산자만으로는 표현할 수 없다. 예를 들어서 놀이공원에서 나이가 10살 이상이고 키가 165cm 이상이어야 놀이기구를 탈수 있다고 하자. 이 조건은 관계 연산자만으로는 표현이 불가능하다.

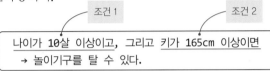

조건 1   조건 2

나이가 **10**살 이상이고, 그리고 키가 **165cm** 이상이면
→ 놀이기구를 탈 수 있다.

이러한 복잡한 조건을 표현하려면 논리 연산자를 사용하여야 한다.

(나이가 **10**살 이상이다) and (키가 **165cm** 이상이다)
→ 놀이기구를 탈 수 있다.

and 연산자는 왼쪽과 오른쪽이 모두 참일 때 전체가 참이 되는 논리 연산자이다.

논리 연산자(logical operator)는 여러 개의 조건을 조합하여 참인지 거짓인지를 따질 때 사용한다. 고등학교에서 AND(논리곱), OR(논리합), NOT(논리부정)으로 학습한 내용과 같다. 파이썬에는 조건들을 다양하게 묶을 수 있는 연산자들이 준비되어 있다.

연산	의미
x and y	AND 연산, x와 y가 모두 참이면 참, 그렇지 않으면 거짓
x or y	OR 연산, x나 y중에서 하나만 참이면 참, 모두 거짓이면 거짓
not x	NOT 연산, x가 참이면 거짓, x가 거짓이면 참

예를 들어서 앞의 놀이공원에서 놀이기구를 탈 수 있는 조건을 논리 수식으로 작성하여 보면 다음과 같다.

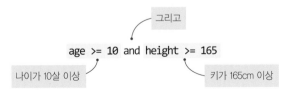

그리고

age >= 10 and height >= 165

나이가 10살 이상   키가 165cm 이상

실습시간 파이썬 쉘에서 "l"을 입력하면 거북이가 왼쪽으로 100픽셀 이동하고 "r"을 입력하면 거북이가 오른쪽으로 100픽셀 이동하는 프로그램을 작성하여 보자.

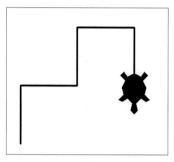

거북이를 크게 하려면 shapesize() 함수를 호출한다. 예를 들어서 가로, 세로로 3배 확대하려면 다음과 같이 적어준다.

```
t.shapesize(3, 3)
```

이러한 프로그램에서는 반복이 무한히 반복되는 것이 바람직하다. 이때는 다음과 같은 무한 루프 구조를 사용한다(6장에서 학습한다). 사용자가 Ctrl+C를 누르면 중지된다.

```
while True:
    ...    # 여기에 반복할 문장을 놓는다.
    ...    # 여기에 반복할 문장을 놓는다.
```

Lab 거북이 제어하기 Solution

실습시간

```python
import turtle

# 거북이를 만든다.
t = turtle.Turtle()

# 커서의 모양을 거북이로 한다.
t.shape("turtle")

# 거북이가 그리는 선의 두께를 3으로 한다.
t.width(3)

# 거북이를 3배 확대한다.
t.shapesize(3, 3)

# 무한 루프이다.
while True:
    command = input("명령을 입력하시오: ")
    if command == "l":             # 사용자가 "l"을 입력하였으면
        t.left(90)
        t.forward(100)
    if command == "r":             # 사용자가 "r"을 입력하였으면
        t.right(90)
        t.forward(100)
turtle.done()
```

도전문제
(1) 사용자가 "l" 또는 "left"를 입력하면 왼쪽으로 움직이고 "r" 또는 "right"를 입력하면 오른쪽으로 이동하도록 소스를 약간 변경해보자. 논리 연산자를 사용한다.
(2) 사용자가 "quit"를 입력했을 때, 프로그램을 종료하도록 하라. 사용자가 "quit"를 입력했을 때, turtle. bye() 문장과 exit() 문장을 실행하면 된다.

Lab   윤년 판단

  달력은 기본적으로 지구가 태양을 공전하는 시간을 기준으로 작성된다. 하지만 실제로 측정하여 보니 지구가 태양을 완전히 한 바퀴 도는데 걸리는 시간은 365일보다 1/4 만큼 더 걸린다. 따라서 매 4년마다 하루 정도 오차가 생기는 셈이다. 이것을 조정하기 위하여 윤년이 생겼다. 입력된 연도가 윤년인지 아닌지를 판단하는 프로그램을 만들어보자.

```
연도를 입력하시오: 2012
2012 년은 윤년입니다.
```

사용자로부터 연도를 입력받아서 다음과 같은 조건을 검사한다.

- 연도가 4로 나누어 떨어지면 윤년이다.
- 100으로 나누어 떨어지는 연도는 제외한다.
- 400으로 나누어 떨어지는 연도는 윤년이다.

위의 조건을 수식으로 표현하면 다음과 같다.

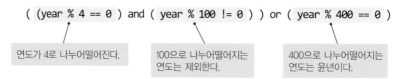

((year % 4 == 0) and (year % 100 != 0)) or (year % 400 == 0)

연도가 4로 나누어떨어진다.　　　100으로 나누어떨어지는 연도는 제외한다.　　　400으로 나누어떨어지는 연도는 윤년이다.

여기를 가리고 먼저 풀어보세요!

- -

```
year = int(input("연도를 입력하시오: "))
if ( (year % 4 ==0 and year % 100 != 0) or year % 400 == 0):
    print(year, "년은 윤년입니다.")
else :
    print(year, "년은 윤년이 아닙니다.")
```

leap.py

Lab 동전 던지기 게임

실습시간

이 예제는 동전을 던지기 게임을 작성해보자. 동전을 던지는 것은 난수를 생성하면 된다. 파이썬에서는 import random한 후에 random.randrange(2)과 같이 하면 0이나 1을 랜덤하게 생성할 수 있다. 아래의 코드에서 빈칸을 채워보자.

```
import random

print("동전 던지기 게임을 시작합니다.")
coin = random.randrange(2)
if _____:
    print("앞면입니다.")
_____:
    print("뒷면입니다.")
print("게임이 종료되었습니다.")
```

동전 던지기 게임을 시작합니다.
뒷면입니다.
게임이 종료되었습니다.

여기를 가리고 먼저 풀어보세요!

- -

소스코드

coin.py

```
import random

print("동전 던지기 게임을 시작합니다.")
coin = random.randrange(2)
if coin == 0 :
    print("앞면입니다.")
else :
    print("뒷면입니다.")
print("게임이 종료되었습니다.")
```

도전문제
주사위 던지기 게임으로 변환해보자. random.randrange(6)하면 0에서 5까지의 정수를 랜덤하게 생성할 수 있다.

실습시간 동전 던지기 게임을 그래픽 버전으로 제작해보자. 터틀 그래픽에는 그림 파일을 읽어 와서 거북이 그림 대신 사용할 수 있다. 단 그림 파일은 gif 형식이어야 한다. 동전의 앞면과 뒷면을 보여주는 그림 파일을 gif로 작성하고 다음과 같은 문장을  또는  이용하여 난수에 따라서 동전의 앞면 또는 뒷면을 보여주는 프로그램을 작성하자.

이미지를 불러오는 코드는 다음과 같다.

```
screen = turtle.Screen()
image1 = "front.gif"
screen.addshape(image1)   # 이미지를 추가한다.
t1.shape(image1)          # 거북이의 모양을 설정한다.
t1.stamp()                # 현재 위치에 이미지를 찍는다.
```

여기를 가리고 먼저 풀어보세요!

 소스코드

coin2.py

```
import turtle           # 터틀 그래픽 모듈을 불러온다.
import random           # 난수 모듈을 불러온다.

screen = turtle.Screen()
image1 = "front.gif"
image2 = "back.gif"
screen.addshape(image1)
screen.addshape(image2)

t1 = turtle.Turtle()            # 첫 번째 거북이를 생성한다.
coin = random.randrange(2)
if coin == 0 :
    t1.shape(image1)
    t1.stamp()
else :
    t1.shape(image2)
    t1.stamp()
```

## 08

조건이 거짓일 때 연속하여 다른 조건을 검사

if-else 문에서 조건이 거짓일 때 다른 조건을 검사할 수 있다. 이때는 elif 키워드를 사용하면 된다. elif는 "else if"를 합친 것이다. 이것을 그림으로 그리면 다음과 같다. 우리가 자동차를 운전하고 있다고 가정하자. 우리가 첫 번째 교차로에서 결정을 내리면 바로 두 번째 교차로가 나타난다. 두 번째 교차로에서도 조건에 따라서 결정을 내려야 한다.

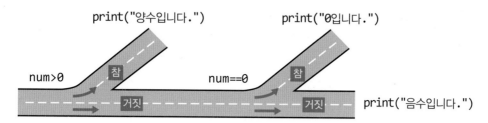

만일 위의 조건 중에서 하나라도 참이면 관련된 문장이나 블록이 수행되고 더 이상의 비교는 이루어지지 않는다. 사용자에게서 정수를 받아서 양수인지, 0인지, 음수인지를 구별하여 화면에 출력하여 보자.

```python
num = int(input("정수를 입력하시오: "))

if num > 0:
    print("양수입니다.")
elif num == 0:
    print("0입니다.")
else:
    print("음수입니다.")
```

if4.py

```
정수를 입력하시오: 0
0입니다.
```

```
정수를 입력하시오: 10
양수입니다.
```

```
정수를 입력하시오: -10
음수입니다.
```

Lab 종달새가 노래할까?

 실습시간 동물원에 있는 종달새가 다음과 같은 2가지 조건이 만족되면 노래를 한다고 하자.

- 오전 6시부터 오전 9시 사이
- 날씨가 화창하다.

현재 시각을 난수로 생성하고 날씨도 [True, False] 중에서 랜덤하게 선택하자. 종달새가 노래를 부를 것인지, 조용히 있을 것인지를 판단해보자.

```python
import random
time = random.randint(1, 24)            # 1부터 24 사이에서 하나를 랜덤하게 선택
sunny = random.choice([True, False])    # True와 False 중에 하나를 랜덤하게 선택
```

> 좋은 아침입니다. 지금 시각은 1시 입니다.
> 현재 날씨가 화창하지 않습니다.
> 종달새가 노래를 하지 않습니다.

여기를 가리고 먼저 풀어보세요!

 소스코드

sing.py

```python
import random
time = random.randint(1, 24)
print("좋은 아침입니다. 지금 시각은 " + str(time) + "시 입니다.")
sunny = random.choice([True, False])
if sunny:
    print ("현재 날씨가 화창합니다. ")
else:
    print ("현재 날씨가 화창하지 않습니다. ")

# 종달새가 노래를 할 것인지를 판단해보자.
if time >= 6 and time < 9 and sunny:
    print ("종달새가 노래를 합니다.")
else
    print ("종달새가 노래를 하지 않습니다.")
```

 도전문제
종달새가 6시와 9시 사이 또는 14시와 16시 사이에 노래를 한다고 하면(그리고 날씨는 항상 화창하여야 한다)
위의 조건식을 어떻게 변경하여야 하는가?

if-else 문 안에 if-else 문 넣기

if 문 안에 다른 if 문이 들어갈 수도 있다. 이것을 중첩 if 문이라고 한다. 이것은 마치 교차로가 다음과 같이 연결되는 것과 유사하다.

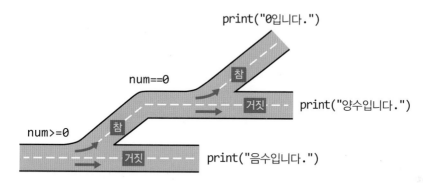

사용자에게서 정수를 받아서 양수인지, 0인지, 음수인지를 구별하여 화면에 출력하여 보자.

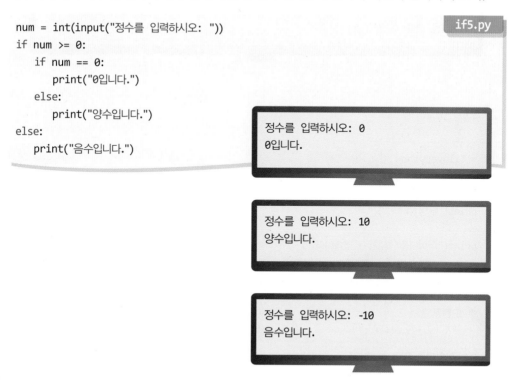

```python
num = int(input("정수를 입력하시오: "))
if num >= 0:
    if num == 0:
        print("0입니다.")
    else:
        print("양수입니다.")
else:
    print("음수입니다.")
```

if5.py

```
정수를 입력하시오: 0
0입니다.
```

```
정수를 입력하시오: 10
양수입니다.
```

```
정수를 입력하시오: -10
음수입니다.
```

Lab 로그인 프로그램

 실습시간 사용자로부터 아이디를 받아서 프로그램에 저장된 아이디와 일치하는 지 여부를 출력하는 프로그램을 작성해보자. 하나의 문자열이 다른 문자열과 일치하는지도 == 연산자로 검사할 수 있다.

```
아이디를 입력하시오: ilovepython
환영합니다.
```

```
아이디를 입력하시오: iloveruby
아이디를 찾을 수 없습니다.
```

여기를 가리고 먼저 풀어보세요!

 소스코드

login.py
```python
id = "ilovepython"
s = input("아이디를 입력하시오: ")
if s == id:
    print("환영합니다.")
else:
    print("아이디를 찾을 수 없습니다.")
```

✏️ **도전문제**
아이디 검사가 종료되면 바로 패스워드 검사를 하여 보자. 즉 다음과 같은 출력을 가지는 프로그램을 작성한다.

```
아이디를 입력하시오: ilovepython
패스워드를 입력하시오: 123456
환영합니다.
```

Lab 컴퓨터 제어하기

실습시간 이번 장에서도 파이썬의 새로운 라이브러리를 탐구해보자. OS 라이브러리는 컴퓨터를 제어할 수 있도록 해주는 파이썬 라이브러리이다. 다음과 같이 설치한다.

```
C> pip install os  Enter
...
```

이 라이브러리를 사용하여 컴퓨터를 종료시킬 수 있다.

```
import os
os.system("shutdown /s /t 1")
```

사용자가 명령어를 입력하면 컴퓨터를 종료하거나 현재 디렉토리를 출력하는 코드를 작성해보자.

```
명령을 입력하시오: shutdown
컴퓨터가 종료됩니다. 엔터키를 누르세요.
```

여기를 가리고 먼저 풀어보세요!

소스코드

command.py

```python
import os
command = input("명령을 입력하시오: ")

if command == "shutdown":
    print("컴퓨터가 곧 종료됩니다. 엔터키를 누르세요")
    input()
    os.system("shutdown /s /t 1")
elif command == "cwd":
    cwd = os.getcwd()
    print("Current working directory:", cwd)
else:
    print("알수 없는 명령어입니다.")
```

✏️ **도전문제**
os.mkdir(path)을 호출하면 새로운 디렉토리가 생성된다. "mkdir"을 명령어에 추가해보자.

실습시간 난수를 이용하여 간단한 축구 게임을 작성하여 보자. 사용자가 컴퓨터를 상대로 페널티킥을 한다고 생각하자. 사용자는 다음의 3가지 영역 중에서 하나를 선택하여 페널티킥을 한다. 컴퓨터도 난수를 생성하여 3개의 영역 중에서 하나를 수비한다.

어디를 수비하시겠어요?(왼쪽, 중앙, 오른쪽)중앙
페널티킥이 성공하였습니다.

여기를 가리고 먼저 풀어보세요!

소스코드

fgame.py

```
import random
options=["왼쪽","중앙","오른쪽"]
computer_choice = random.choice(options)
user_choice = input("어디를 수비하시겠어요?(왼쪽, 중앙, 오른쪽)")
if computer_choice == user_choice:
    print("수비에 성공하셨습니다. ")
else:
    print("페널티킥이 성공하였습니다. ")
```

✏️ 도전문제
골대를 더 여러 영역으로 나누어서 게임을 다시 작성해보자. 즉 왼쪽 상단, 왼쪽 하단, 중앙, 오른쪽 상단, 오른쪽 하단 중에서 하나를 선택하도록 하라.

실습시간 터틀 그래픽을 이용하여 사용자가 선택하는 도형을 화면에 그리는 프로그램을 작성해보자. 도형은 "사각형", "삼각형", "원" 중의 하나이다. 각 도형의 치수는 사용자에게 물어보도록 하자.

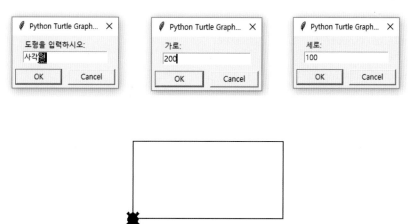

다음과 같은 문장을 사용하라. 터틀 그래픽에서 사용로부터 문자열을 입력받을 수 있는 문장이다.

```
s = turtle.textinput("", "도형을 입력하시오: ")
```

```
import turtle
t = turtle.Turtle()
t.shape("turtle")

s = turtle.textinput("", "도형을 입력하시오: ")
if s == "사각형" :
    w = turtle.numinput("","가로: ")
    h = turtle.numinput("","세로: ")
    t.forward(w)
    t.left(90)
    t.forward(h)
    t.left(90)
    t.forward(w)
    t.left(90)
    t.forward(h)

elif s == "삼각형" :
    pass          여기를 채워본다.

else :
    pass          여기를 채워본다.

turtle.done()
```

drawshape.py

도전문제

위의 프로그램에서 **"사각형"**만을 지원하고 있다. **"삼각형"**, **"원"**인 경우에 도형을 그리는 코드를 추가하라.

» 프로그래밍에서 제어문을 설명할 수 있나요?
  • 제어문으로 문장들의 실행 순서를 제어할 수 있습니다.
» if-else 문을 사용할 수 있나요?
  • 조건식이 참이면 if 아래의 블록이 실행됩니다. 그렇지 않으면 else 아래의 블록이 실행됩니다.
» 관계연산자와 논리연산자에는 어떤 것들이 있나요?

연산	의미
x == y	x와 y가 같은가?
x != y	x와 y가 다른가?
x > y	x가 y보다 큰가?
x < y	x가 y보다 작은가?
x >= y	x가 y보다 크거나 같은가?
x <= y	x가 y보다 작거나 같은가?

연산	의미
x and y	AND 연산, x와 y가 모두 참이면 참, 그렇지 않으면 거짓
x or y	OR 연산, x나 y중에서 하나만 참이면 참, 모두 거짓이면 거짓
not x	NOT 연산, x가 참이면 거짓, x가 거짓이면 참

» 프로그래밍에서 블록은 어떤 의미인가요?
  • 블록은 조건이 맞았을 때 묶어서 실행되는 코드로 파이썬에서 들여쓰기로 블록을 만든다.
» if-else 문을 중첩시켜서 사용할 수 있나요?
  • if-else 문 안에 다른 if-else 문이 포함될 수 있다.

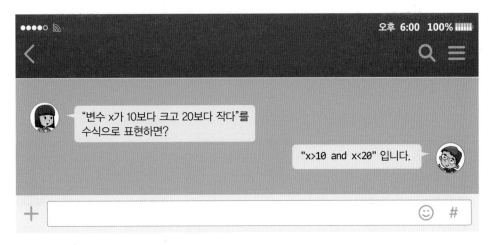

1 다음 프로그램의 출력은 무엇인가?

```
age = 20
if age < 20:
    print('20살 미만')
else:
    print('20살 이상')
```

HINT   age < 20은 변수 age의 값이 20 미만인 경우에만 참이 된다.

2 1번 문제에서 age가 30이상이고 50이하인 것을 체크하려면 어떻게 하여야 하는가?

HINT   논리 연산자 and를 사용하여야 한다.

3 사용자에게 현재 온도를 질문하고 온도가 25도 이상이면 반바지를 추천하고 25도 미만이면 긴바지를 추천하는 프로그램을 작성해보자.

```
현재 온도를 입력하시오: 30
반바지를 입으세요.
```

4 학생의 시험 점수를 물어보고 시험 점수가 90점이상이면 A, 80점이상이면 B, 70점이상이면 C, 60점이상이면 D, 그외의 점수이면 F를 학점으로 주는 프로그램을 작성하라.

```
성적을 입력하시오: 99
A학점입니다.
```

HINT   if ... elif ... else 구문을 사용한다.

5 난수를 사용하여 1부터 100 사이의 숫자를 사용하는 뺄셈 문제를 생성하고 사용자에게 물어본 후에 사용자의 답변이 올바른지를 검사하는 프로그램을 작성하라.

```
40-1=39
맞았습니다.
```

HINT   1부터 100 사이의 난수는 import random; x = random.randint(1, 100)로 얻을 수 있다.

6 사용자로부터 정수를 받아서 이 정수가 2와 3으로 나누어떨어질 수 있는지를 출력하라.

정수를 입력하시오: 36
2와 3으로 나누어 떨어집니다.

HINT 2와 3으로 모두 나누어떨어지는 것은 n%2==0 and n%3==0으로 검사할 수 있다.

7 사용자로부터 3개의 정수를 받아서, 가장 큰 숫자를 찾는 프로그램을 작성하라.

첫 번째 숫자를 입력하시오: 10
첫 번째 숫자를 입력하시오: 20
첫 번째 숫자를 입력하시오: 30
가장 큰 숫자는 30 입니다.

HINT 각 숫자가 다른 두 수보다 큰 지를 검사한다. 논리 연산자 and 사용을 검토해보자.

8 사용자가 입력한 강아지의 나이를 사람의 나이로 계산하는 프로그램을 작성해보자. 처음 2년 동안 강아지의 1년은 인간의 10년과 같다고 한다. 그 후, 강아지의 1년은 사람의 4년과 같다고 하고 계산해보자.

강아지의 나이를 입력하시오: 10
강아지의 나이를 사람 나이로 환산하면 52 살 입니다.

HINT 강아지 나이가 2살 이하였던 시기에는 강아지 나이에 10을 곱해야 한다.

9 2자리 숫자로 이루어진 복권이 있다. 사용자가 가지고 있는 복권 번호가 2자리 모두 일치하면 100만원을 받는다. 2자리 중에서 하나만 일치하면 50만원을 받는다. 하나도 일치하지 않으면 상금을 없다. 복권 당첨 번호는 난수로 생성하고 사용자의 입력에 따라서 상금이 얼마인지를 출력하는 프로그램을 작성하라.

```
복권번호를 입력하시오(0에서 99 사이): 87
당첨번호는 27 입니다.
상금은 50만원입니다.
```

HINT 각 자리수는 // 연산자와 % 연산자로 계산할 수 있다.

```
digit1 = solution // 10
digit2 = solution % 10
```

10 사용자로부터 2개의 원에 대한 정보를 받아서 화면에 원을 그린 후에 조건문을 사용하여 큰 원 안에 작은 원이 포함되는지를 판단하는 프로그램을 작성하라.

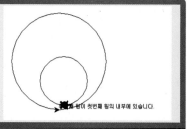

```
큰 원의 중심좌표 x1: 0
큰 원의 중심좌표 y1: 0
큰 원의 반지름: 100
작은 원의 중심좌표 x1: 10
작은 원의 중심좌표 y1: 10
작은 원의 반지름: 50
```

두 원이 첫번째 원의 내부에 있습니다.

HINT 원의 중심점 사이의 거리를 계산하고 이것을 (r1+r2)와 비교한다.

11 사용자에게 키와 몸무게를 물어본 후에 BMI 지수를 계산하고 BMI 지수에 따라 다음과 같이 출력하는 프로그램을 작성하라.

* 18.4 이하 – 저체중

* 18.5에서 24.9 적정 체중

* 25 이상 – 과체중

$$BMI = \frac{체중(kg)}{신장 \times 신장(m)}$$

```
키를 입력하시오(cm): 183
몸무게를 입력하시오(kg): 81

당신의 BMI = 24.187046492878256
적정 체중입니다.
```

12 감염병 때문에 다음과 같이 출생 연도의 끝자리를 이용한 5부제로 백신을 주사하기로 하였다. 출생 연도를 입력하면, 백신을 접종받을 수 있는 요일을 출력하는 프로그램을 작성해보자.

출생연도 끝자리	0, 5	1, 6	2, 7	3, 8	4, 9
접종 요일	월	화	수	목	금

> 출생연도를 입력하시오: 1997
>
> 수요일에 접종가능합니다.

13 컴퓨터와 사용자가 가위, 바위, 보 게임을 할 수 있는 프로그램을 작성해보자.

> 가위, 바위, 보를 입력하시오: 가위
> 컴퓨터: 보
>
> 컴퓨터가 졌습니다.

HINT 컴퓨터는 난수를 이용하여 가위, 바위, 보 중에서 하나를 선택한다. 가위, 바위, 보에 정수 0, 1, 2를 대응시키면 승패 판단을 쉽게 할 수 있다.

6

반복해봅시다

저는 같은 말도 반복하기
싫은데 컴퓨터는 쉽게
반복하겠죠?

사실 반복하는 것은 컴퓨터가
문제를 해결하는 핵심적인
기법이에요. 생각지도 못한 분야
에서도 반복을 이용하여 문제를
해결하지요.

이번 장에서는 다음과 같은 내용을 학습합니다.

- while 문을 사용하여 반복문을 작성할 수 있나요?
- for 문을 사용하여 정해진 횟수만큼 반복할 수 있나요?
- 리스트에 저장된 항목들에 대하여 반복할 수 있나요?

반복(iteration)은 동일한 문장을 여러 번 반복시키는 구조이다. 인간은 똑같은 작업을 반복하는 것을 싫어하고 새롭고 흥미로운 것들을 좋아한다. 하지만 컴퓨터는 인간과 다르게 반복적인 작업을 실수 없이 빠르게 할 수 있다. 이것이 컴퓨터의 가장 큰 장점이다. 단순 반복 작업은 컴퓨터가 하는 것이 제격이다.

이번 장에서는 다음과 같은 프로그램을 작성해볼 것이다.

(1) 터틀 그래픽과 반복을 사용하여 별을 그려보자.

(2) 터틀 그래픽의 거북이를 랜덤하게 움직여 보자.

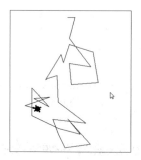

(3) 터틀 그래픽을 이용하여 예술 작품을 만들어보자.

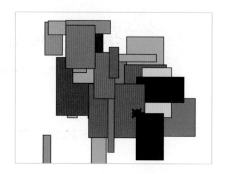

02 왜 반복이 중요한가?

반복은 어떤 작업을 반복하게 하는 구조이다. 반복 구조를 사용하면 프로그램이 간단하게 된다. 예를 들어서 동일한 작업을 반복하기 위하여 똑같은 문장을 복사하는 것보다, 반복 구조를 사용하는 편이 프로그램을 간결하게 만든다. 프로그래밍에 필요한 시간도 단축할 수 있다.

하나의 예로 회사에 중요한 손님이 오셔서 대형 전광판에 '방문을 환영합니다!"를 5번 출력하는 프로그램을 작성한다고 하자.

```
방문을 환영합니다!
방문을 환영합니다!
방문을 환영합니다!
방문을 환영합니다!
방문을 환영합니다!
```

반복 구조를 사용하지 않는다면 다음과 같이 동일한 문장을 Ctrl+C를 사용하여 복사한 후에 Ctrl+V로 붙여넣기 하여야 한다.

```
print("방문을 환영합니다!")
print("방문을 환영합니다!")
print("방문을 환영합니다!")
print("방문을 환영합니다!")
print("방문을 환영합니다!")
```

물론 반복 횟수가 몇 번 안 되는 경우에는 위와 같이 "복사해서 붙여넣기" 하여도 된다. 하지만 1000번 출력해야 한다면 어떻게 할 것인가? 이런 경우에 for 문을 사용한다면 다음과 같이 간단하게 작성할 수 있다.

```
for i in range(1000):
    print("방문을 환영합니다!")
```

03 반복의 종류

파이썬에서는 2가지 종류의 반복이 있다.

- 횟수 제어 반복(for 문): 정해진 횟수만큼 반복한다.
- 조건 제어 반복(while 문): 특정한 조건을 만족하면 계속 반복한다.

회수 제어 반복은 반복을 시작하기 전에 반복의 횟수를 미리 아는 경우에 사용한다. 예를 들어서 "환영합니다" 문장을 10번 반복하여 출력한다면 for 문을 사용할 수 있다. 파이썬에서는 항목들을 모아 놓은 시퀀스라는 객체가 있고 여기에서 항목을 하나씩 가져와서 반복하게 된다. 시퀀스에 항목이 더 이상 없으면 반복이 종료된다.

조건 제어 반복은 특정한 조건이 만족되는 동안 계속 반복한다. 예를 들면 사용자가 입력하는 문자열이 "yes"이면, 작업을 반복하는 것이다. 조건 제어 반복은 while 문을 사용하여 구현할 수 있다. 조건식을 검사하여서 조건식이 True이면 반복을 계속하게 된다.

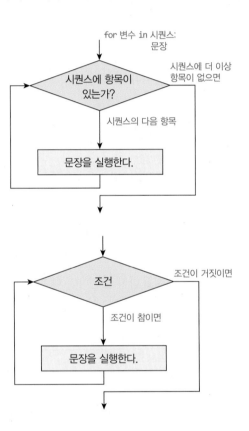

 NOTE
프로그래밍에서 반복은 흔히 루프(loop)라고 한다. 왜냐하면 프로그램이 반복할 때 이전 단계로 되돌아가는데 이것이 동그라미를 그리는 것처럼 보이기 때문이다.

파이썬에서 횟수 제어 반복은 for 루프라고도 한다. 왜냐하면 많은 언어에서 횟수 제어 반복을 for 키워드를 사용하여 제공하고 있기 때문이다.

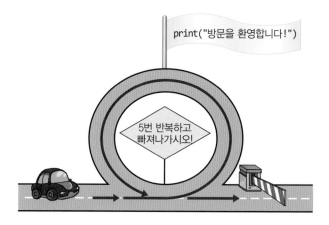

다음과 같은 코드를 파일에 입력하고 실행해 보자.

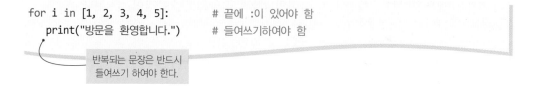

```
for i in [1, 2, 3, 4, 5]:          # 끝에 :이 있어야 함
    print("방문을 환영합니다.")        # 들여쓰기하여야 함
```

반복되는 문장은 반드시
들여쓰기 하여야 한다.

여기서 [...]은 리스트(list)이다. 리스트는 여러 가지 값을 담을 수 있는 컨테이너이다. [1, 2, 3, 4, 5] 안에는 정수 1, 2, 3, 4, 5가 담겨 있다. 위의 코드를 실행하면 다음과 같은 출력을 얻을 수 있다.

방문을 환영합니다.
방문을 환영합니다.
방문을 환영합니다.
방문을 환영합니다.
방문을 환영합니다.

위의 코드가 실행되는 절차를 아래 그림에 보였다.

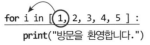

① 첫 번째 반복에서 변수 i의 값은 리스트의 첫 번째 숫자인 1이 되고 print(...) 문장이 실행된다.

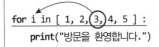

② 두 번째 반복에서 변수 i의 값은 리스트의 두 번째 숫자인 2가 되고 print(...) 문장이 실행된다.

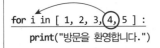

③ 세 번째 반복에서 변수 i의 값은 리스트의 세 번째 숫자인 3이 되고 print(...) 문장이 실행된다.

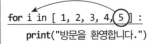

④ 네 번째 반복에서 변수 i의 값은 리스트의 네 번째 숫자인 4가 되고 print(...) 문장이 실행된다.

⑤ 다섯 번째 반복에서 변수 i의 값은 리스트의 다섯 번째 숫자인 5가 되고 print(...) 문장이 실행된다.

NOTE

여기서 반복되는 문장들은 반드시 들여쓰기하여야 한다. 들여쓰기는 스페이스 **4개**로 하는 것이 좋다. 만약 **IDLE**를 사용하고 있다면 파이썬 쉘이 자동으로 들여쓰기를 해줄 것이다. 파이썬에서 들여쓰기 하여서 입력한 문장들을 묶어서 블록(**block**)이라고 한다. 블록에 속하는 문장들은 운명공동체이다.

반대로 들여쓰기 되지 않은 문장은 블록에 속하지 않는다. 반복을 원하는 않는 문장은 들여쓰기를 하지 않으면 된다. 블록은 함수를 정의할 때도 요긴하게 사용된다. 블록은 문장들의 묶음임을 기억하자. 파이썬에서는 들여쓰기로 블록을 생성한다.

05 횟수 제어 반복 #2

앞 페이지에서는 변수 i의 값을 전혀 이용하지 않았다! 이번에는 반복하면서 변수 i의 값을 출력하여 보자.

```python
for i in [1, 2, 3, 4, 5]:
    print("i=", i)
```

위의 코드를 실행하면 다음과 같이 출력된다.

```
i= 1
i= 2
i= 3
i= 4
i= 5
```

이번에는 숫자들의 합계를 for 루프를 이용하여 출력하여 보자.

```python
sum = 0
for i in [1, 2, 3, 4, 5]:
    print(f"{i}를 더하는 중")
    sum += i
print("합계는=", sum)
```

```
1를 더하는 중
2를 디히는 중
3를 더하는 중
4를 더하는 중
5를 더하는 중
합계는= 15
```

06 횟수 제어 반복 #3

앞에서는 리스트에 정수들을 저장해두고 하나씩 꺼내서 반복하였다. 하지만 반복 횟수가 1000 번이라면 이 방법이 불가능하다. 반복해야 하는 횟수가 큰 경우를 대비하여 range() 함수가 준비되어 있다. range() 함수로 반복 횟수를 전달하면 range() 함수가 자동으로 연속적인 정수들을 생성해준다.

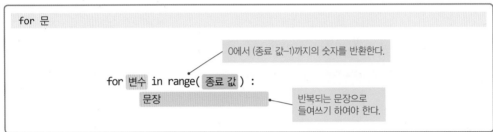

예를 들어서 "방문을 환영합니다."를 5번 출력하는 문장을 for 문으로 작성하면 다음과 같다.

```
for i in range(5):          # (1)
    print("방문을 환영합니다!")   # (2)
```

(1) range(5)는 0, 1, 2, 3, 4까지의 값을 반환한다. 반복할 때마다 변수 i에 이 값들을 대입하면서 문장을 반복한다. 즉 첫 번째 반복에서는 i는 0이고 되고 두 번째 반복에서는 1이 된다. 마지막 반복에서 i는 4가 된다.

(2) 반복되는 문장은 들여쓰기 하여야 한다. 들여쓰기가 있는 문장들만이 반복된다.

파이썬 쉘에서 range() 함수에 list() 함수를 적용시키면 range() 함수가 생성하는 정수들을 볼 수 있다.

```
>>> list(range(5))
[0, 1, 2, 3, 4]
```

07 range() 함수

range() 함수는 연속적인 숫자들을 생산하는 공장으로 생각하면 된다. range(5)은 5개의 정수를 생성한다. 0, 1, 2, 3, 4가 바로 그것이다.

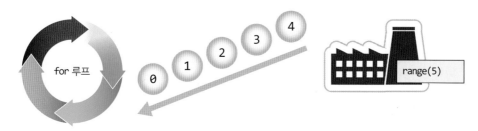

range() 함수의 일반적인 형식은 다음과 같다. range(start, stop, step)이라고 호출하면 start에서 시작하여 (stop-1)까지 step 간격으로 정수들이 생성된다. 여기서 start와 step가 생략되면 start는 0으로 간주되고 step은 1로 간주된다.

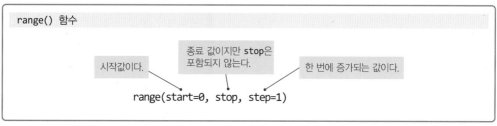

예를 들어서 range(0, 5, 1)이라고 하면 0, 1, 2, 3, 4까지의 정수가 반환된다. range(5)이라고 하면 start와 step은 생략된 것으로 range(0, 5, 1)와 같다.

만약 1부터 시작하여 5까지 반복하고 싶다면 어떻게 하면 될까? range(1, 6, 1)을 사용하면 될 것이다. 반복하면서 변수 i의 값을 출력하여 보자.

Lab range() 함수 실습

range() 함수는 아주 많이 사용된다. 다음의 코드를 입력하여 range() 함수 실습을 해보자.
실행하기 전에 어떤 출력이 나올까를 예상해보자.

```python
for i in range(5, 10):
    print(f"변수 i의 값={i}")
print()

for i in range(1, 10, 3):
    print(f"변수 i의 값={i}")
print()

for i in range(10, 7, -1):
    print(f"변수 i의 값={i}")
```

range.py

```
변수 i의 값=5
변수 i의 값=6
변수 i의 값=7
변수 i의 값=8
변수 i의 값=9

변수 i의 값=1
변수 i의 값=4
변수 i의 값=7

변수 i의 값=10
변수 i의 값=9
변수 i의 값=8
```

> **경고**
> range(10) 함수를 사용할 때 가장 혼동하는 부분이 1에서 10까지의 정수가 생성된다고 생각하는 것이다. 반복 횟수로 생각하면 10번 반복은 맞다. 하지만 생성되는 정수는 0부터 9까지이다. 이것은 컴퓨팅의 오랜 논쟁거리였다. 최근에는 0부터 시작하는 것이 대세가 되었다. 암튼 range(10)하면 10번 반복되고 생성되는 정수는 0부터 9까지이다. 만약 1부터 10까지의 정수가 필요하면 range(1, 11)로 하면 된다.

이번에는 터틀 그래픽을 사용하여 반복을 설명해보자. 예를 들어서 거북이를 60도만큼 회전시키면서 화면에 6개의 원을 그린다고 가정하자. 반복을 사용하지 않는다면 다음과 같이 코드를 작성하여야 한다.

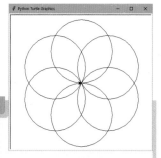

draw_cir.py

```python
import turtle
t = turtle.Turtle()

t.circle(100)        # 반지름이 100인 원을 그린다.
t.left(60)           # 60도만큼 왼쪽으로 회전시킨다.
t.circle(100)
t.left(60)
t.circle(100)
t.left(60)
t.circle(100)
t.left(60)
t.circle(100)
t.left(60)
t.circle(100)
```

물론 이렇게 그려도 되지만 상당한 코드가 반복되어 있다. 따라서 이런 경우에는 반복을 사용하는 것이 좋다. 어떻게 하면 좋을까? 위의 코드를 분석해보면 60도 회전하고 원을 그리는 문장이 6번 반복된다. 따라서 for 루프를 이용하여 작성해보자.

```python
import turtle
t = turtle.Turtle()

for count in range(6):
    t.circle(100)
    t.left(360/6)
```

6번 반복해야 하므로 range(6)을 호출하여서 6개의 숫자 [0, 1, 2, 3, 4, 5]를 생성하였다. 각 반복에서는 반지름이 100인 원을 그리고, 거북이를 60도만큼 회전시키고 있다.

Lab   n-각형 그리기

실습시간 사용자로부터 정수 n을 받아서 n-각형을 그리는 프로그램을 작성할 수 있는가? textinput() 을 이용하여 사용자로부터 정수를 입력받자.

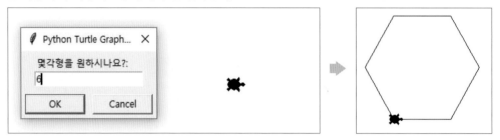

정사각형은 다음과 같이 반복을 사용하여서 그릴 수 있다.

```
for i in range(4):
    t.forward(100)
    t.left(360/4)
```

여기를 가리고 먼저 풀어보세요!

소스코드

```
import turtle
t = turtle.Turtle()
t.shape("turtle")

s = turtle.textinput("", "몇각형을 원하시나요?:")
n = int(s)

for i in range(n):
    t.forward(100)
    t.left(360/n)

turtle.done()
```

draw_poly.py

✏️ **도전문제**
n-각형의 한 변의 크기도 사용자로부터 받아보자. forward(100)이 아니고 forward(len)가 되도록 하라.

실습시간 미국의 나사(NASA)에서 로켓을 발사할 때는 카운트 다운을 사용한다. 1초에 한 번씩 숫자를 역순으로 출력하고 숫자가 0이 되면 "발사!"라고 출력하는 프로그램을 만들어보자. 여기서 우리는 또 하나의 중요한 라이브러리를 사용해보자. 바로 time 라이브러리이다. time 라이브러리는 많은 기능을 가지고 있지만, 우리는 1초 동안 프로그램을 잠재우는 sleep() 함수만을 사용하고자 한다.

```
import time
...
time.sleep(1)       # 1초 동안 잠을 잔 후에 깨어난다.
```

```
10
9
8
...
2
1
발사!
```

여기를 가리고 먼저 풀어보세요!

 소스코드

```
import time

for i in range(10, 0, -1):
    print(i)
    time.sleep(1)
print("발사!")
```

count.py

✏️ **도전문제**
(1) 간단한 시계를 만들어보자. 분과 초만을 표시한다.
(2) 시간 추측 게임을 만들어보자. 사용자에게 10초를 생각하라고 하고, 10초가 되었으면 엔터키를 누르도록 한다. 10초에서 얼마나 틀렸는지를 화면에 출력한다.

Lab 요리 타이머 작성하기

실습시간 간단한 요리 타이머를 작성해보자. 예를 들어서 사용자가 5초를 입력하면 5초 후에 알람을 울려주는 프로그램이다.

```
초단위의 시간을 입력하시오: 5
5초 남았습니다.
4초 남았습니다.
3초 남았습니다.
2초 남았습니다.
1초 남았습니다.
```

이 프로그램을 작성하려면 time 모듈을 사용하여야 한다. time 모듈의 sleep() 함수를 사용하면 몇 초가 지나갔는지를 알 수 있다. 예를 들어서 10초가 지나갔는지를 알려면 다음과 같이 코딩한다.

```python
import time

time.sleep(10)
```

알람을 울리려면 Beep() 함수를 사용한다. Beep(주파수, 시간)의 형식을 지닌다.

```python
import winsound

winsound.Beep(300, 3000)
```

여기를 가리고 먼저 풀어보세요!

소스코드

```python
import time                                                    timer.py
import winsound

seconds = int(input("초단위의 시간을 입력하시오: "))

for i in range(seconds, 0, -1):
    print(f"{i}초 남았습니다.")
    time.sleep(1)

winsound.Beep(2000, 3000)
```

Lab 구구단 출력

실습시간 구구단 중에서 사용자가 원하는 단을 반복문을 이용하여 출력하여 보자. 만약 9단이라면
9*1, 9*2, 9*3, ..., 9*9까지 9번 반복시키면 출력하면 될 것이다.

```
원하는 단은:   9
9*1=9
9*2=18
9*3=27
9*4=36
9*5=45
9*6=54
9*7=63
9*8=72
9*9=81
```

여기를 가리고 먼저 풀어보세요!

소스코드

```python
dan = int(input("원하는 단은:   "))

for i in range(1, 10, 1):
    print(f"{dan}*{i}={dan*i}")
```

mtable.py

문자열 앞에 f가 붙으면 f−문자열이다. 변수를 { ... } 로 감싸서 문자열 안에서 출력할 수 있다.

 도전문제
구구단의 1단부터 9단까지를 모두 출력하도록 위의 프로그램을 수정해보자.

실습시간 터틀 그래픽에서 거북이가 술에 취한 것처럼 랜덤하게 움직이게 하여 보자.

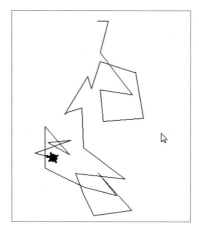

난수를 발생시키는 것은 아주 많이 사용되는 작업이다. 파이썬에서는 다음과 같은 문장으로
난수를 발생할 수 있다.

```
import random
number = random.randint(1, 100)
```

randint(1, 100)이라고 호출하면 1에서 100 사이의 난수가 생성된다.

반복과 난수를 결합하면 거북이를 랜덤하게 움직일 수 있다. 간단하게 알고리즘을 만들어보면
다음과 같다.

알고리즘

30번 반복
* [1, 100] 사이의 난수를 발생하여 변수 length에 저장한다.
* 거북이를 length만큼 움직인다.
* [-180, 180] 사이의 난수를 발생하여 변수 angle에 저장한다.
* 거북이를 angle만큼 회전시킨다.

Lab 거북이를 랜덤하게 움직이게 하자 Solution

randw.py

```
① import turtle
② import random
③ t = turtle.Turtle()
④ t.shape("turtle")
⑤
⑥ for i in range(30):
⑦     length = random.randint(1, 100)
⑧     t.forward(length)
⑨     angle = random.randint(-180, 180)
⑩     t.right(angle)
⑪ turtle.done()
```

① turtle 모듈을 포함한다.

② random 모듈을 포함한다.

③ 터틀 윈도우를 생성한다.

④ 터틀의 모양을 거북이로 변경한다.

⑤

⑥ 30번 반복한다.

⑦ 1부터 100 사이의 난수를 생성하여 length 변수에 저장한다.

⑧ length만큼 거북이를 전진시킨다.

⑨ −180부터 180 사이의 난수를 생성하여 angle 변수에 저장한다.

⑩ angle변수만큼 거북이를 오른쪽으로 회전한다.

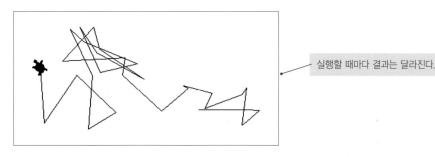

실행할 때마다 결과는 달라진다.

 도전문제

거북이가 90도로만 방향을 전환할 수 있다면 위의 프로그램은 어떻게 수정되어야 할까? 거북이는 90도,180도, 270도, 360 중에서 하나를 선택하여 앞으로 전진한다. random.choice([90, 180, 270, 360])을 사용해보자.

Lab 팩토리얼 계산하기

실습시간 for문을 이용하여서 팩토리얼을 계산해보자. 팩토리얼 n!은 1부터 n까지의 정수를 모두 곱한 것을 의미한다. 즉, n! = 1×2×3×……×(n−1)×n이다.

```
정수를 입력하시오: 10
10!은 36288000이다.
```

여기를 가리고 먼저 풀어보세요!

소스코드

```python
n = int(input("정수를 입력하시오: "))
fact = 1
for i in range(1, n+1):
    fact = fact * i
print(n, "!은", fact, "이다.")
```

fact.py

팩토리얼의 값은 생각보다 아주 커질 수 있다. 여기서 fact의 초기값은 반드시 1이어야 한다. 0이면 안 된다. 왜냐하면 팩토리얼은 정수를 전부 곱해서 계산하는 것이므로 초기값이 0이면 결과는 0이 되어 버린다. 따라서 반드시 1로 초기화를 시켜야 한다.

n이 5라고 하면 다음과 같이 반복이 진행된다.

	i의 값	반복여부	fact의 값
1번째 반복	1	반복	1*1
2번째 반복	2	반복	1*1*2
3번째 반복	3	반복	1*1*2*3
4번째 반복	4	반복	1*1*2*3*4
5번째 반복	5	반복	1*1*2*3*4*5

08 조건 제어 반복

조건 제어 반복은 어떤 조건이 만족되는 동안 반복하기 때문에 붙여진 이름이다. 예를 들어서 엄마가 요리하고 있고 꼬마가 엄마의 요리를 기다리고 있다고 가정하자. 꼬마는 엄마의 요리가 다 됐는지를 지속적으로 물어본다. 만약 엄마의 대답이 "아니"이면 꼬마는 약간 기다렸다가 다시 물어본다. 엄마의 대답이 "아니"가 아니면 꼬마는 엄마의 요리를 먹을 수 있을 것이다. 이런 경우에 조건 제어 반복을 사용한다. 파이썬에서는 조건 제어 반복을 위하여 while 루프를 제공하고 있다.

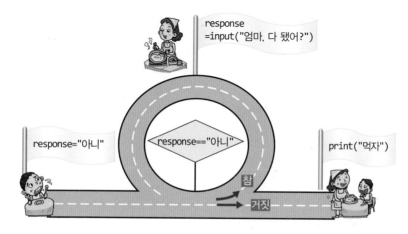

파이썬에는 조건 제어 루프로 while 문이 있다. while 문은 반복의 횟수는 모르지만 반복의 조건은 알고 있는 경우에 사용하는 반복 구조이다.

문법 6.2

while 루프

반복을 하는 조건이다. 조건이 참이면 반복을 계속한다.

while 조건 :
    반복 문장   반복되는 문장이다.

위의 예를 프로그램으로 작성해보면 다음과 같다.

```
response = "아니"
while response == "아니":
    response = input("엄마, 다됐어?");
print("먹자")
```

어떤 경우에 반복되는 횟수를 알 수 없을까? 가장 대표적인 경우가 사용자로부터 어떤 값을 받아서 처리할 때이다. 사용자가 입력하는 값을 예측하기 힘들기 때문이다. 예를 들어서 사용자가 암호를 입력하고 프로그램에서 암호가 맞는지를 체크한다고 하자.

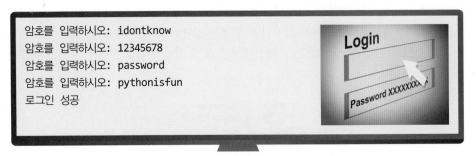

```
암호를 입력하시오: idontknow
암호를 입력하시오: 12345678
암호를 입력하시오: password
암호를 입력하시오: pythonisfun
로그인 성공
```

사용자가 몇 번 만에 올바른 암호를 입력할 지를 미리 알 수 없기 때문에 조건 제어 루프를 사용하여야 한다.

여기를 가리고 먼저 풀어보세요!

- -

 소스코드

login.py

```python
password = ""
while password != "pythonisfun":
    password = input("암호를 입력하시오: ")
print("로그인 성공")
```

이 예제에서의 조건은 입력된 암호가 "pythonisfun"인지 여부이다. 알고리즘이 조건이 참인지를 검사한다. 만약 참이면 알고리즘은 "로그인 성공"이라는 메시지를 출력하고 종료한다. 만약 거짓이면 알고리즘은 루프의 처음으로 돌아가서 조건이 참이 될 때까지 실행을 계속한다.

 도전문제
(1) 5번 이상 암호를 틀리게 입력하면 경고 메시지 출력후에 프로그램을 종료하도록 수정해보자.

Lab 1부터 10까지의 합 계산

 실습시간 횟수를 알 수 없는 경우에만 while 루프를 사용할 수 있는 것은 아니다. 횟수를 알고 있는 경우에도 while 루프를 사용할 수 있다. 예를 들어서 1부터 10까지의 합을 계산하는 예제를 while 루프로 작성해보자.

```
count = 1
sum = 0
while count <= 10 :
    sum = sum + count
    count = count + 1
print("합계는", sum)
```
while1.py

```
합계는 55
```

count	sum	count<=10	반복 여부
1	1	True	반복
2	1+2	True	반복
3	1+2+3	True	반복
4	1+2+3+4	True	반복
5	1+2+3+4+5	True	반복
6	1+2+3+4+5+6	True	반복
7	1+2+3+4+5+6+7	True	반복
8	1+2+3+4+5+6+7+8	True	반복
9	1+2+3+4+5+6+7+8+9	True	반복
10	1+2+3+4+5+6+7+8+9+10	True	반복
11	1+2+3+4+5+6+7+8+9+10	False	반복중단!

Lab 별 그리기

 실습시간 반복문을 사용하여 별을 그려보자. 어떻게 하면 별을 그릴 수 있을까? 자세히 관찰해보자. 거북이를 200 픽셀만큼 전진시키고 오른쪽으로 144도 회전하면 별이 그려진다.

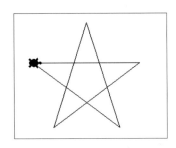

여기를 가리고 먼저 풀어보세요!

소스코드 스크립트 모드로 다음과 같은 소스를 입력하여 실행하여 본다. 물론 번호는 입력하면 안 된다!

```
star.py
① import turtle
② t = turtle.Turtle()
③ t.shape("turtle")
④ i = 0
⑤ while i < 5:
⑥     t.forward(200)
⑦     t.right(144)
⑧     i = i + 1
```

④ 변수 i에 0을 저장한다.

⑤ 변수 i가 5보다 작을 때까지 반복한다.

⑥ 거북이를 200픽셀만큼 전진시킨다.

⑦ 거북이를 144도만큼 오른쪽으로 회전시킨다.

⑧ 변수 i를 1만큼 증가시킨다.

 도전문제
(1) 위의 코드에서 ⑧번 문장을 삭제하고 실행시켜보자. 어떤 일이 발생하는가? 거북이가 무척 고생을 한다. 이것을 무한 루프라고 한다.
(2) 위의 코드를 for 반복문으로 변경해보자. 어떤 반복문이 오류가 덜 발생할까?

Lab 스파이럴 그리기

실습시간 반복문을 터틀 그래픽과 결합하면 상당히 복잡한 형상을 쉽게 그릴 수 있다. 예를 들어서 다음과 같은 그림을 그릴 수 있다.

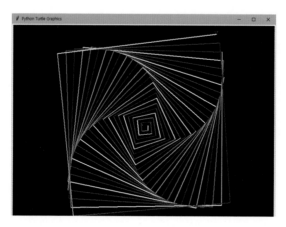

화면에 사각형을 그리는 것이지만 한번 반복할 때마다 각도가 90도가 아니고 89도로 하면 약간씩 회전되는 사각형을 그리는 것이 가능하다. 많은 사각형을 반복해서 그리면 위와 같은 그림이 얻어진다.

색상은 리스트에 저장했다가 하나씩 꺼내서 변경하도록 하자.

```
colors = ["red", "purple", "blue", "green", "yellow", "orange" ]
```

배경색은 다음과 같은 문장으로 변경이 가능하다.

```
turtle.bgcolor("black")
```

거북이의 속도는 0으로 설정하면 최대가 된다.

```
t.speed(0)
```

거북이가 그리는 선의 두께는 width()를 호출하면 된다.

```
t.width(3)
```

Lab   스파이럴 그리기 Solution

실습시간

```python
import turtle

# 색상은 리스트에 저장했다가 하나씩 꺼내서 변경하도록 하자.
colors = ["red", "purple", "blue", "green", "yellow", "orange" ]
t = turtle.Turtle()

# 배경색은 다음과 같은 문장으로 변경이 가능하다.
turtle.bgcolor("black")

# 거북이의 속도는 0으로 설정하면 최대가 된다.
t.speed(0)

#거북이가 그리는 선의 두께는 width()를 호출하면 된다.
t.width(3)

length = 10  # 초기 선의 길이는 10으로 한다.

# while 반복문이다. 선의 길이가 500보다 작으면 반복한다.
while length < 500:
    t.forward(length)              # length만큼 전진한다.
    t.pencolor(colors[length%6])   # 선의 색상을 변경한다.
    t.right (89)                   # 89도 오른쪽으로 회전한다.
    length += 5                    # 선의 길이를 5만큼 증가한다.

turtle.done()
```

 도전문제
각 반복에서 거북이가 회전하는 각도를 약간 다르게 해서 결과가 어떻게 달라지는지 본다.

Lab 사용자가 입력하는 숫자의 합 계산하기

[실습시간] 사용자가 입력한 숫자들을 더하는 프로그램을 작성해보자. 사용자가 yes라고 답한 동안에만 숫자를 입력받는다.

```
숫자를 입력하시오:  10
계속?(yes/no): yes
숫자를 입력하시오:  20
계속?(yes/no): no
합계는 :  30
```

알고리즘을 작성해보자.

[알고리즘]
1. total을 0으로 설정한다.
2. answer를 'yes'로 설정한다.
3. answer가 'yes'인 동안에 다음을 반복한다.
   * 숫자를 입력받는다.
   * 숫자를 total에 더한다.
   * '계속? yes/no'을 묻는다.
4. total의 값을 출력한다.

이 알고리즘은 루프의 끝에서 사용자가 입력하는 문자열이 'no'일 때까지 반복을 계속한다. 즉, 더할 숫자들이 남아 있으면 반복을 계속한다. 알고리즘이 정지하기 전에 얼마나 많은 숫자들이 입력될 지 알 수 없기 때문에 조건 제어 루프가 사용되었다.

```
total = 0
answer = "yes"
while answer == "yes":
    number = int(input("숫자를 입력하시오:  "))
    total = total + number
    answer = input("계속?(yes/no): ")
print("합계는 : ", total)
```

calc_sum.py

- 'while' 루프를 사용한다.
- 조건 answer = "yes"가 반복을 제어하기 위하여 사용되었다. 반복이 한 번이라도 수행되려면 answer의 초기값은 "yes"이어야 한다.
- 변수 answer가 "yes"인지를 검사한다. 조건이 참이면 프로그램은 반복을 계속한다.
- 조건이 거짓이면 프로그램은 다음 단계로 이동한다.

조건 제어 루프에서 어떤 경우에서 반복이 전혀 되지 않을 때가 있다. 이것은 while 루프에서는 반복이 시작되기 전에 조건을 검사하기 때문이다. 만약 조건이 거짓이면 반복이 전혀 일어나지 않는다. 다음 파이썬 코드를 보자.

```
total = 0
answer = "no"
while answer == "yes":
    number = int(input("숫자를 입력하시오:  "))
    total = total + number
    answer = input("계속?(yes/no) ")
print("합계는 : ", total)
```

프로그램이 실행되었을 때, while 루프의 조건이 참이 되지 않는다. 따라서 프로그램은 반복문의 내부에 있는 문장을 실행하지 않고 지나가게 된다.

Tip
조건 제어 루프는 사전에 반복이 몇 번 일어날지를 알 수 없는 경우에 사용된다.

Lab 숫자 맞추기 게임

실습시간 이 예제는 프로그램이 가지고 있는 정수를 사용자가 알아맞히는 게임이다. 사용자가 답을 제시하면 프로그램은 자신이 저장한 정수와 비교하여 제시된 정수가 더 높은지 낮은지 만을 알려준다. 정수의 범위를 1부터 100까지로 한정하면 최대 7번이면 누구나 알아맞힐 수 있다. 정수의 범위를 1부터 1,000,000까지 확대하더라도 최대 20번이면 맞출 수 있다. 왜 그럴까? 이진 탐색의 원리 때문이다. 정렬되어 있는 숫자 중에서 중간값

과 한 번씩 비교할 때마다 탐색의 범위는 1/2로 줄어든다. 예를 들어서 1부터 100사이에서 50과 비교하여서 50보다 작다는 답변을 들었다면, 다음 탐색 범위는 1부터 50이 된다. 그렇지만 물론 게임이기 때문에 운도 따른다. 게임이 끝나면 몇 번 만에 맞추었는지도 함께 출력하자.

```
1부터 100 사이의 숫자를 맞추시오
숫자를 입력하시오: 50
낮음!
숫자를 입력하시오: 86
낮음!
숫자를 입력하시오: 87
축하합니다. 시도횟수= 3
```

프로그램은 반복 루프를 사용하여 사용자가 정확하게 정수를 알아맞힐 때까지 반복한다. 반복 루프 중에서 while 루프가 적당한데 반복 횟수를 미리 알 수 없기 때문이다. 사용자가 정답을 알아맞히면 몇 번 만에 알아맞혔는지를 화면에 출력한다. 사용자가 제시한 정수와 정답을 비교하는데 if 문이 사용된다.

알고리즘

```
while guess != answer
    사용자로부터 숫자를 guess로 입력받는다.
    시도횟수를 증가한다.
    if( guess < answer )
        숫자가 낮다고 출력한다.
    if( guess > answer )
        숫자가 높다고 출력한다.
"축하합니다"와 시도횟수를 출력한다.
```

```
import random                                                    guess.py

tries = 0
guess = 0;
answer = random.randint(1, 100)

print("1부터 100 사이의 숫자를 맞추시오")

while guess != answer:
    guess = int(input("숫자를 입력하시오: "))
    tries = tries + 1
    if guess < answer:
        print("낮음!")
    if guess > answer:
        print("높음!")

if guess == answer:
    print("축하합니다. 시도횟수=", tries)
else:
    print("정답은 ", answer)
```

3개의 변수가 선언되어서 사용된다. 변수 answer는 정답을 저장하고 있다. 변수 guess에는 사용자가 입력한 정수가 저장된다. 만약 answer와 guess가 일치하면 반복이 종료된다. tries 는 사용자의 시도 회수를 기록한다.

반복 루프는 while 루프를 이용하여 구현되었다. while 루프의 조건 검사 부분에서 guess가 answer와 같은지를 검사한다. 만약 guess가 answer와 같으면 반복을 중단하고 시도 횟수를 출력한 다음에 종료한다.

사용자로부터 정수를 입력받은 후에, 이것을 answer에 저장된 정수와 비교한다. if 문을 사용하여 guess가 number보다 작은지 큰지를 검사하여 적당한 메시지를 출력한다.

도전문제
시도 횟수를 최대 10번으로 제한하려면 위의 프로그램을 어떻게 변경하여야 하는가?

Lab 초등생을 위한 산수 문제 발생기

실습시간 초등학생들을 위하여 산수 문제를 발생시키는 프로그램을 작성해보자.

```
9 + 48 = 57
잘했어요!!
65 + 11 = 76
잘했어요!!
91 + 31 = 11
다음번에는 잘할 수 있죠?
38 + 4 =
```

난수가 필요하다. 파이썬에서 난수는 다음과 같이 생성이 가능하다. 아래 코드는 1부터 100 사이의 난수를 발생한다.

```python
import random
number = random.randint(1, 100)
```

무한 루프 while True:를 사용하고 사용자가 [Ctrl]+[C]를 누르면 종료하는 것으로 하자.

여기를 가리고 먼저 풀어보세요!

소스코드   mquiz.py

```python
import random

while True:
    x = random.randint(1, 100)
    y = random.randint(1, 100)
    print(x, "+", y, "=", end= " ")
    answer = int(input())
    if answer == x + y:
        print("잘했어요!!")
    else:
        print("다음번에는 잘할 수 있죠?")
```

✏️ **도전문제**
덧셈 뿐만 아니라 뺄셈 문제도 출제할 수 있도록 위의 프로그램을 수정하라.

실습시간 우리가 샌드위치 가게를 한다고 가정하자. 우리 가게에서 가능한 모든 샌드위치의 종류를 출력하고 싶다.

빵의 종류는 "호밀빵", "위트", "화이트"가 가능하다. 고기로는 "마트볼", "쏘시지", "닭가슴살", 야채로는 "양상추", "토마토", "오이" 등이 가능하다. 소스로는 "마요네즈", "허니 머스타드", "칠리" 등이 가능하다. 한 가지씩만 선택이 가능하다고 하자. 가능한 조합은 어떻게 될까?

```
호밀빵+마트볼+양상추+마요네즈
호밀빵+마트볼+양상추+허니 머스타드
호밀빵+마트볼+양상추+칠리
호밀빵+마트볼+토마토+마요네즈
호밀빵+마트볼+토마토+허니 머스타드
```

여기를 가리고 먼저 풀어보세요!

소스코드

allcom.py

```python
breads = ["호밀빵", "위트", "화이트" ]
meats = ["마트볼", "쏘시지", "닭가슴살"]
vegis = ["양상추", "토마토", "오이"]
sauces = ["마요네즈", "허니 머스타드", "칠리"]

for b in breads:
    for m in meats:
        for v in vegis:
            for s in sauces:
                print(b+"+"+m+"+"+v+"+"+s)
```

09 무한 루프와 break

조건 제어 루프에서 가끔은 프로그램이 무한히 반복하는 일이 발생한다. 이것은 무한 루프 (infinite loop)로 알려져 있다. 무한 반복이 발생하면 프로그램은 빠져 나올 수 없기 때문에 문제가 된다. 하지만 가끔은 무한 루프가 유용하게 사용되는데, 반복 조건이 복잡할 때는 무한 루프를 만들고 중간에 break를 사용하여 빠져나오면 된다. 무한 반복 루프는 다음과 같은 형태를 가진다.

문법 6.3

break 문

```
while True :
    반복 문장
    반복 문장
    if 조건 :
        break;
```

while 루프의 조건에 True가 있다. 따라서 조건이 항상 참이므로 무한히 반복된다. 하지만 무한 루프라고 하더라도 어떤 조건이 성립하면 무한 루프를 빠져나와야 하는 경우도 많다. 이런 경우는 if 문장을 사용하여서 루프를 빠져나오게 된다. break 문장은 루프를 강제적으로 빠져나올 때 사용하는 문장이다. 간단한 예제를 작성해보면 다음과 같다.

```python
while True:
    light = input('신호등 색상을 입력하시오: ')
    if light == 'blue':
        break
print( '전진!!')
```

위의 코드에서는 화면에 '신호등 색상을 입력하시오: '을 출력하고 사용자의 입력을 기다린다. while True:로 되어 있으므로 무한 루프이다. 사용자가 'blue'를 입력하면 break 문장을 실행하여서 무한 루프를 빠져나간다. 'blue'가 아니면 계속 반복한다.

Lab 암호 해독 프로그램

실습시간 만약 비밀번호가 허술하게 만들어지면 얼마나 위험한지를 알아보자. 비밀번호가 3자리의 알파벳 문자(a-z)로 구성되었다고 하자. 암호를 해독하기 위한 가장 기본적인 알고리즘은 무차별 대입 공격(brute-force)이다. 이것은 반복 루프를 사용하여서 암호를 하나씩 만들어서 대입해 보는 것이다. 사용자에게 알파벳 소문자 3개로 된 암호를 입력하라고 한 후에, 무차별 대입 공격을 사용하여 암호를 추측해보자. 시간이 얼마나 걸릴까?

```
패스워드를 입력하시오: abc
aaa
aab
...
abc
당신의 패스워드는 abc
```

모든 알파벳 소문자는 다음과 같이 리스트에 저장된다. 이것을 하나씩 꺼내서 조합하면 될 것이다. 3중 반복 루프가 필요하다.

```python
password = ['a', 'b', 'c', 'd', 'e', 'f', 'g', 'h', 'i', 'j','k',
            'l', 'm', 'n', 'o', 'p', 'q', 'r', 's', 't','u','v',
            'w', 'x', 'y', 'z',]

for letter1 in password:
    for letter2 in password:
        for letter3 in password:
            guess = letter1+letter2+letter3
```

만약 조합된 암호가 사용자가 입력한 암호와 일치하면 3중 반복 구조를 빠져나가야 한다. 루프를 빠져나가는 것은 break 이지만, break는 하나의 반복 루프만 탈출할 수 있다. 따라서 우리는 sys.exit()를 사용하여 프로그램을 종료하도록 하자.

```python
if guess == user_pass:
    print("당신의 패스워드는 "+guess)
    sys.exit()
```

Lab 암호 해독 프로그램 Solution

```python
import random
import sys

user_pass = input("패스워드를 입력하시오: ")
password = ['a', 'b', 'c', 'd', 'e', 'f', 'g', 'h', 'i', 'j','k',
            'l', 'm', 'n', 'o', 'p', 'q', 'r', 's', 't','u','v',
            'w', 'x', 'y', 'z',]

for letter1 in password:
    for letter2 in password:
        for letter3 in password:
            guess = letter1+letter2+letter3
            print(guess)
            if guess == user_pass:
                print("당신의 패스워드는 "+guess)
                sys.exit()
```

 도전문제
만약 패스워드가 알파벳 3글자+ 숫자 1글자라면 프로그램을 어떻게 수정하여야 하는가? 왜 패스워드를 만들
때, 글자를 많이 사용하고 하고 숫자나 특수기호를 섞어서 사용해야 안전하다고 하는 것인가?

실습시간 터틀 그래픽을 이용하여 예술 작품과 같은 랜덤 사각형들을 그려보자.

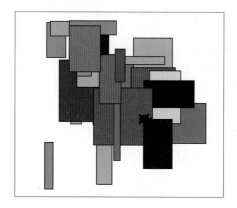

색상을 랜덤하게 생성하려면 색상의 기본색인 red, green, blue 성분을 0.0에서 1.0 사이의 난수로 지정하면 된다. 아래 코드를 참조하라.

```
t.fillcolor(random.random(), random.random(), random.random())  # 랜덤 색상 지정
```

사각형의 가로와 세로도 난수로 생성한다.

```
length = random.randint(10, 100)
height = random.randint(10, 100)
```

✏️ **도전문제**
반지름과 색상이 다른 원들을 30개 그릴 수 있는가?

Lab 랜덤 사각형 그리기 Solution

실습시간

```python
import turtle
import random
t = turtle.Turtle()
t.shape("turtle")
t.speed(0)                              # 거북이의 속도를 빠르게 한다.

for i in range(30):
    t.fillcolor(random.random(), random.random(), random.random()) # 랜덤 색상 지정

    t.up()                              # 펜을 든다.
    t.goto(random.randint(-100, 100), random.randint(-100, 100)) # 랜덤 위치 지정
    t.down()                            # 펜을 내린다.

    length = random.randint(10, 100)
    height = random.randint(10, 100)
    t.begin_fill()                      # 채워서 그리기 시작
    for _ in range(2):                  # 2번 반복한다. _은 이름 없는 변수이다.
        t.forward(length)               # 거북이 length 만큼 전진
        t.right(90)                     # 90도 회전
        t.forward(height)               # 거북이 height 만큼 전진
        t.right(90)                     # 90도 회전
    t.end_fill()                        # 채워서 그리기 완료

turtle.done()
```

실습시간 사용자가 질문을 하면 운세를 점치는 프로그램을 작성해보자.

오늘의 운세를 점칠 때, 사용할 수 있을 거 같다. 난수가 필요하다. 파이썬에서 난수는 다음과 같이 생성이 가능하다. 아래 코드는 1부터 8 사이의 난수를 발생한다.

```
import random
number = random.randint(1, 8)
```

난수 기능을 이용하여 랜덤한 답변을 내보내면 된다. 답변의 종류는 8가지로 하자. 여러분들은 얼마든지 답변의 수를 늘릴 수 있다.

```
이름: (종료하려면 엔터키) 홍길동
무엇에 대하여 알고 싶은가요? 취직은 될까요?
홍길동님 " 취직은 될까요? "에 대하여 질문 주셨군요.
운명의 주사위를 굴려볼께요...
한점의 의심도 없이 맞습니다.
```

 도전문제
위의 프로그램은 얼마든지 다른 방식으로 작성이 가능하다. 8개의 문자열을 8개의 변수에 저장하고 if 문에서는 해당 변수를 출력하는 식으로 코드를 변경해보자.

Lab 점치는 게임 Solution

실습시간

```python
import sys
import random

while True:
    name = input("이름: (종료하려면 엔터키) ")
    if name == "":
        sys.exit()

    question = input("무엇에 대하여 알고 싶은가요? ")
    print(name+ "님" , "\"", question, "\"에 대하여 질문 주셨군요.")
    print("운명의 주사위를 굴려볼께요...")

    answers = random.randint(1, 8)

    if answers == 1:
        print ("네, 확실합니다. ")

    elif answers == 2:
        print ("전망이 좋은 거 같은 데요.")

    elif answers == 3:
        print ("믿으셔도 됩니다.")

    elif answers == 4:
        print ("글쎄요 아닌 거 같군요.")

    elif answers == 5:
        print ("한 점의 의심도 없이 맞습니다.")

    elif answers == 6:
        print ("그럼요, 명백히 올바른 선택을 했습니다. ")

    elif answers == 7:
        print ("제 답변은 No입니다.")

    else :
        print ("나중에 다시 물어 보세요.")
```

프로그램을 종료한다.

1에서 8사이의 난수를 발생한 후에 난수의 값에 따라서 if-else 구조를 사용하여 답변을 다르게 하면 된다. 위에서 sys 모듈을 포함시켰는데, exit() 함수를 사용하기 위해서이다. 만약 사용자가 이름을 입력하지 않고 엔터키를 치면 name은 비어 있게 되고 이것을 if 문으로 검사하여 exit()를 호출하면 전체 프로그램이 종료된다.

이번 장에서 배운 것

» while 문을 사용하여 반복문을 작성할 수 있나요?
  • while 문은 루프의 첫 부분에서 반복 조건을 검사한다. while 문은 반복 조건이 정해져 있을 때 유용하다.
» for 문을 사용하여 정해진 횟수만큼 반복할 수 있나요?
  • for 문은 시퀀스에서 항목들을 하나씩 가져다가 반복한다. 반복 실행되는 문장들을 들여 쓰기 하여야 한다. for 문은 반복 회수를 정해져있을 때 유용하다.
» 리스트에 저장된 항목들에 대하여 반복할 수 있나요?
  • for in 형식의 반복문을 사용한다.

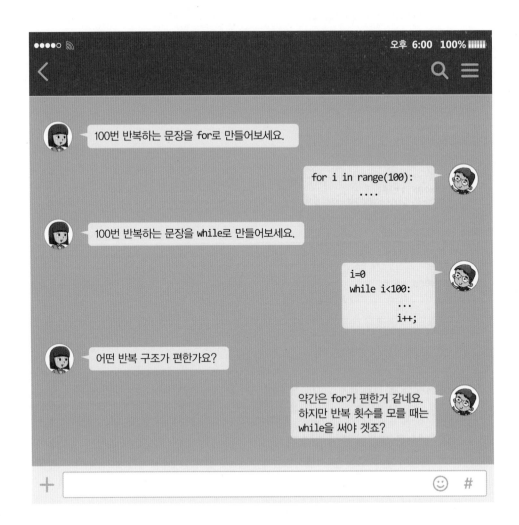

1 2부터 100 사이의 모든 짝수를 출력하는 반복 루프를 작성하라.

> 2 4 6 8 10 12 14 16 18 20 22 24 26 28 30 32 34 36 38 40 42 44 46 48 50 52 54 56 58
> 60 62 64 66 68 70 72 74 76 78 80 82 84 86 88 90 92 94 96 98 100

HINT x%2한 결과가 0이면 x는 짝수이다.

2 두근이가 헬스 클럽에 등록하였다. PT를 받는데, 렛풀다운 운동을 10회씩 5세트하라는 이야기를 들었다. 두근이는 10회씩 5세트를 화면에 다음과 같이 1초에 한번씩 출력해주는 프로그램을 작성하고 싶다. 어떻게 하면 되는가?

> 1세트 1회입니다.
> 1세트 2회입니다.
> ...
> 5세트 10회입니다.

HINT 반복 루프를 중복해서 사용해보자. time.sleep()도 사용해보자.

3 3,6,9 게임을 프로그램으로 작성해보자. 1부터 99까지 1씩 증가하면서 숫자에 3, 6, 9가 나올 때마다 "짝!"을 출력한다.

> 1
> 2
> 3 짝
> 4
> ...
> 99 짝

HINT 1의 자리에 3, 6, 9가 있을 수도 있고 10의 자리에 있을 수도 있다. 1의 자리는 % 연산을 이용하면 알 수 있고 10의 자리는 // 연산을 이용해보자.

4 어떤 사람이 복리이자율 7%로 1000만원을 저금했을 경우에 2000만원이 되는데 몇 년이 걸리는지 계산해보자.

```
...
9년후  1838.45921242015545가 되었습니다.
10년후  1967.15135728956553가 되었습니다.
11년후  2104.8519522998835가 되었습니다.
11 년이 걸립니다.
```

HINT 반복 횟수를 알 수 없으므로 while 문을 사용해보자.

5 사용자에게 곱셈 퀴즈를 내고 사용자가 올바른 답을 입력할 때까지 반복하는 프로그램을 작성해보자.

```
3*9는  8
3*9는  9
3*9는  27
맞았습니다.
```

HINT 어떤 조건이 만족될 때까지 반복하는 것은 while 루프이다.

6 사용자가 입력한 정수의 합을 계산하는 프로그램을 작성하자. 사용자가 0을 입력하기 전까지 정수를 계속하여 읽도록 한다.

```
정수를 입력하시오: 1
정수를 입력하시오: 2
정수를 입력하시오: 3
정수를 입력하시오: 0
합은 6 입니다.
```

HINT 무한 루프를 작성하고 사용자가 입력한 값이 0이면 break 문장을 실행하여 반복 루프를 빠져나간다. 무한 루프는 while True:로 만든다.

7 난수 생성 함수를 사용하여서 2개의 주사위를 3번 던졌을 때 나오는 수를 다음과 같이 출력하여 보자.

```
첫번째 주사위= 6 두번째 주사위=6
첫번째 주사위= 1 두번째 주사위=3
첫번째 주사위= 5 두번째 주사위=4
```

HINT 1부터 6 사이의 난수를 발생하려면 r = random.randint(1, 6) 문장을 사용한다. 프로그램의 첫 부분에 import random 문장도 추가해야 한다.

8 본문의 Lab에서 소개한 time.sleep()을 이용하여 시간을 알아맞추는 게임을 작성해 보자.

```
30초가 지니면 엔터키를 누르세요. [Enter]
1초가 빨랐습니다.
```

HINT 현재 시간은 start=time.time()을 호출하여 알 수 있다. 따라서 시작 시간 start에서 종료 시간 end을 빼면 걸린 시간을 계산할 수 있다.

9 사용자가 알파벳 소문자 3글자와 숫자 2글자로 패스워드를 만들었다고 하자. 이 패스워드를 알아 맞추는 프로그램을 작성해보자. 본문의 Lab을 참고한다.

```
패스워드를 입력하시오: abc01
abc00
...
```

10 다음과 같이 색상과 반지름, 중심의 좌표가 모두 난수로 결정되는 원을 30개 그려보자.

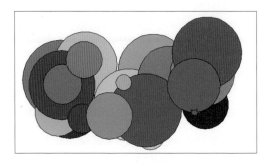

HINT 원은 t.circle(length)로 그릴 수 있다. 본문의 Lab을 참조한다.

11 우리는 본문에서 별을 그려본 적이 있다. 다음과 같이 색상과 크기, 좌표가 모두 난수로 결정되는 별을 30개 그려보자.

HINT 채우는 색상과 경계선 색상을 모두 변경하려면 t.color()를 사용한다.

12 터틀 그래픽과 반복을 사용하여 싸인(sine) 그래프를 그려보자. 거북이를 싸인값에 따라서 움직이면 된다.

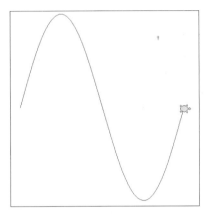

싸인값은 sin() 함수로 계산이 가능하다. 프로그램의 첫 부분에 import math를 추가한다. 각도를 라디안으로 변환하여야 한다. radian = 3.14 * degree / 180.0 수식을 사용한다.

13 다음과 같이 반복을 이용하여서 일곱 색깔 무지개를 그려보자.

반원은 t.circle(radius, 180)로 그릴 수 있다. 여기서 180은 180도를 의미한다. 무지개 색상은 리스트에 저장하였다가 하나씩 꺼내어 쓴다. colors = ["red", "orange", "yellow", "green", "blue", "indigo", "violet"] 선의 두께는 t.pensize(20)와 같이 지정한다.

14 로봇 청소기가 방을 청소할 때, 다음과 같은 알고리즘을 사용할 수 있다. 터틀 그래픽으로 흉내 내보자.

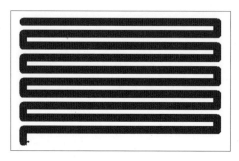

> **HINT** 선의 두께는 t.pensize(20)과 같이 설정할 수 있다.

15 다음의 터틀 그래픽 프로그램을 분석해보자. 학습하지 않은 함수가 있다면 인터넷에서 조사하여 보자.

```python
import turtle
t = turtle.Turtle()
t.shape("turtle")
t.color('red', 'yellow')
t.begin_fill()
while True:
    t.forward(200)
    t.left(170)
    if abs(t.pos()) < 1:
        break
t.end_fill()
```

> **HINT** color(c1, c2) 함수는 도형의 선색상과 채우기색상을 c1과 c2로 설정한다. begin_fill()를 호출하면 속이 채워진 도형이 그려진다. pos() 함수는 거북이의 좌표를 반환한다. abs()는 절대값을 계산한다. break는 반복 루프를 빠져나오는 명령어이다.

코드를 함수로
모아봅시다.

코드가 점점 커지네요.
방법이 없나요?

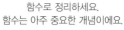

함수로 정리하세요.
함수는 아주 중요한 개념이에요.

이번 장에서는 다음과 같은 내용을 학습합니다.

● 함수는 무엇이고, 왜 필요한지 설명할 수 있나요?

● 함수를 작성할 수 있나요?

● 작성된 함수를 호출하여 사용할 수 있나요?

● 모듈의 개념을 설명할 수 있나요?

이번 장에서는 함수와 모듈에 대하여 알아본다. 함수(function)는 특별한 기능을 수행하는 코드의 묶음에 이름을 붙인 것이다. 우리는 이미 많은 함수들을 사용하였는데 이번 장에서는 우리가 직접 함수를 작성해서 사용해볼 것이다. 모듈(module)은 여러 개의 함수를 모아놓은 소스 파일이다.

(1) 터틀 그래픽에서 사각형을 그리는 함수를 정의하고 사용해본다.

(2) 마우스를 클릭하여 사각형을 그리는 프로그램을 작성해본다.

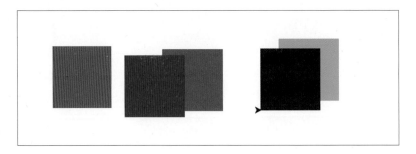

(3) 사용자가 마우스를 이동하여 그림을 그릴 수 있는 프로그램을 작성해보자.

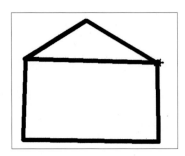

우리의 프로그램은 점점 커지고 복잡해지고 있다. 어떻게 하는 것이 좋을까? 프로그램을 이해하기 쉽고, 관리하기 쉽도록 하려면 프로그램을 작은 조각으로 나누어서 조직화할 필요가 있다. 파이썬에서 프로그램을 조직화하는 3가지의 방법이 있다. 함수

(function)는 서로 관련된 코드를 묶은 것이다. 모듈(module)은 여러 개의 함수들이 포함되어 있는 소스 파일이다. 예를 들어서 소스 파일 example.py를 모듈이라고 하며 해당 모듈 이름은 example이다. 우리는 모듈을 사용하여 큰 프로그램을 관리 가능하고 정리된 작은 파일로 나눌 수 있다. 객체(object)는 서로 관련된 변수와 함수를 하나로 묶은 것이다. 이 장에서는 함수에 대해 알아보자. 이 책의 후반부에서 객체 및 모듈에 대해 알아본다.

함수

함수는 어떤 특정한 작업을 수행하는 코드의 덩어리이다. 함수는 우리가 더 큰 프로그램을 구축하는 데 사용할 수 있는 작은 조각이다. 레고의 기본 블록은 여러 작품을 만드는 데 이용된다. 하나의 블록을 다른 블록과 연결하여 작품을 만들게 된다. 레고 블록의 기본 블록이 함수에 해당한다고 생각하면 된다.

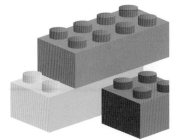

함수는 다음과 같은 블랙박스로 생각할 수도 있다. 함수는 입력을 받아서 출력을 내보내는 블랙 박스로 생각할 수 있다.

우리는 파이썬의 def 키워드를 이용하여 함수를 정의할 수 있다. 함수가 정의되면 우리는 함수를 사용할 수 있다. 이것을 함수를 호출한다고 부른다. 간단한 예제부터 시작하자.

다음의 코드는 함수를 정의한다. 이 함수는 사용자의 주소를 화면에 출력하는 작업을 한다.

```
① def print_address():
②     print("서울 특별시 종로구 1번지")
③     print("파이썬 빌딩 7층")
④     print("홍길동")
```

> 함수를 정의(생성)한다.

① 1번 줄 def print_address():에서 def 키워드를 이용하여 함수를 정의하고 있다. 이어서 함수의 이름을 적은 후에 소괄호 ()와 콜론 :을 붙인다. 여기서 콜론 :은 코드 블록이 이어서 등장한다는 것을 의미한다. 이것은 if, for, while의 경우와 마찬가지이다.

② 2번 줄부터 4번 줄까지는 함수를 구성하는 문장들이 들어간다. 함수를 구성하는 문장들은 들여쓰기 되어야 한다.

함수 안에 있는 코드들은 자동으로 실행되지 않는다. 함수가 호출되어야 함수 안의 코드가 실행된다. 함수 호출(function call)이란 함수 이름을 적어주는 것이다. 위의 코드에 다음과 같은 1줄만 추가하면 함수가 실행되고 실행 결과가 표시된다.

```
def print_address():
②     print("서울특별시 종로구 1번지")
③     print("파이썬 빌딩 7층")
       print("홍길동")

① print_address()
```

```
서울 특별시 종로구 1번지
파이썬 빌딩 7층
홍길동
```

① 여기서 프로그램이 시작된다. 함수 print_address()를 호출한다.
② 함수가 호출되면 함수의 첫 번째 줄로 점프하여 실행된다.
③ 함수의 각 줄을 실행한다.

우리가 함수를 정의하더라도 함수를 호출하지 않으면 함수 안의 코드는 실행되지 않는다. 함수를 호출하려면 함수 이름과 소괄호를 이용한다. 앞의 프로그램을 실행하면 아래 그림과 같은 결과를 볼 수 있다.

그런데 생각해보면 위와 같은 출력은 다음과 같은 문장으로도 얼마든지 출력할 수 있다.

```
print("서울 특별시 종로구 1번지")
print("파이썬 빌딩 7층")
print("홍길동")
```

서울 특별시 종로구 1번지
파이썬 빌딩 7층
홍길동

힘들게 함수를 정의하지 않아도 위와 같은 문장을 출력할 수 있는 것이다. 왜 우리는 일을 더 복잡하게 하고 있을까?

함수를 사용하는 주된 이유는 우리가 한 번만 함수를 정의하면 언제든지 필요할 때면 함수를 불러서 일을 시킬 수 있기 때문이다. 예를 들어서 우리의 주소를 3번 출력하고 싶다고 하자. 함수가 정의된 상태라면 우리는 다음과 같이 이 작업을 수행 할 수 있다.

```
print_address()
print_address()
print_address()
```

서울 특별시 종로구 1번지
파이썬 빌딩 7층
홍길동
서울 특별시 종로구 1번지
파이썬 빌딩 7층
홍길동
서울 특별시 종로구 1번지
파이썬 빌딩 7층
홍길동

NOTE

반복 루프와 함수는 무엇이 다른가요?

위의 출력을 보면 흡사 반복 루프를 사용한 것 같다. 그렇다면 반복 루프와 함수는 어떻게 다를까? 만약 주소를 3번 출력하는 작업이 한군데서 일어난다면 반복 루프와 함수는 흡사하다. 하지만 함수를 사용하면 프로그램의 여러 곳에서 동일한 작업을 시킬 수 있다. 반복 루프는 이것이 불가능하다. 그리고 함수에는 입력을 전달하여서 호출할 때마다 서로 다르게 실행하게 할 수 있다.

우리는 함수에 값(정보)을 전달할 수 있다. 이 값을 인수(argument)라고 한다.

예를 들어서 앞의 주소를 인쇄하는 print_address() 함수에서 수신자의 이름은 외부에서 전달받는 것으로 해보자. 수신자의 이름을 변경할 수 있으면 같은 회사에서 근무하는 사람들도 사용할 수 있을 것이다.

```
def print_address(name):
    print("서울 특별시 종로구 1번지")
    print("파이썬 빌딩 7층")
    print(name)


print_address("홍길동")
```

paddr1.py

함수 이름 뒤의 소괄호 중간에 변수 name이 있다. 이 변수 name을 통하여 함수로 값이 전달된다. 메인 프로그램에서 print_address()를 호출할 때도 "홍길동"이라는 문자열을 전달하고 있다. 이것이 name 변수로 전달되는 것이다.

전달되는 값을 인수(argument)라고 하고 전달받는 변수를 매개변수(parameter)라고 한다. 위의 코드에서 print_address()를 호출할 때 전달되는 값 "홍길동"이 인수이며, print_address()에서 이값을 전달받는 변수 name이 매개변수가 된다.

06 값 반환하기

지금까지, 함수는 우리가 주는 값을 받아서 작업을 처리하였다. 그러나 함수가 매우 유용한 것은 함수가 우리에게 뭔가를 보낼 수 있다는 점이다. 함수로부터 되돌아오는 값을 반환 값이라고 한다.

함수가 값을 반환하려면 return 키워드를 사용하면 된다. 원의 반지름을 보내면 원의 면적을 계산해서 반환하는 함수를 작성해보자.

```python
def calculate (radius):
    area = 3.14 * radius**2
    return area
```

calculate() 함수는 area 변수값을 calculate() 함수를 호출한 곳으로 보낼 것이다. 이 값은 어디로 갈까? 반환 값은 다시 함수를 호출한 코드로 전달된다. 다음은 그 예이다.

```python
x = calculate(5.0)
```

calculate() 함수는 값 78.5를 반환하고, 이 값은 변수 x에 저장된다.

우리는 수식에서 함수를 사용할 수 있으며 함수가 반환한 값을 변수에 저장할 수 있다.

```python
>>> print(calculate(5.0))
78.5
>>> area_sum = calculate(5.0) + calculate(10.0)
```

또 반환 값을 사용하지 않아도 된다. 아래 코드에서 함수는 원의 면적을 계산하지만, 우리는 그 결과를 사용하지 않았다.

```
>>> calculate(10.0)
```

파이썬에서는 함수가 여러 개의 값을 반환할 수 있다. 다음과 같은 형식을 사용한다.

```
def get_input():
    return 2, 3

x, y = get_input()
```

위의 코드에서 get_input()은 2와 3을 동시에 반환하고 있다. 이 값들은 각각 변수 x와 y에 저장된다.

예를 들어서 앞의 calculate() 함수에서 원의 면적과 둘레를 계산한 후에 동시에 반환해보자.

calc2.py

```
def calculate (radius):
    area = 3.14 * radius**2
    perimeter = 2.0 * 3.14 * radius
    return area, perimeter

x, y = calculate()
```

07 함수에 여러 개의 입력 전달하기

이번에는 함수로 여러 개의 값을 전달하는 방법을 살펴보자. 2개의 정수 start와 end를 받아서 start에서 end까지의 합을 계산하는 함수 get_sum()을 작성하자.

```python
def get_sum(start, end):
    sum = 0
    for i in range(start, end+1):
        sum += i
    return sum

print(get_sum(1, 10))
```

`get_sum.py`

인수와 매개 변수는 함수 호출 시에 데이터를 주고받기 위하여 필요하다. 인수(argument)는 호출 프로그램에 의하여 함수에 실제로 전달되는 값이다. 매개 변수(parameter)는 이 값을 전달받는 변수이다. 함수가 호출될 때마다 인수는 함수의 매개 변수로 전달된다.

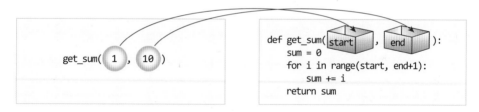

함수가 호출될 때마다 인수는 달라질 수 있다.

```python
# 1과 10이 get_sum()의 인수가 된다.
x = get_sum(1, 10)
```
인수

```python
# 1과 20이 get_sum()의 인수가 된다.
y = get_sum(1, 20);
```
인수

여기서 주의할 점은 매개변수와 인수의 개수는 일치하여야 한다는 점이다. 즉 매개변수가 두 개이면 인수도 두 개를 전달하여야 한다. 매개변수의 개수와 인수의 개수가 일치하지 않으면 아주 찾기 어려운 오류가 발생하게 된다.

Lab 사각형을 그리는 함수 작성하기

실습시간 터틀 그래픽에서는 원을 그리는 함수는 제공하지만, 정사각형을 그리는 함수는 제공하지 않는다. 이상한 일이지만 어떻게 하겠는가? 우리가 직접 만들어서 사용하자. 일단 함수의 이름은 square()라고 하자. 터틀 그래픽에서는 어떻게 정사각형을 그릴 수 있을까? 거북이를 주어진 길이만큼 전진시키고 90도 방향을 전환하는 작업을 4번 반복하면 된다. 특정한 위치 (x, y)에 정사각형을 그리는 함수는 다음과 같다.

```python
def square(x, y, length):    # length는 변의 길이
    t.up()                   # 펜을 든다.
    t.goto(x, y)             # (x, y)으로 이동한다.
    t.down()                 # 펜을 내린다.
    for i in range(4):
        t.forward(length)
        t.left(90)
```

이번 실습에서는 위의 함수를 호출하여서 다음과 같은 그림을 그려보자.

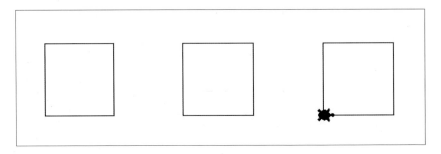

실습시간

```
import turtle
t = turtle.Turtle()
t.shape("turtle")
```

draw_rect.py

```
def square(x, y, length):      # length는 한변의 길이
    t.up()                     # 펜을 든다.
    t.goto(x, y)               # (x, y)으로 이동한다.
    t.down()                   # 펜을 내린다.
    for i in range(4):
        t.forward(length)
        t.left(90)
```

함수정의

```
square(-200, 0, 100)           # square() 함수를 호출한다.
square(0, 0, 100)
square(200, 0, 100)

turtle.done()
```

✎ 도전문제
(1) 어떤 색상으로 재워진 사각형을 그리도록 square() 함수 안에 코드를 추가해보자. square(x, y, length, color)와 같이 color 매개변수도 가지게 된다.

(2) 정사각형이 아니고 직사각형도 그릴 수 있을까?

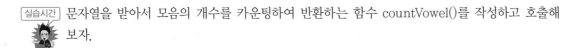

실습시간 문자열을 받아서 모음의 개수를 카운팅하여 반환하는 함수 countVowel()를 작성하고 호출해

보자.

```
문자열을 입력하시오: HelloWorld
모음의 개수는 3개입니다.
```

어떻게 하면 모음의 개수를 셀 수 있을까? 문자열의 문자가 a, e, i, o, u 중의 하나이면 모음이
다. 따라서 다음과 같이 in 연산자를 사용할 수도 있다. in 연산자는 아주 편리한 경우가 많다.

```python
for ch in string:
    if ch in ['a','e','i','o','u']:
        count += 1
```

여기를 가리고 먼저 풀어보세요!

소스코드

count.py

```python
def countVowel(string):
    count = 0
    for ch in string:
        if ch in ['a','e','i','o','u']:
            count += 1
    return count

s = input("문자열을 입력하시오: ")
n = countVowel(s)
print(f"모음의 개수는 {n}개입니다.")
```

📝 **도전문제**
자음의 개수도 카운팅하여 다음과 같이 모음과 자음의 개수를 동시에 반환할 수 있는가?

```
return vCount, cCount;
```

Lab 로또 번호 생성 함수

실습시간 하나의 예제로 로또 번호를 생성하는 함수를 작성하여 사용해보자. 로또 번호는 1부터 45까지의 숫자 6개로 이루어진다. 따라서 6개의 난수를 생성하여야 한다. 번호는 중복되면 안 된다. 중복 검사까지 하여보자.

함수는 리스트도 반환할 수 있다. 함수는 뭐든지 반환할 수 있다.

생성된 로또번호: [16, 11, 3, 39, 8, 27]

공백 리스트는 []로 만든다. 리스트에 요소를 하나 추가하려면 numbers.append()를 사용한다.

여기를 가리고 먼저 풀어보세요!

소스코드

`lotto.py`

```python
import random

def getLotto():
    numbers = []
    while len(numbers) < 6 :
        n = random.randint(1,45)
        if n not in numbers:
            numbers.append(n)
    return numbers;

print(f"생성된 로또번호: {getLotto()}")
```

도전문제
또 다른 방식으로는 다음과 같이 하여도 된다. 이 방법을 설명해보자.

```python
import random
print(random.sample(range(1, 46), 6))
```

08 변수의 범위

우리는 이제까지 아무 생각 없이 변수를 만들어서 사용하였다. 하지만 함수를 알게 되면서 변수에 대하여 다시 생각해보아야 한다. 원의 면적을 계산하는 함수를 작성하여 사용해보자.

```python
var1.py
def calculate_area (radius):
    result = 3.14 * radius**2
    return result

r = float(input("원의 반지름: "))
area = calculate_area(r)
print(result)
```

```
원의 반지름: 5.0
Traceback (most recent call last):
    File "D:\s.py", line 7, in <module>
        print(result)
NameError: name 'result' is not defined
```

위의 코드에서 매개변수인 radius와 result는 함수 calculate_area() 안에서만 사용이 가능하다. 함수 안에서 생성되는 변수를 지역변수(local variable)라고 한다. 지역변수는 함수가 종료되면 사라지게 된다. 따라서 result 변수를 함수의 외부에서 출력하려고 하면 오류가 발생한다.

반면에 r과 area 변수는 함수의 외부에서 생성되었다. 이러한 변수는 전역변수(global variable)이다. 전역변수는 프로그램의 어디서나 사용할 수 있다. 이번에는 원의 반지름을 전역변수를 통하여 접근해보자.

```python
var2.py
def calculate_area ():
    result = 3.14 * r**2
    return result          전역변수 r을 사용한다.

r = float(input("원의 반지름: "))
area = calculate_area()
print(area)
```

```
원의 반지름: 5.0
78.5
```

09 함수 안에서 전역변수 사용하기

우리는 앞에서 함수 안에서 전역변수의 값을 출력해보았다. 우리는 함수 안에서 전역변수의 값에 접근할 수 있다. 하지만 우리가 함수 안에서 전역변수의 값을 변경한다면 파이썬은 상당히 이상하게 반응한다. 예를 들어서 다음과 같이 원의 면적을 계산하는 함수 안에서 전역변수 area에 면적값을 저장하여 전달한다고 하자.

```python
def calculate_area (radius):
    area = 3.14 * radius**2      # 전역변수 area에 계산값을 저장하려고 했다!
    return


area = 0
r  = float(input("원의 반지름: "))
calculate_area(r)
print(area)
```

```
원의 반지름: 5.0
0
```

하지만 전역변수 area 값은 변경되지 않았다! 파이썬에서는 함수 안에서 변수에 값을 저장하면 새로운 지역변수가 만들어진다. 따라서 calculate_area() 안의 area 변수는 지역변수로 새롭게 생성된다. 전역변수 area가 아닌 것이다.

함수 안에서 전역변수의 값을 변경하고 싶은 경우에는 어떻게 하여야 할까? 이때는 global 이라는 키워드를 사용하여 변수를 지정하면 된다.

```python
def calculate_area (radius):
    global area                  # 전역변수 area를 사용하겠다고 알림
    area = 3.14 * radius**2
    return


area = 0
r = float(input("원의 반지름: "))
calculate_area(r)
print(area)
```

```
원의 반지름: 5.0
78.5
```

이번에는 전역변수 area를 통하여 원의 면적이 올바르게 전달되었다.

10 디폴트 인수

파이썬에서는 함수의 매개변수가 기본값을 가질 수 있다. 이것을 디폴트 인수(default argument)라고 한다. 예를 들어 보자. 다음과 같이 인사를 하는 함수 greet()가 있다고 하자. greet()는 항상 2개의 인수를 받아야 한다.

```python
def greet(name, msg):
    print("안녕 ", name + ', ' + msg)

greet("철수","좋은 아침!")
```

안녕   철수, 좋은 아침!

만약 우리가 greet() 함수에 2개의 인수를 전달하지 않으면 오류가 발생한다.

```python
>>> greet("영희")
...
TypeError: greet() missing 1 required positional argument: 'msg'
>>>
```

만약 인수가 부족한 경우에 기본값을 넣어주는 메카니즘이 있다면 편리할 것이다. 바로 이것이 디폴트 인수이다.

```python
def greet(name, msg="별일없죠?"):        default.py
    print("안녕 ", name + ', ' + msg)

greet("영희")
```

안녕   영희, 별일없죠?

Lab 3개중에서 가장 큰 값 찾기

실습시간 3개의 양의 정수를 받아서 가장 큰 값을 반환하는 함수를 작성해보자. 만약 마지막 값이 누락 되면 −100000이라고 가정하여서 2개의 값 중에서 큰 값을 구하는 용도로도 사용할 수 있게 하자. 디폴트 인수 개념을 적극적으로 사용해보자.

```
(10, 20, 50)중에서 최대값: 50
(10, 20)중에서 최대값: 20
```

여기를 가리고 먼저 풀어보세요!

소스코드

```python
def getMax(a, b, c=-10000):
    if (a >= b) and (a >= c):
        largest = a
    elif (b >= a) and (b >= c):
        largest = b
    else:
        largest = c
    return largest

print(f"(10, 20, 50)중에서 최대값: {getMax(10, 20, 50)}")
print(f"(10, 20)중에서 최대값: {getMax(10, 20)}")
```

max3.py

 도전문제
getMax()에 인수가 하나만 주어져도 동작하게끔 코드를 수정해보자.

11 키워드 인수

함수 호출에서 인수들은 위치에 의하여 구별된다. 예를 들어서 power(1, 10)은 power(10, 1)과는 다르다. 함수 호출 power(1, 10)은 1의 10제곱값을 계산할 것이고 power(10, 1)은 10의 1제곱을 계산할 것이다. 하지만 키워드 인수(keyword argument)는 인수들 앞에 키워드를 두어서 인수들을 구분한다. 키워드 인수는 함수를 호출할 때 인수의 이름을 명시적으로 지정해서 전달하는 방법이다. 예를 들어서 다음과 같이 인수가 세 개인 함수가 있다고 가정하자.

```python
def sub(x, y, z):
    print(x, y, z)
```

sub() 함수는 다음과 같이 호출할 수 있다.

```
>>> sub(10, 20, 30)
10 20 30
```

이때 10은 매개변수 x로 전달되고, 20은 매개변수 y로, 30은 매개변수 z로 전달된다. 이와 같은 인수 전달 방식을 위치 인수(positional argument)라고도 한다. 하지만 우리는 다음과 같이 매개 변수의 이름에 값을 직접 대입하여서도 전달할 수 있다.

```
>>> sub(x=10, y=20, z=30)
10 20 30
```

이 방법의 장점은 인수의 위치가 매개변수의 위치와 달라도 된다는 것이다. 키워드 인수를 사용할 때는 인수들이 어떤 순서로 전달되어도 상관없다.

```
>>> sub(y=20, x=10, z=30)
10 20 30
>>> sub(z=30, y=20, x=10)
10 20 30
>>> sub(y=20, z=30, x=10)
10 20 30
```

위치 인수와 키워드 인수과 섞일 수 있지만, 위치 인수가 키워드 인수 앞에 나와야 한다.

```
>>> sub(10, y=20, z=30)
10 20 30
```

다음과 같이 하면 잘못된 것이다. 키워드 인수 뒤에 위치 인수가 나올 수 없다.

```
>>> sub(x=10, 20, 30)
SyntaxError: positional argument follows keyword argument
>>> sub(x=10, y=20, 30)
SyntaxError: positional argument follows keyword argument
```

Tip
파이썬에 기본으로 제공하는 함수들은 모두 디폴트 인수와 키워드 인수를 지원한다. 따라서 디폴트값을 가지고 있는 함수도 많이 있다.

[실습시간] 터틀 그래픽에서 사용자가 화면에서 마우스 버튼을 클릭한 경우, 클릭된 위치에 랜덤한 색상으로 사각형을 그리는 프로그램을 작성해보자. 앞에서 작성한 square() 함수도 사용한다.

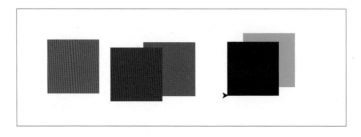

이벤트가 발생했을 때, 이벤트를 처리하는 함수를 콜백 함수(callback function)라고 부른다. 터틀 그래픽에서도 마우스가 클릭되었을 때 호출되는 콜백 함수를 등록할 수 있다.

```
def drawit(x, y):          # x와 y는 마우스가 클릭된 위치이다.
    ...
...
...
s = turtle.Screen()
s.onscreenclick(drawit)    # 사용자가 화면에서 마우스를 클릭하면 처리하는 함수를 등록한다.
```

채워진 사각형을 그리려면 begin_fill()을 호출하고 사각형을 그리면 된다. 채워지는 색상은 color()로 지정한다. 색상은 0.0에서 1.0 사이의 RGB 값으로 지정한다.

```
t.begin_fill()
t.color(random.random(), random.random(), random.random())      # 랜덤 색상 지정
square(100)
t.end_fill()
```

Lab 클릭하는 곳에 사각형 그리기 Solution

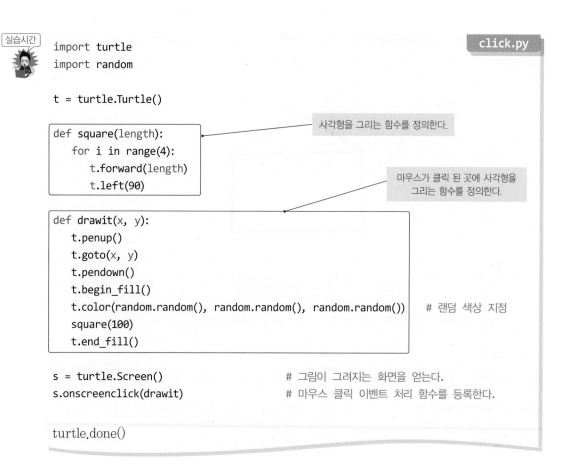

click.py

```python
import turtle
import random

t = turtle.Turtle()

def square(length):          ← 사각형을 그리는 함수를 정의한다.
    for i in range(4):
        t.forward(length)
        t.left(90)
                             ← 마우스가 클릭 된 곳에 사각형을
                                그리는 함수를 정의한다.
def drawit(x, y):
    t.penup()
    t.goto(x, y)
    t.pendown()
    t.begin_fill()
    t.color(random.random(), random.random(), random.random())   # 랜덤 색상 지정
    square(100)
    t.end_fill()

s = turtle.Screen()                  # 그림이 그려지는 화면을 얻는다.
s.onscreenclick(drawit)              # 마우스 클릭 이벤트 처리 함수를 등록한다.

turtle.done()
```

도전문제

마우스가 클릭된 위치에 n-다각형을 그리도록 위의 프로그램을 수정하여 보자.

함수를 이용하면 컴퓨터에서 발생하는 이벤트를 처리할 수 있다. 이벤트란 키보드나 마우스에서 발생하는 입력을 의미한다. 이번 실습에서는 사용자가 마우스를 이동하여 그림을 그릴 수 있는 프로그램을 작성해보자.

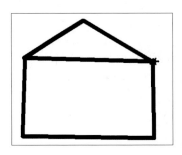

이번 실습에서는 drawit() 안에 goto()를 넣어서 거북이를 클릭된 위치로 이동시키도록 하자. 거북이가 펜을 쥐고 있는 상태에서 거북이만 움직이면 선이 그려진다. 또 아래쪽 화살표 키를 누르면 펜이 내려지고, 위쪽 화살표 키를 누르면 펜이 올라가도록 이벤트 함수를 등록하자.

```
def draw(x, y):
    t.goto(x, y)

s.onscreenclick(draw)          # 마우스 클릭 이벤트 처리 함수를 등록한다.
s.onkey(t.penup, "Up")         # 키보드 이벤트 처리 함수를 등록한다.
s.onkey(t.pendown, "Down")     # 키보드 이벤트 처리 함수를 등록한다.
```

s.onkey(t.penup, "Up")을 호출하면 위쪽 화살표 키에 t.penup() 함수가 연결된다. s.onkey(t.pendown, "Down")을 호출하면 아래쪽 화살표 키에 t.pendown() 함수가 연결된다.

Lab 마우스로 그림 그리기 Solution

실습시간 펜을 들 수 있도록 다음과 같이 키보드 이벤트를 처리해보자. 즉 위쪽 화살표 키를 누르면 펜이 들려지고 아래쪽 화살표 키를 누르면 펜이 내려오게 하자.

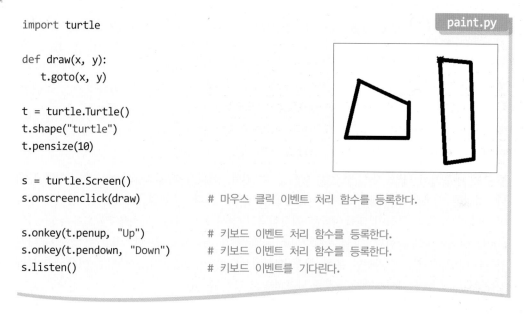

```
import turtle                                          paint.py

def draw(x, y):
    t.goto(x, y)

t = turtle.Turtle()
t.shape("turtle")
t.pensize(10)

s = turtle.Screen()
s.onscreenclick(draw)          # 마우스 클릭 이벤트 처리 함수를 등록한다.

s.onkey(t.penup, "Up")         # 키보드 이벤트 처리 함수를 등록한다.
s.onkey(t.pendown, "Down")     # 키보드 이벤트 처리 함수를 등록한다.
s.listen()                     # 키보드 이벤트를 기다린다.
```

그림을 그리려면 아래쪽 화살표 키를 누르고 마우스로 화면을 클릭하면 된다. 위쪽 화살표 키를 누르면 펜이 들려져서 거북이가 움직이더라도 그림이 그려지지 않는다.

지금까지 학습한 내용을 바탕으로 순환적으로 나무를 그리는 프랙탈(fractal) 프로그램을 작 성해보자. 입문자는 이 실습을 건너뛰어도 된다.

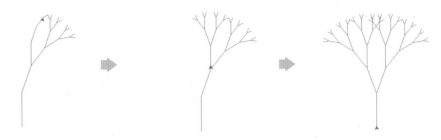

함수는 내부에서 다시 자기 자신을 호출할 수 있다. 이것을 순환호출(recursion)이라고 한 다. 이것을 이용하면 굉장히 복잡한 형상을 그릴 수 있다. 프랙탈(fractal)은 일부가 전체 와 비슷한 형태로 무한히 되풀이되는 기하학적인 형태를 말한다. 이것을 자기 유사성(self-similarity)이라고도 한다. 만델브로트(Mandelbrot)가 처음으로 쓴 단어로, 해안선이나 나뭇 가지와 같이 자연물, 수학적인 분석, 운동 모형에서도 많이 발견된다. 프랙탈을 이용하면 불규 칙해보이는 그림을 질서정연한 규칙을 사용하여서 그릴 수 있다.

예를 들어서 나뭇가지는 다음과 같은 규칙을 순환적으로 적용하여서 그릴 수 있다.

① 직선을 그린다.
② 직선의 끝에서 특정한 각도로 2개의 가지를 그린다.
③ 충분한 나뭇가지가 생성될 때까지 각 가지의 끝에서 과정 2를 되풀이 한다.

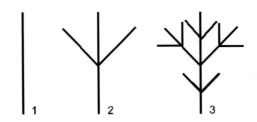

Lab 나무 그리기 Solution

실습시간
소스코드

```python
import turtle                                              fractal.py

def tree(length):          # length가 5보다 크면 순환호출을 한다.
    if length > 5:         # 거북이가 length 만큼 선을 그린다.
        t.forward(length)  # 오른쪽으로 20도 회전한다.
        t.right(20)        # (length-15)를 인수로 tree()를 순환 호출한다.
        tree(length-15)    # 왼쪽으로 40도 회전한다.
        t.left(40)         # (length-15)를 인수로 tree()를 순환 호출한다.
        tree(length-15)    # 오른쪽으로 20도 회전한다.
        t.right(20)        # length만큼 뒤로 간다. 제자리로 돌아온다.
        t.backward(length)

t = turtle.Turtle()
t.left(90)                 # 거북이가 위쪽을 향하게 한다.


t.color("green")           # 선의 색을 녹색으로 한다.
t.speed(0)                 # 속도를 제일 빠르게 한다.
tree(90)                   # 길이 90으로 tree()를 호출한다.
```

위의 프로그램을 실행시켜서 거북이가 어떻게 움직이는 지를 자세히 관찰해보자.

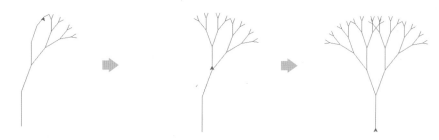

 도전문제
위의 코드에 약간의 난수를 섞으면 나무가 아주 자연스러워진다. 가지와 가지 사이의 각도나 가지의 길이에 약간의 난수를 추가해보자.

파이썬의 터틀 그래픽을 이용해서 막대 그래프를 그려보자.

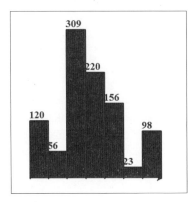

여기를 가리고 먼저 풀어보세요!

```
import turtle
```

`bar_graph.py`

```
def drawBar(height):
    t.begin_fill()
    t.left(90)
    t.forward(height)
    t.write(str(height), font = ('Times New Roman', 16, 'bold'))
    t.right(90)

    t.forward(40)
    t.right(90)
    t.forward(height)
    t.left(90)
    t.end_fill()
```

화면의 현재 위치에 문자열을 쓴다.

```
data = [120, 56, 309, 220, 156, 23, 98]

t = turtle.Turtle()
t.color("blue")
t.fillcolor("red")
t.pensize(3)

for d in data:
    drawBar(d)
```

높이가 height인 막대 그래프를 그린다.

실습시간 화면에 도로를 만들고 거북이가 화살표를 이용하여 도로에 닿지 않게 진행하는 프로그램을 작성해보자.

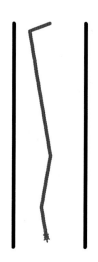

PC에서 화살표키가 눌려지면 이벤트가 발생하고 이 이벤트를 처리하는 함수는 다음과 같이 등록한다.

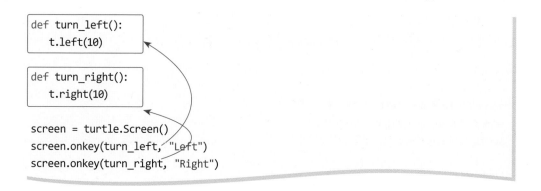

```python
def turn_left():
    t.left(10)

def turn_right():
    t.right(10)

screen = turtle.Screen()
screen.onkey(turn_left, "Left")
screen.onkey(turn_right, "Right")
```

도로도 터틀 그래픽을 사용하여 화면에 그려준다. 위쪽 화살표 키를 누르면 거북이가 전진한다.

소스코드
실습파일

`maze.py`

```python
import random
import turtle

def draw_road():
    t.width(10)
    t.up();
    t.goto(-100, -300)
    t.down();
    t.goto(-100, +300)
    t.penup();
    t.goto(+100, -300)
    t.down();
    t.goto(+100, +300)
```

화면에 도로를 그려준다.

```python
def turn_left():
    t.left(10)
```

거북이를 왼쪽으로 회전한다.

```python
def turn_right():
    t.right(10)
```

거북이를 오른쪽으로 회전한다.

```python
def drive():
    t.forward(20)
```

거북이를 오른쪽으로 회전한다.

```python
t = turtle.Turtle()
screen = turtle.Screen()
t.shape("turtle")

draw_road()
screen.onkey(turn_left, "Left")
screen.onkey(turn_right, "Right")
screen.onkey(drive, "Up")

t.penup();
t.goto(0, -300)
t.pendown();
t.color("blue")
screen.listen()
screen.mainloop()
```

이번 장에서 배운 것

» 함수는 무엇이고, 왜 필요한지 설명할 수 있나요?
  • 함수는 특별한 작업을 하는 코드를 하나로 모아서 이름을 붙인 것입니다.
» 함수를 작성할 수 있나요?
  • def 키워드를 이용하여 작성할 수 있습니다.
» 작성된 함수를 호출하여 사용할 수 있나요?
  • 함수의 이름을 적어주고 인수를 전달하면 됩니다. 예를 들어서 calculate(100)과 같습니다.
» 지역 변수와 전역 변수를 구별할 수 있나요?
  • 지역 변수는 함수 안에서 정의되는 변수로 함수를 떠나면 소멸됩니다. 전역 변수는 함수 외부에서 정의되며 없어지지 않습니다.

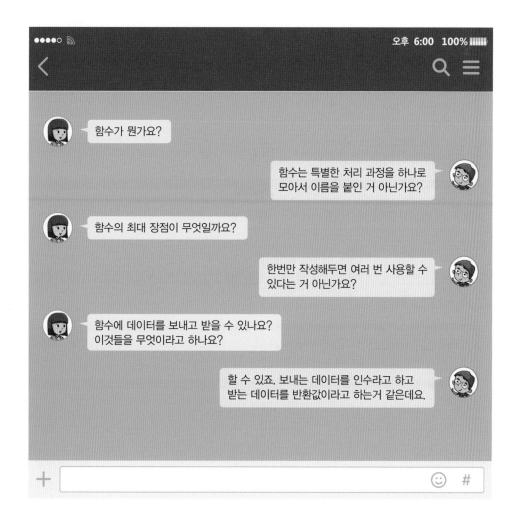

1 다음과 같이 이름을 받아서 생일 축하 노래를 출력하는 함수 happyBirthday()를 작성하고 테스트하시오.

```
Happy Birthday to you!
Happy Birthday to you!
Happy Birthday, dear 홍길동
Happy Birthday to you!
```

HINT happyBirthday(person)과 같이 매개 변수를 통하여 이름을 받으면 된다. 만약 이름이 주어지지 않으면 "Kim"이라고 생각한다.

2 사용자로부터 2개의 정수를 받아서 수학 문제를 만들어서 화면에 출력하는 함수를 작성하고 테스트하시오.

```
첫 번째 정수 100
두 번째 정수 200
정수 100+200의 합은? 300
정답입니다.
```

HINT sumProblem(x, y) 함수를 정의하여 호출해본다.

3 파이를 나타내는 PI=3.14를 전역 변수로 하여 원의 면적을 계산하는 함수 circleArea(radius)과 원의 둘레를 계산하는 함수 circleCircumference(radius)를 작성하고 테스트하라.

```
반지름이 5인 원의 면적: 78.53981633974475
반지름이 5인 원의 둘레: 31.4159265358979
```

HINT PI 변수를 함수의 외부에서 생성하면 전역 변수가 된다. 전역 변수는 함수 안에서 사용할 수 있다.

4   덧셈, 뺄셈, 곱셈, 나눗셈을 수행하는 함수를 각각 작성하고 테스트하라.

```
(20 + 10) = 30
(20 - 10) = 10
(20 * 10) = 200
(20 / 10) = 2.0
```

HINT   add(a, b), sub(a, b), mul(a, b), div(a, b) 와 같은 함수를 작성하고 테스트한다.

5   1부터 n까지의 곱을 계산하는 함수 factorial(n)을 작성하여 테스트해보자.

```
정수을 입력하시오: 3
3!은 6입니다.
```

HINT   6장의 Lab을 참조한다.

6   성적을 받아서 학점을 매겨서 반환하는 함수 getGrade(score)를 작성하여 테스트해보자.

```
성적을 입력하시오: 98
학점은 A입니다.
```

HINT   5장의 연습문제를 참조한다.

7   함수 $f(x)=x^2+1$ 을 계산하는 함수를 작성하고 이 함수를 이용하여 화면에 $f(x)$를 그려
    보자.

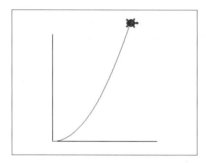

HINT   함수를 $f(x)$로 정의하고 x를 0에서 150까지 변경하면서 $f(x)$ 값을 계산하여 거북이를 움직이면
된다. x축과 y축도 함께 그려보자. 함수의 값이 무척 커질 수 있으므로 함수의 값에 0.01을 곱해서 거북이
를 움직여본다.

8   터틀 그래픽에서 거북이를 움직이지 않고 선을 긋는 함수 draw_line()을 정의하고 이것
    을 이용하여 다음과 같은 거미줄과 같은 모양을 그려보자. 거북이는 항상 중앙에 위치
    한다.

```python
def draw_line():
    turtle.forward(100)
    turtle.backward(100)
```

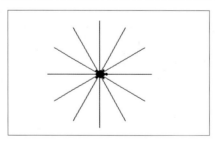

HINT   거북이를 약간씩 회전시키면서 draw_line()을 호출하면 된다.

9 눈사람을 그리는 함수를 작성하고 이 함수를 여러 번 호출하여서 랜덤한 위치에 눈사람을 그리는 프로그램을 작성하라. 아래 실행 결과와 최대한 비슷하게 작성해보자.

HINT draw_snowman(x, y) 함수를 작성하고 테스트한다. 터틀 그래픽에서 배경을 하늘색으로 만들려면 s = turtle.Screen(); s.bgcolor('skyblue'); 문장을 실행한다.

10 하나의 가지를 그리는 함수 draw_branch()를 작성하고 이 함수를 여러 번 호출하여서 눈송이 모양을 그리는 프로그램을 작성하라. 아래 실행 결과와 최대한 비슷하게 작성해보자.

HINT branch(distance) 함수를 정의한다. 거북이를 뒤로 후진시키는 명령어는 backward()이다. forward()와 backward()를 적절하게 호출하여서 하나의 가지를 그려보자. 본문의 프랙탈 Lab을 참조한다.

11 집을 그리는 함수 draw_house()를 작성하고 사용자가 마우스를 클릭할 때마다 이 함수를 호출하여서 클릭 위치에 집을 그리는 프로그램을 작성하라. 아래 실행 결과와 최대한 비슷하게 작성해보자.

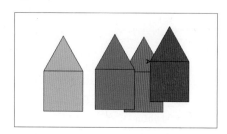

HINT   draw_house(x, y) 함수를 정의하고 s.onscreenclick(draw_house)을 호출한다. 본문의 Lab을 참조하라.

CHAPTER

8

프로젝트 |

네. 이번 장에서는 기초적인
게임과 그림을 그려볼까요?

이번 장은 그동안 배웠던
것들을 응용해서 프로그램을
만드나요?

📑 **이번 장에서는 다음과 같은 내용을 학습합니다.**

● 게임을 작성해봅시다.

● 애니메이션을 작성해봅시다.

우리는 이제까지 상당히 많은 내용을 학습하였다. 우리가 학습한 내용을 바탕으로 실제로 사용할 수 있는 프로그램을 작성해보자. 이번 장에서 작성해볼 프로그램은 다음과 같다.

(1) 거북이 경주 게임을 작성해본다. 토끼와 거북이가 서로 경쟁하면서 경주하는 게임을 작성해보자. 난수를 이용하여야 한다.

(2) 간단한 애니메이션을 만들어본다.

(3) 앵그리 터틀 게임을 작성해보자.

02 난수 발생하기

난수(random number)는 게임과 시뮬레이션에 필수적이다. 파이썬은 random 모듈을 통하여 난수 발생을 지원한다.

파이썬에서 난수를 발생하려면 random 모듈을 포함시켜야 한다.

```
>>> import random
```

가장 기본이 되는 함수는 random()이다. random() 함수는 [0.0, 1.0) 구간에서 난수를 발생한다. random 모듈 안에 있는 random() 함수를 호출하려면 random.random()으로 적어야 한다.

```
>>> random.random()                 # 0.0부터 1.0보다 작은 실수 난수
0.8345121533431609
```

만약 정수 구간의 난수가 필요하다면 randint(a, b)를 많이 사용한다. randint(a, b)은 a <= N <= b 구간의 난수 N을 반환한다.

```
>>> random.randint(1, 100)          # 1부터 100 사이의 정수 난수
49
```

문자열이나 리스트 안에서 랜덤하게 하나의 항목을 선택하려면 choice(seq) 함수를 사용한다.

```
>>> random.choice('abcdefghij')     # 하나의 랜덤한 항목
'c'
```

shuffle() 함수는 항목들을 섞는 기능을 한다.

```
>>> items = [1, 2, 3, 4, 5, 6, 7]
>>> random.shuffle(items)
>>> items
[7, 3, 2, 5, 6, 4, 1]
```

03 거북이 경주 게임 #1

터틀 그래픽에도 상당한 기능이 포함되어 있다. 터틀 그래픽이 제공하는 모든 함수들을 다음 표에 나열하였다. 이들 함수들을 이용하여서 게임을 제작해본다.

함수	인수	설명
forward()	픽셀값	거북이를 지정된 거리만큼 앞으로 이동한다.
backward()	픽셀값	거북이를 지정된 거리만큼 뒤로 이동한다.
right()	각도	거북이를 시계방향으로 회전시킨다.
left()	각도	거북이를 반시계방향으로 회전시킨다.
penup(), up()	None	거북이의 펜을 올린다. 그림이 그려지지 않는다.
pendown(), down()	None	거북이의 펜을 내린다. 그림이 그려진다.
color()	색상 이름	거북이 펜의 색상을 변경한다.
fillcolor()	색상 이름	다각형을 채우는 색상을 변경한다.
heading()	None	현재의 방향을 반환한다.
position()	None	현재 위치를 반환한다.
goto()	x, y	거북이를 (x, y) 위치로 이동시킨다.
begin_fill()	None	채워진 다각형을 시작한다.
end_fill()	None	채워진 다각형을 닫는다.
dot()	None	현재 위치에 점을 남긴다.
stamp()	None	현재 위치에 거북이 모양을 남긴다.
shape()	모양 이름	거북이의 모양을 'arrow', 'classic', 'turtle', 'circle' 중의 하나로 변경한다.

거북이 경주 게임을 작성해보자. 터틀 그래픽에서는 우리가 원하는 만큼의 거북이를 만들 수 있다. 우리는 거북이 2마리를 만들어서 경주를 시키자.

거북이 2마리를 만들려면 다음과 같이 한다.

```
import turtle

t1 = turtle.Turtle()          # 첫 번째 거북이
t2 = turtle.Turtle()          # 두 번째 거북이
```

거북이들을 구별하기 위하여 색상을 다르게 하고 모양도 다르게 하자.

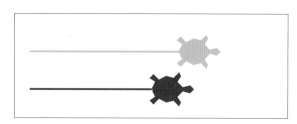

각 거북이들의 속성을 적절하게 설정한다.

```
t1.color("pink")
t1.shape("turtle")
t1.shapesize(5)
t1.pensize(5)

t2.color("blue")
t2.shape("turtle")
t1.shapesize(5)
t2.pensize(5)
```

첫 번째 거북이 t1의 색상은 핑크로 하였고 모양은 거북이 모양으로, 펜의 폭은 5픽셀로 하였다. 두 번째 거북이 t2의 색상은 파란색으로 하였고 모양은 거북이 모양으로, 펜의 폭은 5픽셀로 하였다.

거북이 2마리를 출발선으로 이동하여 보자. 이때는 그림이 그려지면 안 되므로 펜을 올리고 이동하자. 또 특정한 좌표로 바로 이동하는 goto(x, y) 함수를 사용하자. 파이썬 터틀 그래픽의 좌표계는 다음과 같다.

출발점을 (−300, 0)과 (−300, −200)으로 하자.

```
t1.penup()
t1.goto(-300, 0)

t2.penup()
t2.goto(-300, -200)
```

05 거북이 경주 게임 #3

이제 경주하는 부분을 작성해보자. 100번 정도 반복하면서 한번 반복할 때마다 난수만큼 이동하도록 하자.

```
for i in range(100):              # 100번 반복한다.
    d1 = random.randint(1, 60)    # 1부터 60 사이의 난수를 발생한다.
    t1.forward(d1)                # 난수만큼 이동한다.
    d2 = random.randint(1, 60)    # 1부터 60 사이의 난수를 발생한다.
    t2.forward(d2)                # 난수만큼 이동한다.
```

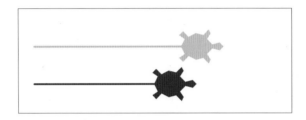

만약 사용자가 외부 이미지를 사용하고 싶으면 다음과 같이 할 수 있다. 터틀 그래픽에서는 gif 타입의 이미지는 지원한다.

```
import turtle                     # 터틀 그래픽 모듈을 불러온다.
import random                     # 난수 모듈을 불러온다.

screen = turtle.Screen()
image1 = "rabbit.gif"
image2 = "turtle.gif"
screen.addshape(image1)
screen.addshape(image2)

t1 = turtle.Turtle()             # 첫 번째 거북이를 생성한다.
t1.shape(image1)

t2 = turtle.Turtle()             # 두 번째 거북이를 생성한다.
t2.shape(image2)
```

06 거북이 경주 게임 #4

전체 소스는 다음과 같다. 외부 이미지를 사용하는 버전이다. 현재 디렉토리에 이미지가 있어야 한다.

race.py

```
import turtle                      # 터틀 그래픽 모듈을 불러온다.
import random                      # 난수 모듈을 불러온다.

screen = turtle.Screen()
image1 = "rabbit.gif"
image2 = "turtle.gif"
screen.addshape(image1)
screen.addshape(image2)


t1 = turtle.Turtle()               # 첫 번째 거북이를 생성한다.
t1.shape(image1)
t1.pensize(5)                      # 팬의 두께를 5로 한다.
t1.penup()                         # 펜을 든다.
t1.goto(-300, 0)                   # (-300, 0) 위치로 간다.

t2 = turtle.Turtle()               # 두 번째 거북이를 생성한다.
t2.shape(image2)
t2.pensize(5)                      # 팬의 두께를 5로 한다.
t2.penup()                         # 펜을 든다.
t2.goto(-300, -200)                # (-300, -200) 위치로 간다.


t1.pendown()                       # 첫 번째 거북이의 펜을 내린다.
t2.pendown()                       # 첫 번째 거북이의 펜을 내린다.
t1.speed(1)
t2.speed(1)

for i in range(100):               # 100번 반복한다.
    d1 = random.randint(1, 60)     # 1부터 60 사이의 난수를 발생한다.
    t1.forward(d1)                 # 난수만큼 이동한다.
    d2 = random.randint(1, 60)     # 1부터 60 사이의 난수를 발생한다.
    t2.forward(d2)
```

도전문제

(1) 3마리의 거북이가 경주하는 것으로 코드를 변경하여 보자.

(2) 화면에 결승선을 그려보자.

07 애니메이션 만들기 #1

우리는 파이썬을 이용하여 무엇을 할 수 있을까? 애니메이션을 쉽게 제작할 수 있다. 다음과 같은 애니메이션을 작성해보자. 여러분은 이 애니메이션을 자신의 홈페이지에서 사용하거나 동영상 제작에도 사용할 수 있다.

애니메이션에서는 터틀 그래픽 기능만을 이용한다.

거북이를 조금씩 전진시키고 반지름을 증가시키면서 원을 그리면 된다. 터틀 그래픽에서 색상을 변경하려면 t.color()를 사용한다. 기본적으로는 R, G, B의 성분을 0.0에서 1.0 사이의 실수를 이용하여 지정하면 된다.

```
t.color((random.random(),random.random(),random.random()))
```

거북이의 속도는 t.speed()로 설정한다. 0가 가장 빠른 속도이고 1이 제일 느린 속도이다. 속도는 0에서 10까지 조절이 가능하다.

```
t.speed(0)
```

거북이가 그리는 선의 폭은 t.pensize()로 조정한다.

```
t.pensize(5)
```

하나씩 자세히 설명하여 보자.

```
① import turtle
② import random
③ t = turtle.Turtle()
④
⑤ t.speed(0)
⑥ t.pensize(5)
⑦ t.goto(0,0)
⑧ while True:
⑨     for i in range(30):
⑩         t.circle(1+5*i)
⑪         t.color((random.random(),random.random(),random.random()))
⑫         t.goto(i*20, 0)
⑬     t.clear()
⑭
⑮ turtle.done()
```

`anim.py`

① turtle 모듈을 포함시킨다.

② random 모듈을 포함시킨다.

③ 거북이를 하나 생성한다.

④ 빈줄이다.

⑤ 거북이의 속도를 가장 빠르게 한다.

⑥ 펜의 폭을 5 픽셀로 한다.

⑦ 좌표 (0, 0)으로 거북이를 이동시킨다.

⑧ 무한 루프이다.

⑨ 30번 반복한다.

⑩ 반지름이 (1+5*i)인 원을 그린다. i의 값에 따라 반지름이 증가된다.

⑪ 펜의 색상을 랜덤 색상으로 변경한다.

⑫ (i*20, 0) 좌표 위치로 거북이를 이동시킨다.

⑬ 화면을 지운다.

도전문제

(1) 4 방향으로 점점 커지는 원을 그리는 애니에미션을 만들어보자.

(2) 점점 커지는 사각형을 그리는 애니메이션을 만들어보자.

09 앵그리 터틀 게임 #1

스마트폰 게임으로 "앵그리 버드"가 유명하다. 우리도 여기서 유사한 게임 "앵그리 터틀"을 제작하여 보자. 거북을 발사하여서 초기 속도와 초기 각도에 의하여 비행하다가 목표물에 맞으면 성공이다.

이 게임의 주인공은 움직이는 거북이다. 따라서 거북이에 대한 많은 변수가 필요하다. 다음과 같은 전역 변수를 선언하였다.

- int v; – 거북이의 속도이다.
- int vx; – 거북이의 x 방향 속도이다.
- int vy; – 거북이의 y 방향 속도이다.
- int x; – 거북이의 현재 x좌표이다.
- int y; – 거북이의 현재 y좌표이다.

이 게임은 거북이가 공중을 날면서 움직인다. 거북이의 움직임을 어떻게 계산하여야 하는가? 모든 게임에는 물리 엔진이 필요하다. 물리 엔진이란 물리학적인 법칙에 따라서 여러 가지 계산을 해주는 라이브러리를 말한다. 우리 게임은 너무 단순해서 이러한 엔진을 사용할 필요가 없다. 여러분도 고등학교 물리 시간에 학습하였듯이 거북이에는 현재 속도가 있고 속도는 x방향와 y방향 속도로 나누어진다.

거북이의 x 방향 속도는 변하지 않는 것으로 가정한다. 물론 실제 상황에서는 공기의 저항을 받겠지만 이것은 무시하도록 하자. 거북이의 y 방향 속도는 중력 가속도 때문에 점점 느려질 것이다.

- vx; 초기 속도에서 변하지 않는다.
- vy; 초기 속도에서 중력 가속도 만큼 점점 느려진다.

따라서 시간이 흘러가면 vy에서 중력 가속도 만큼을 빼주면 된다. 중력 가속도는 원래 $9.8m/sec^2$이지만 게임에서는 픽셀 단위로 하여야 한다.

```
vx = vx
vy = vy - 10
```

거북이의 현재 위치는 어떻게 계산하면 될까? 현재 위치는 이전 위치에 속도*시간을 더하면 된다. 시간은 단위시간 1이 흘렀다고 가정하면 다음과 같이 단순히 현재 위치에 속도를 더하면 된다.

```
x = x + vx
y = y + vy
```

거북이의 초기 속도는 사용자가 입력한 속도와 각도에 따라서 설정되어야 한다. 간단한 삼각 함수를 사용하면 된다.

```
vx = velocity * math.cos(angle * 3.14 / 180.0)
vy = velocity * math.sin(angle * 3.14 / 180.0)
```

전체 코드는 다음과 같다.

```
import turtle
import math
import random

player = turtle.Turtle()
player.shape("turtle")
screen = player.getscreen()
screen.bgcolor("black")          # 화면 배경을 검정색으로 한다.
screen.setup(800, 600)           # 화면의 크기를 800×600으로 한다.
player.color("yellow")           # 색상은 파랑색으로 하자.

player.goto(-300, 0)             # 거북이의 시작 위치 (-300, 0)
velocity = 70                    # 초기속도 70픽셀/sec
player.left(45)                  # 초기 각도 45도

def turnleft():                  # 왼쪽 화살표 키가 눌리면 호출된다.
    player.left(5)               # 왼쪽으로 5도 회전

def turnright():                 # 오른쪽 화살표 키가 눌리면 호출된다.
    player.right(5)              # 오른쪽으로 5도 회전

def turnup():                    # 위쪽 화살표 키가 눌리면 호출된다.
    global velocity              # 전역 변수 velocity를 사용한다.
    velocity += 10               # 속도를 10만큼 증가시킨다.

def turndown():                  # 아래쪽 화살표 키가 눌리면 호출된다.
    global velocity              # 전역 변수 velocity를 사용한다.
    velocity -= 10               # 속도를 10만큼 감소시킨다.
```

angry.py

```
def fire():
    x = -300                                 # 초기 좌표
    y = 0                                    # 초기 좌표
    player.color(random.random(),random.random(),random.random())  # 랜덤한 색상
    player.goto(x, y)                        # (x, y) 위치로 간다
    angle = player.heading()                 # 초기각도
    vx = velocity * math.cos(angle * 3.14 / 180.0)     # 도 -> 라디안
    vy = velocity * math.sin(angle * 3.14 / 180.0)     # 도 -> 라디안
    while player.ycor() >= 0 :               # y좌표가 음수가 될 때까지
        vx = vx                              # x 방향 속도는 변경이 없다.
        vy = vy - 10                         # y 방향 속도는 중력 가속도 만큼 감소
        x = x + vx                           # 1초가 지났으므로 속도를 위치에 더한다.
        y = y + vy                           # 1초가 지났으므로 속도를 위치에 더한다.
        player.goto(x, y)                    # 새로운 위치로 이동시킨다.
        player.stamp()                       # 거북이를 찍는다.

screen.onkeypress(turnleft, "Left")          # 콜백함수 등록
screen.onkeypress(turnright, "Right")
screen.onkeypress(turnup, "Up")
screen.onkeypress(turndown, "Down")
screen.onkeypress(fire, "space")

screen.listen()
turtle.mainloop()
```

도전문제

(1) 화면에 목표물을 표시해서 거북이가 날아가서 목표물에 맞으면 목표물이 안보이도록 해보자. 뒤에 나오는 "과자 먹기" 게임의 충돌 처리 코드를 참조한다. 목표물을 여러 개 만들 수 있는가?

(2) 목표물이 맞으면 점수를 1만큼 증가시키고 화면에 점수를 표시해보자.

탄성이 있는 공이 공중에서 바닥으로 떨어져서 튀어 오르는 애니메이션을 작성해보자. 바닥과 충돌하면 다시 튀어 오르다가 중력에 의하여 떨어지게 된다.

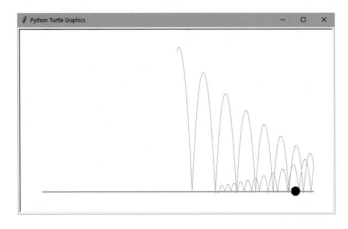

앞의 앵그리 터틀 게임과 아주 유사하다. 공은 현재 위치 (x, y)와 현재 속도 (vx, vy)를 가지고 있다. 공이 바닥에 충돌하면 y 방향 속도는 반대가 되고, 속도의 절대값이 줄어든다. 좌우에 벽이 있다고 가정한다. 벽에 충돌하면 x 방향 속도는 반대가 된다.

이번 애니메이션에서는 수동 업데이트를 사용해보자. 수동 업데이트에서는 화면은 개발자가 적정한 시간에 업데이트해주는 방법이다. 화면에 깜빡임이 발생하지 않는 장점이 있다. screen.tracer(0)을 호출하면 수동 화면 업데이트가 설정된다. 화면을 업데이트할 때는 screen.update()를 호출한다.

```python
import turtle
import time

width, height = 600, 300              # 게임 보드의 크기
gravity = 0.05                        # 중력
x, y = 0, height/2                     # 공의 위치
vx, vy = 0.25, 1                      # 공의 속도
coef_res = 0.90                       # 반발 계수

screen = turtle.Screen()
screen.setup(width+100, height+100)
screen.tracer(0)                      # 수동 화면 업데이트로 설정한다.

ball = turtle.Turtle()
ball.color("orange", "black")
ball.shape("circle")
ball.up()
ball.goto(x, y)                       # 공을 시작 위치로 옮긴다.
ball.down()

while True:                           # 애니메이션 루프
    x = x + vx                        # 현재 위치가 업데이트된다.
    y = y + vy
    ball.goto(x, y)
    vy = vy - gravity                 # y방향 속도는 중력 만큼 감소된다.

    if y < -height / 2:               # 바닥에 충돌하면
        vy = -vy* coef_res            # y방향 속도는 약간 줄어들고 방향은 반대가 된다.
        ball.sety(-height / 2)        # 공의 y 좌표를 바닥으로 고정한다.
    if x > width / 2 or x < -width / 2: # 좌우의 벽에 충돌하면
        vx = - vx                     # x 방향 속도는 반대가 된다.
    screen.update()                   # 화면을 업데이트한다.
```

도전문제

(1) 공을 2개 만들어서 바운스되게 해보자.

(2) 반발 계수를 변경해보면서 결과를 관찰하자.

13 과자 먹기 게임

강아지가 화면에 흩어져 있는 먹이를 먹는 게임을
만들어보자. 먹이는 "원"으로 한다. 강아지가 과자
를 먹으면 점수가 1점씩 올라가도록 하자. 점수는 화
면의 상단에 표시된다. "과자"는 움직이지 않는다.

(1) 화면을 초기화하고 주인공을 생성한다. 강아지
이미지를 불러들인다. 강아지를 움직여서 경기장
을 그린다.

cookie.py

```python
screen = turtle.Screen()
screen.tracer(0)                          # 화면 업데이트를 수동으로 설정한다.
screen.addshape("dog.gif")                # 강아지 이미지를 불러들인다.

player = turtle.Turtle()
player.shape("dog.gif")

player.up()                               # 경기장을 사각형으로 그린다.
player.goto(-200, 200)
player.down()
player.goto(200, 200)
player.goto(200, -200)
player.goto(-200, -200)
player.goto(-200, 200)
player.up()
player.goto(0, 0)
```

(2) 점수를 표시하는 터틀 객체를 만든다. 터틀의 모습은 감추도록 하고 write()를 호출하여
현재의 점수를 표시한다.

```python
display = turtle.Turtle()
display.hideturtle()
display.penup()
display.goto(-210,200)
display.write(f"점수={score}", font=("Arial",20,"italic"))
```

(3) 과자를 하나 생성한다. 과자도 터틀 객체를 이용하여 만든다. 과자의 위치는 난수로 설정한다.

```
bread = turtle.Turtle()
bread.shape("circle")
bread.penup()
x = random.randint(-180,180)
y = random.randint(-180,180)
bread.goto(x,y)
```

(4) 이 게임에서는 사용자가 화살표 키를 이용하여 주인공이 움직인다. 우리는 7장에서 함수를 사용하여 이벤트를 처리하는 방법을 학습하였다. 키보드에서 키가 눌렸을 때, 이벤트가 발생하고 이 이벤트를 처리하는 함수를 미리 등록해놓으면 된다.

```
def moveRight():
    player.setheading(0)
    player.forward(10)

def moveLeft():
    player.setheading(180)
    player.forward(10)

def moveUp():
    player.setheading(90)
    player.forward(10)

def moveDown():
    player.setheading(270)
    player.forward(10)
```

(5) screen.onkeypress() 함수에 우리가 작성한 함수 이름을 전달하면 이벤트를 처리하는 함수로 등록된다. 현재는 왼쪽 화살표키를 누르면 moveLeft() 함수가 호출되고 오른쪽 화살표 키를 누르면 moveRight()가 호출되는 것으로 등록되어 있다.

```
screen.listen()
screen.onkeypress(moveRight,"Right")
screen.onkeypress(moveLeft,"Left")
screen.onkeypress(moveUp,"Up")
screen.onkeypress(moveDown,"Down")
```

(6) 다음은 게임 루프이다. 주인공과 과자 간의 간격을 distance()로 계산하고 거리가 30 미만
이면 충돌한 것으로 판단하여 점수를 증가시키고 과자를 다른 곳으로 이동한다.

```
while True:
    if player.distance(bread) < 30:
        x = random.randint(-180,180)
        y = random.randint(-180,180)
        bread.goto(x,y)
        score = score + 1
        display.clear()
        display.write(f"점수={score}", font=("Arial",20,"italic"))
    screen.update()        # 화면을 업데이트한다.
```

tracer(0)로 지정하게 되면 반드시 update()를 불러서 개발자가 화면을 업데이트하여야 한다.

도전문제

(1) 제한 시간을 설정하여 1초가 지나면 시간을 감소시킬 수 있는가? 현재 시간은 **time** 객체의 **time()**을 호출하면 된다.

(2) 과자의 모습을 이미지로 바꿔보자. 과자를 여러 개 만들려면 어떻게 해야 할까?

(3) 과자가 움직이게 할 수 있을까?

14 암호화와 복호화

파이썬을 이용하여 문자열을 암호화하고 복호화하는 프로그램을 작성해보자. 암호화는 다양한 방법으로 가능하다. 하지만 우리는 가장 간단한 방법으로 하여 보자. 문자들의 코드를 1씩 증가시키는 것이다. 이러한 암호화 방식을 시저 암화라고 한다. 파이썬에서는 글자에 ord() 함수를 적용하면 문자의 코드값을 알 수 있다. 반대로 chr() 함수를 이용하면 코드값에 해당하는 문자를 출력할 수 있다.

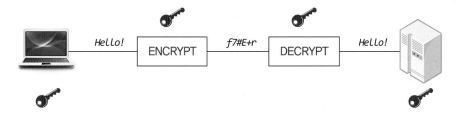

암호화하는 코드는 다음과 같다.

```
plain_text = "Love will find a way."    # 평문

encrypted_text = ""                      # 암호문
for c in plain_text:                     # 평문의 모든 글자에 대하여 반복한다.
    x = ord(c)                           # 글자의 코드값을 구한다.
    x = x + 1                            # 코드값을 하나 증가한다.
    cc = chr(x)                          # 증가된 코드값에 해당하는 문자를 계산한다.
    encrypted_text = encrypted_text + cc     # 암호문에 추가한다.
print(encrypted_text)                    # 암호문을 출력한다.
```

encrypt.py

```
Mpwf!xjmm!gjoe!b!xbz/
```

이번에는 반대로 암호문을 받아서 평문으로 복호화하는 코드를 작성해보자.

```python
encrypted_text = "Mpwf!xjmm!gjoe!b!xbz/"          # 암호문

plain_text = ""                                    # 평문
for c in encrypted_text:                           # 암호문의 모든 글자에 대하여 반복한다.
    x = ord(c)                                     # 글자의 코드값을 구한다.
    x = x - 1                                      # 코드값을 하나 감소한다.
    cc = chr(x)                                    # 감소된 코드값에 해당하는 문자를 계산한다.
    plain_text = plain_text + cc                   # 평문에 추가한다.
print(plain_text)                                  # 평문을 출력한다.
```

decrypt.py

```
Love will find a way.
```

 도전문제
(1) 사용자로부터 평문과 문자 이동거리를 받아서 암호화하고 복호화하는 프로그램을 만들어 보자.

크리스마스 카드를 그려보자 #1

간단한 크리스마스 카드를 터틀 그래픽으로 그려보자. 사각형이나 원, 마름모꼴, 별을 그리는 함수를 미리 작성해놓고 시작하면 훨씬 수월하게 그릴 수 있다. 이들을 조합하여 다음과 같은 카드를 그려보자.

예를 들어서 색으로 채워진 원을 그리는 함수는 다음과 같이 작성할 수 있다.

draw_tree.py

```python
# (x, y) 위치에 반지름 radius로 원을 그리는 함수
def draw_circle(turtle, color, x, y, radius):
    turtle.penup()                  # 펜을 올린다.
    turtle.fillcolor(color)         # 채우기 색상을 설정한다.
    turtle.goto(x,y)                # 거북이를 (x, y) 위치로 이동한다.
    turtle.pendown()                # 펜을 내린다.
    turtle.begin_fill()             # 채우기를 시작한다.
    turtle.circle(radius)           # 반지름 radius로 원을 그린다.
    turtle.end_fill()               # 채우기를 종료한다.
```

```python
import turtle
from random import randint

# (x, y) 위치에 반지름 radius로 원을 그리는 함수
def draw_circle(turtle, color, x, y, radius):
    turtle.penup()                      # 펜을 올린다.
    turtle.fillcolor(color)             # 채우기 색상을 설정한다.
    turtle.goto(x,y)                    # 거북이를 (x, y) 위치로 이동한다.
    turtle.pendown()                    # 펜을 내린다.
    turtle.begin_fill()                 # 채우기를 시작한다.
    turtle.circle(radius)               # 반지름 radius로 원을 그린다.
    turtle.end_fill()                   # 채우기를 종료한다.

# (x, y) 위치에 width와 height 크기의 사각형을 그리는 함수
def draw_rectangle(turtle, color, x, y, width, height):
    turtle.penup()                      # 펜을 올린다.
    turtle.fillcolor(color)             # 채우기 색상을 설정한다.
    turtle.goto(x,y)                    # 거북이를 (x, y) 위치로 이동한다.
    turtle.pendown()                    # 펜을 내린다.
    turtle.begin_fill()                 # 채우기를 시작한다.
    for i in range (2):                 # 2번 반복한다.
        turtle.forward(width)           # width 만큼 앞으로 이동한다.
        turtle.left(90)                 # 90도 왼쪽으로 회전한다.
        turtle.forward(height)          # height만큼 앞으로 이동한다.
        turtle.left(90)                 # 90도 왼쪽으로 회전한다.
    turtle.end_fill()                   # 채우기를 종료한다.

# (x, y) 위치에 width와 height 크기의 마름모꼴을 그리는 함수
def draw_trepezoid(turtle, color, x, y, width, height):
    turtle.penup()
    turtle.fillcolor(color)
    turtle.goto(x,y)
    turtle.pendown()
    turtle.begin_fill()
    turtle.forward(width)
    turtle.right(60)
    turtle.forward(height)
    turtle.right(120)
    turtle.forward(width+20)
    turtle.right(120)
    turtle.forward(height)
    turtle.right(60)
    turtle.end_fill()

# (x, y) 위치에 별 모양을 그리는 함수
def draw_star(turtle, color, x, y, size):
```

```python
    turtle.penup()
    turtle.fillcolor(color)
    turtle.goto(x,y)
    turtle.pendown()
    turtle.begin_fill()
    for i in range(10):
        turtle.forward(size)
        turtle.right(144)
    turtle.end_fill()

t = turtle.Turtle()              # 거북이를 생성한다.
t.shape("turtle")                # 커서의 형태를 거북이로 변경한다.
t.speed(0)                       # 거북이의 속도를 최대로 한다.

x = 0                            # 현재 그림이 그려지는 위치
y = 0                            # 현재 그림이 그려지는 위치
width = 240                      # 마름모꼴의 최초 크기

# 트리의 줄기를 그린다.
draw_rectangle(t, "brown", x-20, y-50, 30, 50)

# 트리의 잎을 그린다.
height = 20
for i in range(10):
    width = width - 20           # 마름모꼴의 폭이 줄어든다.
    x = 0 - width/2              # x좌표는 마름모꼴의 중앙으로 한다.
    draw_trepezoid(t, "green", x, y, width, height)      # 마름모꼴을 그린다.
    # 랜덤한 위치에 원을 그린다.
    draw_circle(t, "red", x+randint(0, width), y+randint(0, height), 10)
    y = y + height               # y값을 마름모꼴의 높이만큼 증가한다.

# 별모양의 트리의 꼭대기에 그린다.
draw_star(t, "yellow", 4, y, 100)
t.penup()
t.color("red")
t.goto(-200, 250)
t.write("Merry Christmas", font=("Arial",24, "italic"))
t.goto(-200, 220)
t.write("Happy New Year!", font=("Arial",24, "italic"))
```

✏️ **도전문제**

(1) 별의 개수나 마름모꼴의 개수를 변화시켜서 트리의 모습을 변경해보자.

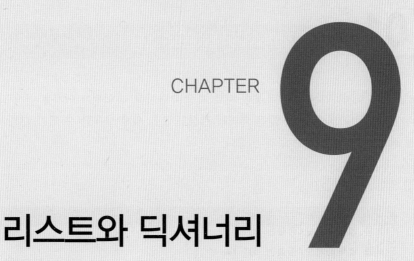

리스트와 딕셔너리

리스트는 항목들이 나열되어
있는 구조에요. 딕셔너리는
사전과 유사한 구조로서
자료들이 저장되요.

리스트는 무엇을 나열한다는
의미인가요?

이번 장에서는 다음과 같은 내용을 학습합니다.

● 리스트가 무엇인지 설명할 수 있나요?

● 리스트의 각종 연산에 대하여 설명할 수 있나요?

● 딕셔너리가 무엇인지 설명할 수 있나요?

● 딕셔너리의 각종 연산에 대하여 설명할 수 있나요?

01 이번 장에서 만들 프로그램

리스트와 딕셔너리는 아주 유용한 자료 저장 수단이다. 파이썬이 인기를 얻게 된 이유 중의 하나가 리스트나 딕셔너리와 같은 데이터 저장 구조를 쉽게 사용할 수 있기 때문이다. 이번 장에서 작성해볼 프로그램은 다음과 같다.

(1) 영한 사전 만들기

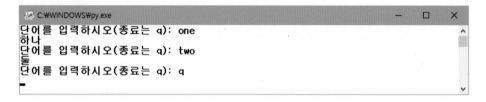

(2) 오륜기를 그려보자. 오륜기에 대한 정보를 리스트에 저장한다.

(3) 과자 먹기 게임을 업그레이드하자.

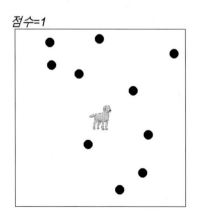

02 왜 리스트가 필요한가?

지금까지 우리는 하나의 변수에 하나의 데이터만을 저장하였다. 하지만 데이터가 9개가 있다면 어떻게 해야 할까? 예를 들어서 학생 9명의 성적을 저장하려면 우리는 다음과 같이 9개의 변수를 만들어야 한다. 상당히 번거롭다.

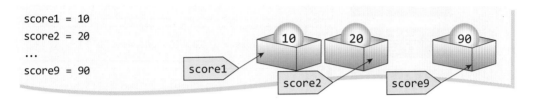

```
score1 = 10
score2 = 20
...
score9 = 90
```

파이썬에서는 리스트(list)를 이용하여 여러 개의 데이터를 하나의 변수에 저장하고 처리할 수 있다.

```
scores = [ 10, 20, 30, 40, 50, 60, 70, 80, 90 ]
```

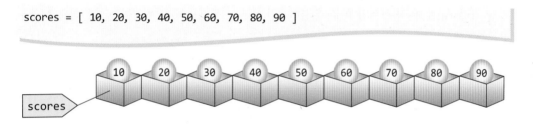

파이썬에서 리스트는 정말 유용하고 많이 사용된다. 이것을 다음과 같이 단독 주택과 아파트로 생각하자. 입주민에게 택배를 전달하고자 한다. 어떤 쪽이 편할까?

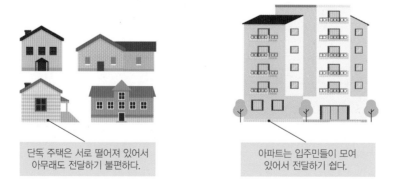

단독 주택은 서로 떨어져 있어서 아무래도 전달하기 불편하다.

아파트는 입주민들이 모여 있어서 전달하기 쉽다.

03 파이썬의 자료형

파이썬은 여러 개의 데이터를 묶어서 관리하는 다양한 자료형을 가지고 있다. 이것들은 데이터를 저장하는 컨테이너 또는 컬렉션으로 생각하면 이해하기 쉽다.

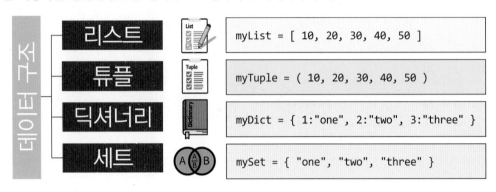

- 튜플(tuple)은 리스트와 아주 유사하지만 변경이 불가능하다. 변경이 불가능하므로 구조가 더 간단해진다.
- 딕셔너리(dictionary)는 영어 사전처럼 키(key)와 값(value)으로 이루어진 자료형이다.
- 세트(set)는 집합으로 중복을 허용하지 않는 자료형이다.

이들 자료형들은 파이썬을 인기 있게 만든 일등 공신이다. 다른 언어에서도 동일한 자료형을 제공하지만 파이썬처럼 사용하기 쉽도록, 기호로 제공하는 언어는 이제까지 없었다.

파이썬의 자료형은 기호를 이용하여 선언할 수 있어요!

04 리스트 선언하기

리스트를 선언할 때는 대괄호 안에 데이터를 나열하고, 데이터와 데이터는 쉼표(,)로 분리한다.

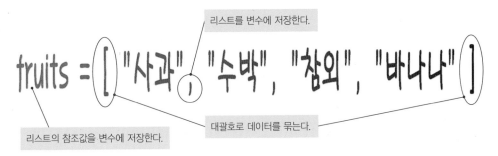

리스트를 변수에 저장한다.

리스트의 참조값을 변수에 저장한다.

대괄호로 데이터를 묶는다.

리스트는 어떤 유형의 데이터도 저장이 가능한 구조이다. 리스트를 선언하는 방법을 살펴보자. 리스트로 친구들의 리스트를 저장할 수도 있다.

```
>>> friends = [ "게이츠", "잡스", "브린", "베이조스" ]
>>> friends
['게이츠', '잡스', '브린', '베이조스']
```

파이썬 셸에서 리스트를 출력할 때는 리스트의 이름을 주고 Enter 를 누르면 된다. 스크립트 모드에서는 print(friend)라고 하여야 한다.

권장되지는 않지만, 리스트에는 다른 유형의 데이터도 섞어서 저장할 수 있다.

```
>>> person = [ "홍길동", 23, 180.9, 70.3 ]
>>> person
['홍길동', 23, 180.9, 70.3]
```

데이터가 하나도 없는 리스트도 생성할 수 있다. 빈 리스트에는 append()를 호출하여 동적으로 항목을 추가할 수 있다.

```
>>> myList = [ ]
>>> myList
[]
```

리스트의 항목에 접근하려면 어떻게 하면 될까? 예를 들어서 다음과 같이 알파벳 문자를 저장하고 있는 리스트가 있다고 하자.

```
>>> letters = ['A', 'B', 'C', 'D', 'E', 'F']
```

리스트에서 하나의 항목에 접근할 때는 항목의 인덱스를 사용한다. 인덱스(index)란 리스트에서의 항목의 위치이다. 항목의 번호라고 생각해도 좋다.

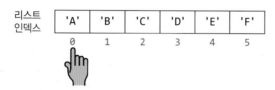

리스트의 인덱스는 0부터 시작한다. 따라서 첫 번째 항목을 가져오려면 다음과 같이 문장을 작성한다.

```
>>> letters[0]
A
```

두 번째 항목과 세 번째 항목은 다음과 같이 얻을 수 있다.

```
>>> letters[1]
B
>>> letters[2]
C
```

그런데 인덱스가 좀 이상하다. 왜 1부터 시작하지 않고 0부터 시작할까? 이것은 컴퓨터 분야에서 오래된 논쟁거리이다. 예전에는 인덱스가 1부터 시작한 프로그래밍 언어도 있었다. 하지만 파이썬의 바탕이 된 C 언어에서는 인덱스가 0부터 시작한다. 많은 전문가들은 0에서 시작하는 것이 항목의 메모리 주소를 계산하는데 편리하다고 이야기한다.

06 리스트 길이 알아내기

리스트의 길이는 리스트가 저장하고 있는 항목의 개수이다. len() 함수를 이용하면 알 수 있다.

```
>>> numbers = [ 1, 2, 3, 4, 5, 6 ]
>>> len(numbers)
6
```

len() 함수는 파이썬에 내장되어 있는 기본적인 함수로 거의 모든 자료형에 사용할 수 있다. 예를 들어서 문자열의 길이를 계산할 때도 사용할 수 있다.

```
>>> s = "Hello World!"
>>> len(s)
12
```

우리가 리스트의 길이보다 더 큰 인덱스를 사용하면 오류가 발생한다.

```
>>> numbers = [ 1, 2, 3, 4, 5, 6 ]
>>> numbers[6]
Traceback (most recent call last):
  File "<pyshell#14>", line 1, in <module>
    numbers[6]
IndexError: list index out of range
```

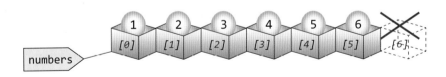

numbers에는 6개의 항목이 있고 인덱스는 0부터 5까지이다. 따라서 우리가 인덱스 6을 사용하면 IndexError 오류가 발생한다.

07 리스트 내부에 있는지 확인하기(in 연산자)

어떤 값이 리스트 내부에 있는 지를 확인하려면 어떻게 해야 할까? in 연산자를 사용하면 된다. 이것은 파이썬에만 있는 독특하면서도 편리한 기능이다. 예를 들어서 다음과 같이 정수를 저장하고 있는 리스트가 있다고 하자.

6이 리스트에 있으니 True

확인하고 싶은 값   리스트

```
>>> numbers = [ 1, 2, 3, 4, 5, 6 ]
>>> 6 in numbers
True
>>> 10 in numbers
False
```

6 in numbers는 리스트 안에 6이 있으면 True, 6이 없으면 False를 반환한다는 것을 알 수 있다. 반대로 어떤 값이 리스트 안에 없으면 True를 반환하는 연산자도 있다. 바로 not in 연산자이다.

```
>>> numbers = [ 1, 2, 3, 4, 5, 6 ]
>>> 10 not in numbers
True
```

in 연산자는 문자열에서 특정 문자가 들어 있는지를 검사하는 데도 사용된다.

```
>>> 'e' in 'Hello'
True
>>> 'z' in 'Hello'
False
```

리스트 방문과 항목 교체

리스트에 어떤 데이터를 저장하였다고 하자. 리스트에서 가장 중요한 작업은 리스트에 저장된 데이터를 하나씩 꺼내서 어떤 처리를 하는 것이다. 예를 들어서 쇼핑 리스트가 있다고 하자. 쇼핑 리스트에서 항목을 하나씩 꺼내서 처리하려면 어떻게 해야 할까? 가장 편리한 방법은 다음과 같이 for-in 구문을 사용하는 것이다.

```python
myList = [ "우유", "사과", "두부", "소고기"]
for item in myList :
    print(item)
```

다음과 같이 인덱스를 사용하여서 항목들을 꺼낼 수도 있다.

```python
myList = [ "우유", "사과", "두부", "소고기"]
for i in range(len(myList)) :
    print(myList[i])
```

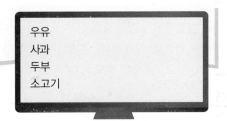

리스트의 길이는 len(myList)처럼 len() 함수를 사용하여 계산할 수 있다.

리스트에 저장된 항목들은 교체할 수 있을까? 물론이다. 교체할 수 있으므로, 리스트가 유용한 것이다. 인덱스를 사용하여서 지정된 위치의 항목을 변경할 수 있다. 쇼핑 중에 생각이 바뀌어서 사과 대신에 커피를 사기로 하였다고 하자.

```python
myList = [ "우유", "사과", "두부", "소고기"]
myList[1] = '커피'
print(myList)
```

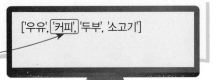

리스트의 장점은 리스트를 생성하고 나서도 항목을 추가하거나 삭제할 수 있다는 점이다. 즉 동적으로 리스트의 변경이 가능하다. 아예 처음부터 공백 리스트를 생성하고 동적으로 항목들을 추가할 수도 있다. 공백 리스트는 []으로 생성한다. 예를 들어서 우리의 쇼핑 리스트에 항목을 동적으로 추가해보자. 리스트에 항목을 추가하려면 리스트 이름 뒤에 점(.)을 찍고 append()를 호출한다.

```python
myList = [ ]
myList.append("우유")
myList.append("사과")
myList.append("두부")
myList.append("소고기")
print(myList)
```

새로운 공백 리스트를 생성한다.

리스트에 하나의 항목을 추가한다.

list_append.py

```
['우유', '사과', '두부', '소고기']
```

이것을 이렇게 생각해보자. 마트에서 비어 있는 쇼핑 카트를 가져와야 구입할 물건들을 카트에 넣는 것으로 생각하자. 우리는 중간에 물건들을 카트에 추가하거나, 카트에서 물건들을 꺼낼 수도 있고, 교체할 수도 있다.

insert(index, item)는 index 위치에 항목 item을 추가한다. 즉 리스트의 중간에 항목을 추가한다. 반면에 append()는 항상 리스트의 끝에 항목을 추가한다.

```python
myList = [ "우유", "사과", "두부", "소고기"]
myList.insert(1, '커피')
print(myList)
```

```
['우유', '커피', '사과', '두부', '소고기']
```

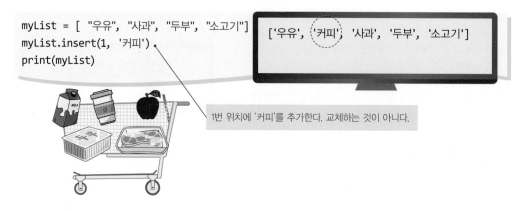

1번 위치에 '커피'를 추가한다. 교체하는 것이 아니다.

10 점(.)이 의미하는 것은?

눈매가 날카로운 독자들은 앞의 소스에서 myList.append("커피") 문장에서 중간에 점(.)이 있는 것을 눈치챘을 것이다. 점(.)은 무엇을 의미할까?

| 객체 | 안에 있는 | 메소드 |

파이썬에서 모든 것은 객체(object)이다. 객체는 프로그래밍에서 매우 중요한 개념이다. 객체는 나중에 14장에서 소개되겠지만, 간단히 밀하자면 "관련있는 변수와 함수를 하나로 묶은 것"이다. 파이썬에서 모든 것이 객체이다. 리스트도 객체이다. 객체 안에 있는 무엇인가를 사용할 때는 객체의 이름을 쓰고 점(.)을 붙인 후에, 객체 안에 포함된 함수의 이름을 적는다. 객체 안에 포함된 함수를 메소드(method)라고 한다.

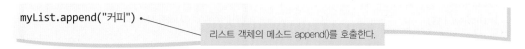

```
myList.append("커피")
```
리스트 객체의 메소드 append()를 호출한다.

리스트가 가지고 있는 메소드는 상당히 많다. 우리는 가장 기본적인 메소드만 학습한다.

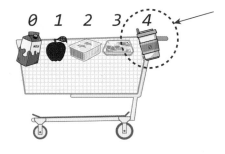

11 항목 삭제하기

우리는 앞에서 리스트에 항목을 추가하거나 변경할 수 있음을 알았다. 항목을 삭제하는 것도 가능할까? 물론이다. remove()와 pop()을 사용하여 삭제할 수 있다.

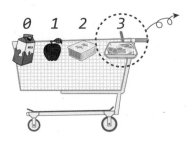

① remove()는 항목의 이름을 받아서 리스트에서 해당 항목을 삭제한다. 예를 들어서 소고기가 너무 비싸서 쇼핑 리스트에서 삭제하려면 remove("소고기")라고 하면 된다.

```python
myList = [ "우유", "사과", "두부", "소고기"]
myList.remove("소고기")
print(myList)
```

list_remove.py

```
['우유', '사과', '두부']
```

remove()를 사용할 때는 삭제하고자 하는 항목의 위치를 알 필요가 없다. 단지 항목이 있다는 사실만 알면 된다. 하지만 지정된 항목이 리스트에 없으면 오류가 발생한다. 오류가 발생하면 프로그램이 중단되기 때문에 피해야 한다. 그렇다면 우리는 어떻게 항목이 리스트 안에 있는지를 알 수 있을까? in 연산자를 사용하면 된다.

```python
if "소고기" in myList:
    myList.remove("소고기")
```

② pop(index)는 특정 인덱스에 있는 항목을 삭제하고 우리에게 항목을 반환한다.

```python
myList = [ "우유", "사과", "두부", "소고기"]
item = myList.pop(0)       # 0번째 항목 "우유" 삭제, item은 우유
print(myList)
```

```
['사과', '두부', '소고기']
```

12 리스트 탐색하기

우리는 리스트에서 특정한 항목을 찾을 수 있다. 얼마나 편리한 기능인가? 다른 언어에서는 상당한 분량의 코드를 작성하여야 한다. index("소고기")하면 리스트에서 "소고기" 항목의 인덱스가 반환된다.

```
myList = [ "우유", "사과", "두부", "소고기"]
i = myList.index("소고기")        # i는 3
```

만약 탐색하고자 하는 항목이 리스트에 없다면 오류가 발생하고 프로그램이 중지된다. 따라서 탐색하기 전에 in 연산자를 이용하여 리스트 안에 항목이 있는지부터 확인하는 편이 안전한다.

```
if "소고기" in myList:
    print(myList.index("소고기"))
```

3

13 리스트 합치기와 반복하기

2개의 리스트를 더할 수 있을까? + 연산자로 가능하다.

```
>>> myList = [ "우유", "사과"]
>>> yourList = [ "두부", "소고기"]
>>> myList+yourList
['우유', '사과', '두부', '소고기']
```

리스트에 특정한 숫자 n을 곱하면 n번만큼 리스트를 반복해서 만들어준다.

```
>>> myList = [ "우유", "사과" ]
>>> myList*2
['우유', '사과', '우유', '사과']
```

14 슬라이싱

슬라이싱(slicing)은 리스트에서 한 번에 여러 개의 항목을 추출하는 기법이다. letters[0:3]이 슬라이싱을 나타낸다.

```
>>> letters = ['A', 'B', 'C', 'D', 'E', 'F']
>>> letters[0:3]
['A', 'B', 'C']
```

letters[0:3]

letters[0:3]와 같이 적으면 0부터 시작하여서 항목들을 추출하다가 3이 나오기 전에 중지한다. 따라서 추출되는 항목의 인덱스는 0, 1, 2가 된다. 추출되는 항목의 개수는 3이 된다. 슬라이싱에서 추출되는 항목의 개수는 (3-0)과 같이 두 번째 인덱스에서 첫 번째 인덱스를 빼서 계산할 수 있다.

리스트를 슬라이싱하더라도 원래의 리스트는 손상되지 않는다. 새로운 리스트가 생성되어서 우리에게 반환된다. 즉 슬라이스는 원래의 리스트의 부분 복사본이라고 생각하면 정확하다.

슬라이스를 더 간략하게 표현할 수도 있다. 첫 번째 인덱스를 생략하면 무조건 리스트의 처음부터라고 가정한다.

```
>>> letters[:3]
['A', 'B', 'C']
```

또 두 번째 인덱스가 생략되면 리스트의 끝까지라고 가정한다. 이것은 생각보다 편리한 기능이다.

```
>>> letters[3:]
['D', 'E', 'F']
```

극단적인 표현도 가능하다. 콜론만 있으면 리스트의 처음부터 끝까지라고 생각한다.

```
>>> letters[:]
['A', 'B', 'C', 'D', 'E', 'F']
```

15 min(), max(), sum() 내장 함수

파이썬에는 아주 편리한 내장 함수들이 제공된다. min(), max(), sum()은 반드시 기억해야 할 내장 함수이다.

함수	설명
min()	리스트에서 최소값을 찾는다.
max()	리스트에서 최대값을 찾는다.
sum()	리스트 안의 값들의 합계를 반환한다.

예제를 통하여 살펴보자.

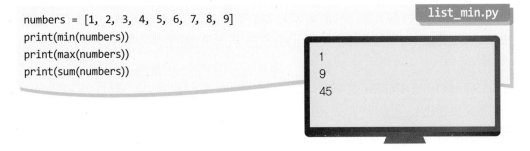

```
numbers = [1, 2, 3, 4, 5, 6, 7, 8, 9]
print(min(numbers))
print(max(numbers))
print(sum(numbers))
```

```
1
9
45
```

min(), max(), sum()은 반복가능한 자료형에서는 모두 적용 가능하다. 예를 들어서 문자열도 반복가능한 자료형이어서 max(), min() 함수를 사용할 수 있다.

```
>>> min("abcdefghijklmnopqrstuvwxyz")
'a'
```

또한 문자열이 저장된 리스트에도 적용할 수 있다. 이 경우 문자열이 사전에 나온 순서대로 비교된다.

```
>>> min(["dog", "cat", "tiger"])
'cat'
```

16 리스트 연산 정리하기

이제까지 등장한 리스트 관련 연산들을 그림과 표로 정리하면 다음과 같다. 반드시 기억하도록 하자.

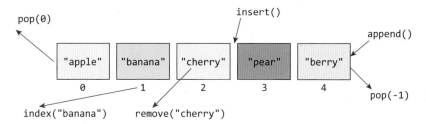

연산의 예	설명
myList[2]	인덱스 2에 있는 요소
myList[2] = 3	인덱스 2에 있는 요소를 3으로 설정한다.
myList.pop(2)	인덱스 2에 있는 요소를 삭제한다.
len(myList)	myList의 길이를 반환한다.
"value" in myList	"value"가 myList에 있으면 True
"value" not in myList	"value" myList에 없으면 True
myList.sort()	myList를 정렬한다.
myList.index("value")	"value"가 발견된 위치를 반환한다.
myList.append("value")	리스트의 끝에 "value"요소를 추가한다.
myList.remove("value")	myList에서 "value"가 나타나는 위치를 찾아서 삭제한다.

리스트는 정렬할 수도 있다. 정렬(sorting)이
란 리스트 안의 항목들을 크기 순으로 나열
하는 것이다. sort()를 사용하면 된다.

list_sort.py
```
numbers = [ 9, 6, 7, 1, 8, 4, 5, 3, 2 ]
numbers.sort()
print(numbers)
```
[1, 2, 3, 4, 5, 6, 7, 8, 9]

sort()는 원래의 리스트를 변경한다. 즉 정렬된 새로운 리스트가 반환되는 것이 아니다. 정렬된
새로운 리스트가 필요하면 sorted() 함수를 사용하여야 한다.

```
numbers = [ 9, 6, 7, 1, 8, 4, 5, 3, 2 ]
new_list = sorted(numbers)
print(new_list)
```
[1, 2, 3, 4, 5, 6, 7, 8, 9]

만약 리스트를 역으로 정렬하고 싶으면 sorted()를 호출할 때, reverse=True을 붙인다.

```
numbers = [ 9, 6, 7, 1, 8, 4, 5, 3, 2 ]
new_list = sorted(numbers, reverse=True)
print(new_list)
```
[9, 8, 7, 6, 5, 4, 3, 2, 1]

문자열인 경우에는 알파벳 순서대로 정렬된다.

Lab 리스트로 그래프 그리기

 데이터 과학에서는 데이터를 시각화하는 것도 매우 중요하다. 시각화는 단순히 원시 데이터를 보는 것 이상의 데이터를 이해하는 강력한 방법을 제공한다. 우리는 리스트를 10개의 난수로 채우고 이 데이터를 그래프로 시각화하여 보자. Matplotlib 라이브러리를 사용한다. 명령 프롬프트에서 다음과 같은 명령어로 설치한다.

```
C> pip install matplotlib
```

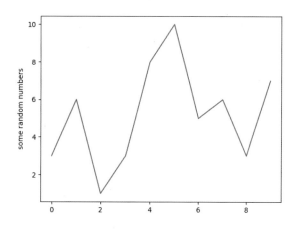

여기를 가리고 먼저 풀어보세요!

소스코드

```python
import matplotlib.pyplot as plt          plot.py
import random

numbers = []
for i in range(10):                       # 난수로 리스트를 채운다.
    numbers.append(random.randint(1, 10))

plt.plot(numbers)                         # 리스트를 선그래프로 그린다.
plt.ylabel('some random numbers')         # 레이블을 붙인다.
plt.show()
```

randint(a, b)는 a에서 b 사이의 난수를 반환한다. a와 b는 모두 난수에 포함된다.

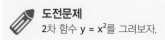 **도전문제**
2차 함수 $y = x^2$를 그려보자.

사용자로부터 2차 함수의 계수를 입력받아서 2차 함수를 그려보자. Matplotlib 라이브러리를 사용한다. 이 실습은 넘파이(numpy) 라이브러리를 이용하면 더 쉽게 할 수 있으나 우리는 리스트의 연습을 위하여 리스트만 사용해보자.

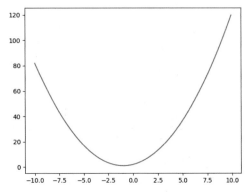

여기를 가리고 먼저 풀어보세요!

graph.py

```python
import matplotlib.pyplot as plt

xlist = []
for i in range(-100, 100):          # -10.0에서 10.0까지의 실수 200개를 만든다.
    xlist.append(i/10.0)

a = int(input("a : "))
b = int(input("b : "))
c = int(input("c : "))

ylist = []
for i in xlist:
    ylist.append(a*i**2 + b*i + c)  # 2차 함수값을 계산하여서 ylist에 저장한다.

plt.plot(xlist, ylist)
plt.show()
```

실습시간 리스트에는 데이터들이 많이 저장된다. 이들 데이터의 평균이나 중간값을 쉽게 계산할 수 있을까? 물론 코드를 작성하여서 계산할 수 있지만, 이 실습에는 statistics라는 라이브러리를 사용해보자.

```
입력 리스트=[2, 3, 3, 4, 5, 5, 5, 5, 6, 6, 6, 7]
평균=4.75
중간값=5.0
최빈값=5
표준편차=1.4847711791873706
```

라이브러리를 사용하지 않고 평균값을 계산하는 코드는 다음과 같다.

```python
sample = [2, 3, 3, 4, 5, 5, 5, 5, 6, 6, 6, 7]
mean = sum(sample)/len(sample)
print(f"평균={mean}")
```

여기를 가리고 먼저 풀어보세요!

소스코드

stats.py

```python
import statistics

sample = [2, 3, 3, 4, 5, 5, 5, 5, 6, 6, 6, 7]

print(f"입력 리스트={sample}")
print(f"평균={statistics.mean(sample)}")
print(f"중간값={statistics.median(sample)}")
print(f"최빈값={statistics.mode(sample)}")
print(f"표준편차={statistics.stdev(sample)}")
```

Lab 비속어 삭제하기

실습시간 문자열을 분석하여 특정 단어(예를 들어 비속어)들을 삭제하는 프로그램을 작성해보자. 문자열을 단어들의 리스트로 만드는 것은 다음과 같은 문장으로 가능하다.

```
>>> s = "You said some winds blow forever and I didn't understand"
>>> words = s.split()
['You', 'said', 'some', 'winds', 'blow', 'forever', 'and', 'I', "didn't", 'understand']
```

삭제하여야 하는 단어들은 다음과 같이 리스트에 저장되어 제공된다고 가정하자.

```
remove_words = ['some', 'forever']
```

입력 문자열:
You said some winds blow forever and I didn't understand
삭제 단어들:
['some', 'forever']
삭제 후 남은 단어들
['You', 'said', 'winds', 'blow', 'and', 'I', "didn't", 'understand']

여기를 가리고 먼저 풀어보세요!

- -

소스코드

```
s = "You said some winds blow forever and I didn't understand"
list1 = s.split()
remove_words = ['some', 'forever']

print("입력 문자열:")
print(s)
print("삭제 단어들:")
print(remove_words)
print("삭제 후 남은 단어들")

for word in list1:
    if word in remove_words:
            list1.remove(word)
print(list1)
```

rem_words.py

 도전문제
결과로 생성된 단어들의 리스트를 다시 문자열로 만들어보자. 문자열의 join() 메소드를 사용하는 것이 제일 좋지만 여기서는 리스트의 연산만을 사용해보자.

반복 구조를 사용하여 화면에 오륜기를 그려보자. 터틀 그래픽의 circle()을 사용하여 원을 그리고 원을 그리기 전에 begin_fill()을 호출하고 원을 그린 후에 end_fill()을 호출하면 원이 지정된 색상으로 채워진다. 오륜기의 색상과 위치를 리스트에 저장해보자.

여기를 가리고 먼저 풀어보세요!

olimpic.py

```python
import turtle

def draw_olympic_symbol():
    positions = [[0, 0, "blue"], [-120, 0, "purple"], [60,60, "red"],
                 [-60, 60, "yellow"], [-180, 60, "green"]]
    for x, y, c in positions:
        t.penup()
        t.goto(x, y)
        t.pendown()
        t.color(c, c)
        t.begin_fill()
        t.circle(30)
        t.end_fill()

t = turtle.Turtle()
draw_olympic_symbol()
turtle.done()
```

18 딕셔너리

딕셔너리(dictionary)도 리스트와 같이, 여러 개의 데이터를 한 곳에 저장하는 방법이다. 하지만 딕셔너리에는 키(key)와 값(value)이 하나의 쌍으로 저장된다. 예를 들자면 주소록에서는 이름이 키가 되고 전화번호가 값이 된다.

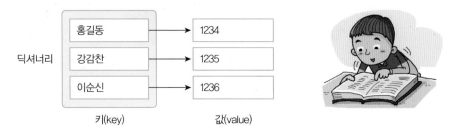

딕셔너리는 다음과 같이 키와 값을 나열하여서 만들 수 있다.

```
phone_book = {'홍길동': '1234', '이순신': '1235', '강감찬': '1236'}
```

딕셔너리에서 가장 중요한 연산은 무엇일까? 키를 가지고 연관된 값을 찾는 것이다. 주소록 같으면 이름을 가지고 전화번호를 찾을 수 있어야 할 것이다. 다음과 같은 코드로 가능하다. 리스트에서는 인덱스를 가지고 항목을 찾을 수 있지만 딕셔너리에서는 키를 가지고 항목을 찾는다.

```
>>> phone_book["강감찬"]
'1236'
```

딕셔너리에 저장된 값을 변경하려면 다음과 같이 한다.

```
>>> phone_book["강감찬"] = '9999'
>>> phone_book["강감찬"]
'9999'
```

19 동적으로 딕셔너리에 항목 추가

이번에는 공백 딕셔너리를 생성하고 여기에 하나씩 전화번호를 추가해보자. 공백 딕셔너리는 빈 중괄호 { }로 생성할 수 있다.

```
>>> phone_book = { }
```

이름과 전화번호를 공백 딕셔너리에 동적으로 추가해보자.

```
>>> phone_book["홍길동"] = '1234'
>>> phone_book["이순신"] = '1235'
>>> phone_book["강감찬"] = '1236'
>>> phone_book
{'홍길동': '1234', '이순신': '1235', '강감찬': '1236'}
```

딕셔너리에서 사용되는 모든 키를 출력하려면 keys()를 사용한다.

```
>>> phone_book.keys()
dict_keys(['홍길동', '이순신', '강감찬'])
```

딕셔너리에서 사용되는 모든 값을 출력하려면 values()를 사용한다.

```
>>> phone_book.values()
dict_values(['1234', '1235', '1236'])
```

20 리스트 vs 딕셔너리

리스트와 마찬가지로 딕셔너리도 어떤 유형의 값도 저장할 수 있다. 즉 정수, 문자열, 다른 리스트, 다른 딕셔너리도 항목으로 저장할 수 있다. 다음과 같은 코드는 한 학생에 대한 정보를 딕셔너리로 저장하고 있다.

```python
dict = {'Name': 'Kim', 'Age': 20, 'Class': '초급'}

print (dict['Name'])
print (dict['Age'])
```

```
Kim
20
```

딕셔너리와 리스트를 비교해보면 다음과 같다.

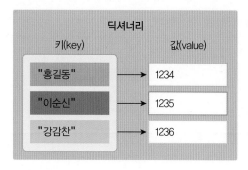
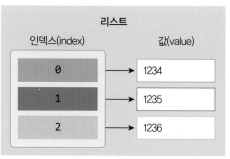

21 딕셔너리 방문 연산과 삭제 연산

딕셔너리의 모든 항목을 방문하면서 출력할 수 있을까? 리스트와 유사한 for 루프를 사용하면 된다.

```
>>> for key in sorted(phone_book.keys()):
        print(key, phone_book[key])

강감찬 1235
이순신 1236
홍길동 1234
```

딕셔너리 안에서 항목들은 정렬되지 않는다. 그래서 우리는 for 루프에서 sorted() 함수를 사용하여서 딕셔너리의 키들을 정렬시켰다.

딕셔너리의 항목을 삭제하려면 pop()을 사용한다.

```
>>> phone_book.pop("홍길동")
'1234'
>>> phone_book
{'강감찬': '1235', '이순신': '1236'}
```

딕셔너리의 모든 항목을 삭제하려면 clear()를 사용한다.

```
>>> phone_book.clear()
>>> print(phone_book)
{}
```

22 딕셔너리 메소드 정리

딕셔너리의 메소드를 정리해보면 다음과 같다. 우리가 학습하지 않은 메소드도 나열하였다.

연산	설명
d = { }	공백 딕셔너리를 생성한다.
$d = \{k_1 : v_1, k_2 : v_2, \cdots, k_n : v_n\}$	초기값으로 딕셔너리를 생성한다.
len(d)	딕셔너리에 저장된 항목의 개수를 반환한다.
k in d	k가 딕셔너리 d 안에 있는지 여부를 반환한다.
k not in d	k가 딕셔너리 d 안에 없으면 True를 반환한다.
d[key] = value	d에 키와 값을 저장한다.
v = d[key]	딕셔너리에서 key에 해당되는 값을 반환한다.
d.get(key, default)	주어진 키를 가지고 값을 찾는다. 만약 없으면 default 값이 반환된다.
d.pop(key)	항목을 삭제한다.
d.values()	딕셔너리 안의 모든 값의 시퀀스를 반환한다.
d.keys()	딕셔너리 안의 모든 키의 시퀀스를 반환한다.
d.items()	딕셔너리 안의 모든 (키, 값)을 반환한다.

실습시간 편의점에서 재고 관리를 수행하는 프로그램을 작성해보자. 편의점에서 판매하는 물건의 재고를 딕셔너리에 저장한다. 아주 작은 편의점이라 취급하는 물건은 다음과 같다.

```
items = { "커피음료": 7, "펜": 3, "종이컵": 2,
    "우유": 1, "콜라": 4, "책": 5 }
```

사용자로부터 물건의 이름을 입력받아서 물건의 재고를 출력하는 프로그램을 작성해보자.

```
물건의 이름을 입력하시오: 콜라
4
```

여기를 가리고 먼저 풀어보세요!

소스코드
```
items = { "커피음료": 7, "펜": 3, "종이컵": 2,
    "우유": 1, "콜라": 4, "책": 5 }

item = input("물건의 이름을 입력하시오: ");
print (items[item])
```

stocks.py

✏️ **도전문제**
위의 프로그램을 편의점의 재고를 관리하는 프로그램으로 업그레이드해보자. 즉 재고를 증가, 또는 감소시킬 수도 있도록 코드를 추가하여 보자. 간단한 메뉴도 만들어보자.

실습시간 딕셔너리의 첫 번째 용도는 말 그대로 사전을 만드는 것이다. 우리는 영한 사전을 구현하여 보자. 어떻게 하면 좋은가? 공백 딕셔너리를 생성하고 여기에 영어 단어를 키로 하고 설명을 값으로 하여 저장하면 될 것이다.

```
단어를 입력하시오(종료는 q): one
하나
단어를 입력하시오(종료는 q): two
둘
...
```

여기를 가리고 먼저 풀어보세요!

 소스코드   eng_dict.py

```
english_dict = { }

english_dict['one'] = '하나'
english_dict['two'] = '둘'
english_dict['three'] = '셋'

while True:
    word = input("단어를 입력하시오(종료는 q): ");
    if word == "q":
        break;
    print (english_dict[word])
```

 도전문제
(1) 단어가 사전에 없으면 오류가 발생한다. 이것을 막으려면 어떻게 해야 하는가?
(2) 영한사전이 아닌 한영사전을 만들려면 어떻게 해야 하는가?
(3) 영어 단어를 추가하는 기능도 만들어보자.

Lab 일정 애플리케이션 만들기

실습시간 일정 애플리케이션을 작성하고자 한다. 일정 애플리케이션을 구현하는 한 가지 방법은 딕셔너리를 사용하고 날짜를 키로, 일정을 값으로 저장하면 된다.

여기를 가리고 먼저 풀어보세요!

소스코드

schedule.py

```python
mydict = {}

while True:
    date = input("날짜를 입력하시오: ")
    if date == "q" : break
    job = input("일정을 입력하시오: ")

    if date not in mydict:
        mydict[date]=job
    else:
        print("오류입니다.")

print(mydict)
```

 도전문제
어떤 특정한 날에는 일정이 두 개 이상일 수 있다. 이때는 어떻게 해야 할까? 일정을 리스트로 저장하면 어떨까? 딕셔너리 안에 값으로 리스트도 저장할 수 있다. 구현해보자.

Lab 과자 먹기 게임 업그레이드

실습시간 8장에서 작성하였던 과자 먹기 게임 기억나는지 모르겠다. 8장에서는 과자가 1개만 생성되었다. 만약 과자가 10개 정도 있어야 한다면 어떻게 해야 할까? 과자를 하나씩 생성하여서 리스트에 저장하여야 한다.

점수=2

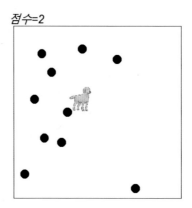

과자를 생성하여서 리스트에 저장하고 리스트에 저장된 과자를 꺼내서 하나씩 처리한다.

```
for i in range(10):
    bread = turtle.Turtle()
    bread.shape("circle")
    bread.penup()
    x = random.randint(-180,180)
    y = random.randint(-180,180)
    bread.goto(x,y)
    myList.append(bread)
```

과자의 위치는
난수로 생성된다.

Lab 과자 먹기 게임 업그레이드 Solution

```python
import turtle
import random
import time

score = 0
myList = []                              # 공백 리스트를 생성한다.

screen = turtle.Screen()
screen.tracer(0)                         # 화면을 우리가 업데이트하겠다고 알린다.
screen.addshape("dog.gif")

player = turtle.Turtle()                 # 주인공 강아지를 생성한다.
player.shape("dog.gif")
player.up()
player.goto(-200, 200)
player.down()
player.goto(200, 200)                    # 경기장을 그린다.
player.goto(200, -200)
player.goto(-200, -200)
player.goto(-200, 200)
player.up()
player.goto(0, 0)

display = turtle.Turtle()                # 점수를 표시하는 터틀 객체를 생성한다.
display.hideturtle()
display.penup()
display.goto(-210,200)
display.write(f"점수={score}", font=("Arial",20,"italic"))

for i in range(10):                      # 과자 10개를 생성하고 리스트에 저장한다.
    bread = turtle.Turtle()
    bread.shape("circle")
    bread.penup()
    x = random.randint(-180,180)
    y = random.randint(-180,180)
    bread.goto(x,y)
    myList.append(bread)
```

```
def moveRight():
    player.setheading(0)
    player.forward(10)

def moveLeft():
    player.setheading(180)
    player.forward(10)

def moveUp():
    player.setheading(90)
    player.forward(10)

def moveDown():
    player.setheading(270)
    player.forward(10)

screen.listen()
screen.onkeypress(moveRight,"Right")        # 키 이벤트를 처리한다.
screen.onkeypress(moveLeft,"Left")
screen.onkeypress(moveUp,"Up")
screen.onkeypress(moveDown,"Down")

while True:                                  # 게임 루프이다.
    for cookie in myList:                    # 리스트에 저장된 과자를 하나씩 처리한다.
        if player.distance(cookie) < 30:     # 강아지와의 거리가 30 미만이면
            x = random.randint(-180,180)
            y = random.randint(-180,180)
            cookie.goto(x,y)
            score = score + 1                # 점수를 하나 증가한다.
            display.clear()                  # 점수를 다시 표시한다.
            display.write(f"점수={score}", font=("Arial",20,"italic"))
    screen.update()                          # 화면을 업데이트한다.
```

이번 장에서 배운 것

» 리스트가 무엇인지 설명할 수 있나요?
  • 리스트는 여러 가지 값을 저장하기 위하여 만들어진 자료형이다. 수치값이나 문자열, 객체 등을 저장할 수 있다.
» 리스트의 각종 연산에 대하여 설명할 수 있나요?
  • 리스트에서 항목을 꺼낼 때는 인덱스를 사용하는 것이 기본이다. 이외에 append()를 사용하여 리스트의 끝에 추가할 수 있고 pop()을 이용하여 항목을 삭제할 수 있다.
» 딕셔너리가 무엇인지 설명할 수 있나요?
  • 딕셔너리는 리스트와 유사하지만 키와 값을 쌍으로 저장하는 자료형이다. 예를 들어서 영어 단어와 단어의 의미를 쌍으로 묶어서 저장할 수 있다.
» 딕셔너리의 각종 연산에 대하여 설명할 수 있나요?
  • 딕셔너리에서는 키를 가지고 값을 찾는 것이 기본이다. 예를 들어서 value = d[key]와 같은 형식을 사용한다. 딕셔너리에 새로운 (키, 값)을 추가하려면 d[key] = value 형식을 사용한다. pop()을 이용하여 (키, 값)을 삭제할 수 있다.

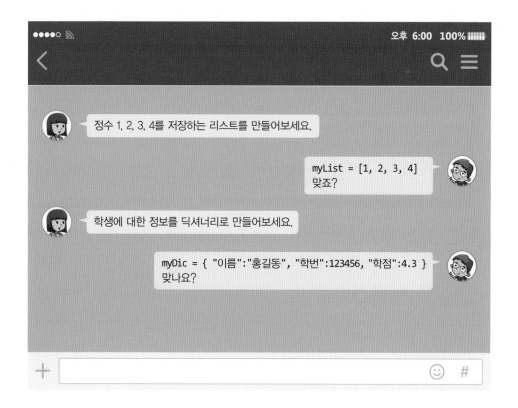

1 사용자로부터 5개의 숫자를 읽어서 리스트에 저장하고 숫자들의 평균을 계산하여 출력하는 프로그램을 작성해보자.

```
정수를 입력하시오: 10
정수를 입력하시오: 20
정수를 입력하시오: 30
정수를 입력하시오: 40
정수를 입력하시오: 50
평균= 30.0
```

HINT 공백 리스트를 생성하고 사용자한테서 받은 정수를 append()로 리스트에 추가한다. 리스트의 크기는 len(alist)을 사용한다. len()은 내장 함수이다.

2 주사위를 던져서 나오는 값들의 빈도를 계산하는 프로그램을 작성해보자. 즉 1, 2, 3, 4, 5, 6의 값이 각각 몇 번이나 나오는지를 계산한다. 난수 발생 함수와 리스트를 사용해보자.

```
주사위가 1 인 경우는 166번
주사위가 2 인 경우는 171번
주사위가 3 인 경우는 175번
주사위가 4 인 경우는 172번
주사위가 5 인 경우는 166번
주사위가 6 인 경우는 150번
```

HINT 많은 방법으로 할 수 있는 문제이다. 주사위 값이 나오는 빈도를 다음과 같은 리스트에 저장해보자.

```
counters = [0, 0, 0, 0, 0, 0]
```

주사위를 던져서 값이 나오면 해당되는 항목을 증가시킨다.

```
value = random.randint(0, 5)
counters[value] = counters[value] + 1
```

3   딕셔너리를 사용하여서 친구들의 이름과 전화번호를 저장해보자. 사용자로부터 친구
    들의 이름과 전화번호를 입력받고 딕셔너리에 저장한다. 이름을 입력하지 않고 엔터키를
    치면 검색모드가 된다. 검색 모드에서는 친구들의 이름으로 전화번호를 검색할 수 있도
    록 한다.

```
(입력모드)이름을 입력하시오: Hong
전화번호를 입력하시오: 1234
(입력모드)이름을 입력하시오: Kim
전화번호를 입력하시오: 1235
(입력모드)이름을 입력하시오: Enter
(검색모드)이름을 입력하시오: Hong
Hong 의 전화번호는 1234 입니다.
```

HINT   공백 딕셔너리를 생성하고 사용자가 입력하는 대로 딕셔너리에 추가한다.

```python
contacts = { }

while True:
    name = input("(입력모드)이름을 입력하시오: ")
        if not name:
                break;
        tel = input("전화번호를 입력하시오: ")
        contacts[name] = tel
```

4 인터넷 도메인의 약자와 해당되는 국가를 딕셔너리에 저장해보자. 예를 들어서 "kr"은 대한민국으로 저장되어야 한다. 딕셔너리를 순회하면서 모든 키와 값을 출력하는 프로그램을 작성해보자.

```
kr : 대한민국
us : 미국
jp : 일본
de : 독일
sk : 슬로바키아
```

HINT 딕셔너리에서 키와 값을 모두 꺼내서 출력하려면 다음과 같은 문장을 사용한다.

```python
domains = { "kr": "대한민국", ...  }

for k, v in domains.items():
    print (k, ": ", v)
```

5 딕셔너리에 문제와 정답을 저장하고 하나씩 꺼내서 사용자에게 제시하는 프로그램을 작성해보자. 사용자는 문자열로 답해야 한다. 번호로 답할 수는 없다.

```
다음은 어떤 단어에 대한 설명일까요?
"최근에 가장 떠오르는 프로그래밍 언어"
(1) 파이썬 (2) 변수 (3) 함수 (4) 리스트
파이썬
정답입니다!
다음은 어떤 단어에 대한 설명일까요?
"데이터를 저장하는 메모리 공간"
(1) 파이썬 (2) 변수 (3) 함수 (4) 리스트
...
```

HINT 딕셔너리에서 키만을 꺼낼 때는 다음과 같은 문장을 사용한다.

```
problems   = {'파이썬': '최근에 가장 떠오르는 프로그래밍 언어',
              '변수': '데이터를 저장하는 메모리 공간',
              '함수': '작업을 수행하는 문장들의 집합에 이름을 붙인것',
              '리스트': '서로 관련이 없는 항목들의 모임',
              }
for word in problems.keys():
   ...
```

6 색상을 리스트에 저장한다. 리스트에 저장된 색상을 하나씩 꺼내어 거북이의 색상으로
   설정하면서 속이 채워진 사각형을 그리는 프로그램을 작성해보자.

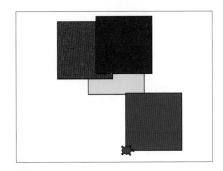

HINT   draw_square(x, y, c)를 작성하고 for c in ["yellow", "red", "purple", "blue"]:
t.draw_square(x, y, c)을 호출한다.

7 색상을 리스트에 저장한다. 리스트에 저장된 색상을 하나씩 꺼내어 거북이의 색상으로
   설정하면서 속이 채워진 다각형을 그리는 프로그램을 작성해보자.

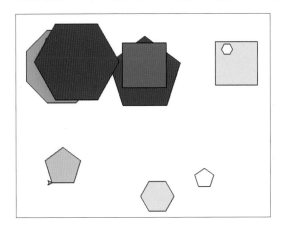

HINT 화면의 (x, y) 위치에 다각형을 그리는 함수 def draw_shape(t, c, length, sides, x, y)을 작성한다. 색상을 리스트에 저장하고 하나씩 꺼내서 거북이의 색상으로 설정한다. 난수를 발생하여 랜덤한 위치에 랜덤한 크기의 다각형을 그려보자.

8 색상을 리스트에 저장한다. 리스트에 저장된 색상을 하나씩 꺼내어 거북이의 색상으로 설정하면서 속이 채워진 별을 랜덤한 위치에 그리는 프로그램을 작성해보자.

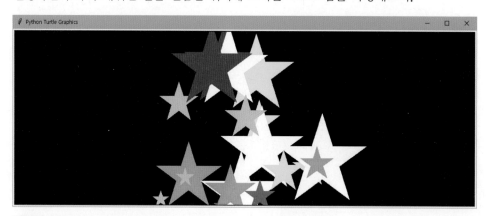

HINT 화면의 (x, y) 위치에 별을 그리는 함수 draw_star(color, length, x, y)을 작성한다. 색상을 리스트에 저장하고 하나씩 꺼내서 거북이의 색상으로 설정한다. 난수를 발생하여 랜덤한 위치에 랜덤한 크기의 별을 그려보자. 참 화면의 배경색을 검정으로 하려면 s = turtle.Screen(); s.bgcolor("black"); 을 실행한다.

tkinter로
GUI 만들기

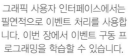

그래픽 사용자 인터페이스에서는 필연적으로 이벤트 처리를 사용합니다. 이번 장에서 이벤트 구동 프로그래밍을 학습할 수 있습니다.

그래픽 사용자 인터페이스는 일반적인 프로그램과 다른 특징이 있나요?

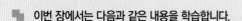 이번 장에서는 다음과 같은 내용을 학습합니다.

- tkinter로 온도 변환기 프로그램을 만들 수 있나요?
- tkinter로 그림판 프로그램을 만들 수 있나요?
- tkinter로 계산기 프로그램을 만들 수 있나요?

우리는 이제까지 프로그램의 실행 결과를 파이썬 쉘에 문자로 표시하였다. 하지만 우리가 알다시피 요즘 이런 식으로 사용자와 의사소통하는 프로그램은 거의 없다. 요즘의 프로그램은 윈도우, 메뉴, 버튼, 마우스를 사용하여 사용자와 정보를 교환한다. 이러한 사용자 인터페이스 방법을 GUI(Graphical User Interface)라고 한다. 마이크로소프트사의 윈도, 애플 매킨토시 운영체제가 대표적인 GUI이다.

이번 장에서 우리가 작성할 프로그램은 다음과 같다.

(1) 3장에서 제작하였던 온도 변환 프로그램을 GUI 버전으로 다시 제작해보자.

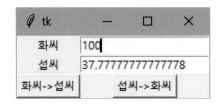

(2) 마우스를 사용하여 화면에 그림을 그리는 프로그램을 작성해보자.

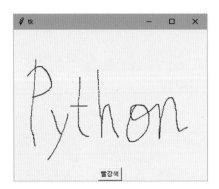

(3) 계산기를 작성하여 보자(ADVNCED).

02 tkinter란?

우리는 이제까지 화면에 그림을 그릴 때, turtle 모듈을 사용하였다. turtle 모듈은 이해하기 쉽고 사용하기 쉽지만, 약간의 약점이 있다. 다양한 그림을 그리기 힘들고 속도가 느리다(물론 약간의 속도 조정은 가능하다). 게임과 같은 애플리케이션을 작성하려면 상당히 빠른 그래픽을 필요로 한다. 또 마우스와 키보드에서 입력을 받을 수 있어야 한다.

 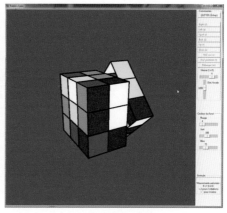

이미지 출처: http://www.pythonbase.com/show/10-432-1.html, 이미지 출처: 유튜브 yannprada46

파이썬은 다양한 모듈을 통하여 그래픽을 제공한다. tkinter는 "Tk interface"의 약자이다. Tk는 유닉스 계열 컴퓨터에서 예전부터 많이 사용했던 플랫폼 독립적인 GUI 라이브러리이다. 만약 tkinter가 없었다면 파이썬은 그다지 매력적이지 못했을 수도 있다. 파이썬에는 그래픽 프로그램을 개발하기 위한 다양한 모듈들이 있지만 tkinter가 가장 많은 지지를 받고 있다.

tkinter는 파이썬을 설치할 때 기본으로 포함되는 그래픽 모듈이다. tkinter를 이용하면 윈도우를 생성하고 버튼이나 레이블과 같은 위젯을 이용하여서 사용자와 상호작용하는 프로그램을 작성할 수 있다. 또 사각형이나 원 등의 기본적인 도형을 빠르게 그릴 수 있다. tlinter를 이용하여 프로그램을 작성하다보면 파이썬 프로그래밍의 여러 가지 개념을 쉽게 이해할 수 있을 것이다. 이번 장에서는 주로 tkinter를 이용하여 버튼이나 레이블, 기타 요소들을 사용하여 사용자와 인터페이스하는 방법을 학습할 것이다.

위젯(widget)은 정보를 표시하거나 사용자가 응용 프로그램과 상호 작용할 수 있는 특정 방법을 제공하는 GUI의 요소이다. 버튼이나 체크 박스 등이 대표적인 위젯이다. tkinter은 아주 다양한 위젯을 제공한다.

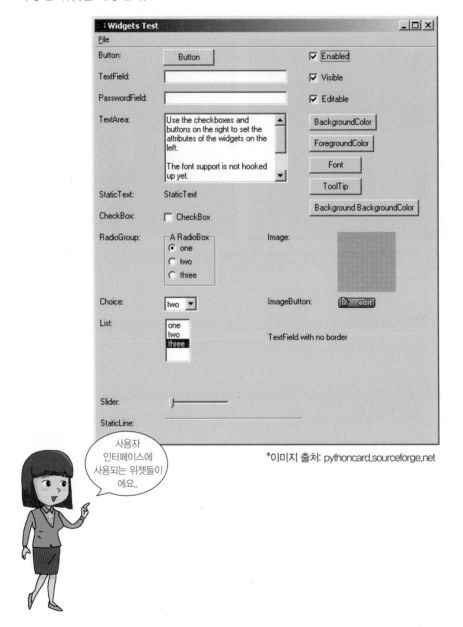

*이미지 출처: pythoncard.sourceforge.net

사용자 인터페이스에 사용되는 위젯들이에요..

우리는 이장에서 필수적인 위젯만을 엄선하여 학습할 것이다.

위젯	설명
Button	간단한 버튼으로 명령을 수행할 때 사용된다.
Canvas	화면에 무언가를 그릴 때 사용한다.
Checkbutton	2가지의 구별되는 값을 가지는 변수를 표현한다.
Entry	한 줄의 텍스트를 입력받는 필드이다.
Frame	컨테이너 클래스이다. 프레임은 경계선과 배경을 가지고 있다. 다른 위젯들을 그룹핑하는데 사용된다.
Label	텍스트나 이미지를 표시한다.
Listbox	선택 사항을 표시한다.
Menu	메뉴를 표시한다. 풀다운 메뉴나 팝업 메뉴가 가능하다.
Menubutton	메뉴 버튼이다. 풀다운 메뉴가 가능하다.
Message	텍스트를 표시한다. 레이블 위젯과 비슷하다. 하지만 자동적으로 주어진 크기로 텍스트를 축소할 수 있다.
Radiobutton	여러 값을 가질 수 있는 변수를 표시한다.
Scale	슬라이더를 끌어서 수치값을 입력하는데 사용된다.
Scrollbar	캔버스, 엔트리, 리스트 박스, 텍스트 위젯을 위한 스크롤바를 제공한다.
Text	형식을 가지는 텍스트를 표시한다. 여러 가지 스타일과 속성으로 텍스트를 표시할 수 있다.
Toplevel	최상위 윈도우로 표시되는 독립적인 컨테이너 위젯이다.
LabelFrame	경계선과 제목을 가지는 프레임 위젯의 변형이다.
PanedWindow	자식 위젯들을 크기조절이 가능한 패널로 관리하는 컨테이너 위젯이다.
Spinbox	특정한 범위에서 값을 선택하는 엔트리 위젯의 변형

04 단순 위젯과 컨테이너 위젯

파이썬이 제공하는 위젯은 크게 단순 위젯과 컨테이너 위젯으로 나누어진다. 컨테이너란 다른 위젯들을 내부에 넣을 수 있는 위젯을 의미한다.

단순 위젯

단순한 위젯으로서 Button, Canavs, Checkbutton, Entry, Label, Message 등이 여기에 속한다.

컨테이너 컴포넌트

다른 컴포넌트를 내부에 포함할 수 있는 컴포넌트로서 Frame, Toplevel, LabelFrame, PanedWindow 등이 여기에 속한다.

05 버튼이 있는 윈도우를 생성해보자

기초적인 예제로 하나의 버튼이 있는 윈도우를 생성해보자. tkinter를 사용하면 그다지 어렵지 않다.

```
① from tkinter import *
②
③ window = Tk()
④ button = Button(window, text="클릭하세요!")
⑤ button.pack()
⑥
⑦ window.mainloop()
```

window1.py

① from tkinter import *

tkinter 모듈에 있는 모든 함수를 포함시키라는 의미이다. 모듈이란 함수들이 모인 것이다. * 표시가 모든 것을 의미한다. tkinter 모듈 안의 모든 것이 포함되면 모듈의 이름을 앞에 붙이지 않아도 모듈 안에 있는 함수를 사용할 수 있다.

③ window = Tk()

제일 먼저 최상위 윈도우를 생성하여야 한다. tkinter 모듈 안에 있는 Tk 클래스가 하나의 윈도우를 나타낸다. Tk 클래스는 제목을 가지고 있는 일반적인 윈도우이다. Tk 클래스의 객체를 생성하면 화면에 하나의 윈도우가 생성된다. 이 윈도우 안에 여러 가지 위젯를 추가할 수 있다.

④ button = Button(window, text="클릭하세요!")

이 문장으로 버튼 위젯을 생성한다. Button은 버튼을 나타내는 클래스이다. Button()의 첫 번째 매개 변수로 최상위 윈도우 객체 window가 전달되고 두 번째 매개 변수에는 버튼에 표시되는 텍스트가 전달된다. 윈도우에 버튼이 추가된다.

⑤ button.pack()

버튼에 대하여 pack() 메소드가 호출된다. pack()은 버튼을 쌓아서 윈도우에 표시하라는 의미이다. 버튼을 생성하더라도 pack() 함수를 호출하지 않으면 화면에 버튼이 나타나지 않는다.

⑦ window.mainloop()

window.mainloop()는 윈도우에서 발생하는 여러 가지 이벤트를 처리하는 함수이다. 마우스나 키보드 이벤트 뿐만 아니라 윈도우 시스템에서 오는 여러 가지 이벤트도 함께 처리한다.

tkinter에서 사용자로부터 입력을 받으려면 엔트리(Entry) 위젯이 필요하다. 그리고 화면에 어떤 텍스트를 표시하려면 레이블(Label) 위젯도 필요하다. 온도를 변환하는 프로그램을 작성해보자. 아래의 코드를 파일에 입력하고 실행해본다.

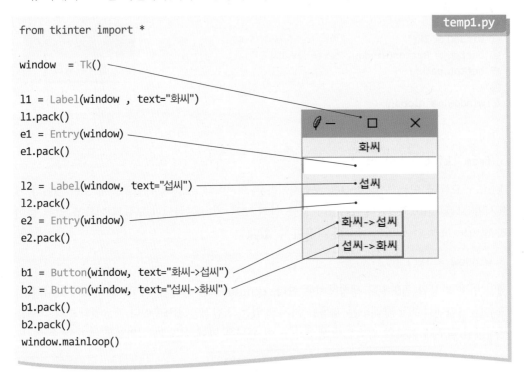

```python
from tkinter import *

window  = Tk()

l1 = Label(window , text="화씨")
l1.pack()
e1 = Entry(window)
e1.pack()

l2 = Label(window, text="섭씨")
l2.pack()
e2 = Entry(window)
e2.pack()

b1 = Button(window, text="화씨->섭씨")
b2 = Button(window, text="섭씨->화씨")
b1.pack()
b2.pack()
window.mainloop()
```

temp1.py

엔트리 위젯은 사용자로부터 텍스트를 입력받을 때 사용한다. 레이블 위젯은 화면에 텍스트를 표시할 때 사용한다. 위젯들을 생성할 때는 위젯들이 속하는 컨테이너 위젯을 인수로 주어야 한다. 우리는 배치 관리자로 pack()을 사용하고 있는데, 어쩐지 좀 어색해 보인다. 다음 페이지에서 격자 배치 관리자를 사용하여서 좀 더 세련되게 배치해보자.

07 배치 관리자

버튼이나 레이블 등의 위젯은 컨테이너 내부에 배치된다. 위젯의 크기나 위치를 프로그래머가 절대 좌표값으로 지정할 수도 있다. 그러나 이 방법은 단점을 가지고 있다. 파이썬 프로그램은 크기가 다른 플랫폼에서 실행될 수 있고, 이런 경우에는 플랫폼마다 위젯의 위치나 크기가 달라질 수 있다.

이런 문제점을 해결하기 위하여, 파이썬에서는 위젯의 배치를 배치 관리자(layout manager)라고 하는 객체에 맡긴다. 배치 관리자는 컨테이너 안에 존재하는 위젯의 크기와 위치를 자동적으로 관리한다. 파이썬에서는 여러 가지의 배치를 제공하는 배치 관리자가 제공되며 같은 개수의 버튼을 가지고 있더라도 배치 관리자에 따라 상당히 달라 보일 수 있다.

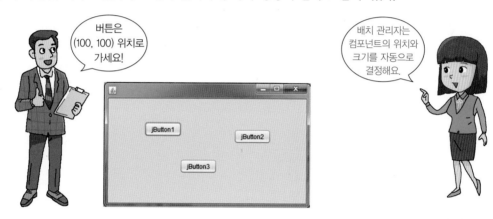

파이썬은 3종류의 배치 관리자를 제공한다. 적층(pack) 배치 관리자, 격자(grid) 배치 관리자, 절대(place) 배치 관리자가 바로 그것이다.

- 적층(pack) 배치 관리자: 위젯들을 수직이나 수평으로 쌓아서 배치한다.
- 격자(grid) 배치 관리자: 위젯들을 격자(그리드) 모양으로 배치한다.
- 절대(place) 배치 관리자: 절대 좌표를 사용하여 위젯을 배치한다.

08 격자 배치 관리자

격자 배치 관리자(grid geometry manager)는 위젯 (버튼, 레이블 등)을 테이블 형태로 배치한다. 격자 배치 관리자를 사용하면 부모 윈도우는 행 및 열로 분할되고, 각 위젯은 하나의 셀에 배치된다. 격자 배치 관리자는 얼마나 많은 행과 열이 실제로 필요한지를 추적한다. 행과 열의 크기도 자동으로 결정된다. 온도 변환 프로그램의 위젯들을 격자 모양으로 배치해보자.

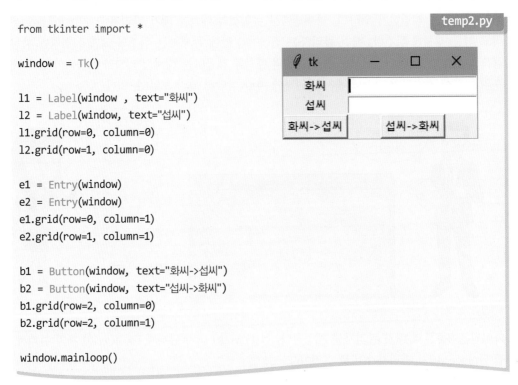

```
from tkinter import *

window = Tk()

l1 = Label(window , text="화씨")
l2 = Label(window, text="섭씨")
l1.grid(row=0, column=0)
l2.grid(row=1, column=0)

e1 = Entry(window)
e2 = Entry(window)
e1.grid(row=0, column=1)
e2.grid(row=1, column=1)

b1 = Button(window, text="화씨->섭씨")
b2 = Button(window, text="섭씨->화씨")
b1.grid(row=2, column=0)
b2.grid(row=2, column=1)

window.mainloop()
```

temp2.py

앞의 소스에서 pack()을 grid()로 변경하였고, 몇 개의 위젯을 추가하였다. 예를 들어 grid(row=0, column=0)하면 테이블의 0행 0열에 배치된다.

(0,0)	(0,1)
(1,0)	(1,1)
(2,0)	(2,1)

grid(row=0, column=0)

앞의 프로그램에서 우리가 버튼을 100번 클릭하더라도 아무런 일도 발생하지 않는다. 어떻게 하면 버튼이 클릭되었을 때 어떤 작업을 하게 할 수 있을까? 버튼이 발생하는 이벤트를 처리하는 함수를 지정해주면 된다. process()라는 함수를 정의하고 파이썬 셀에 "안녕하세요?"를 출력하도록 정의한다.

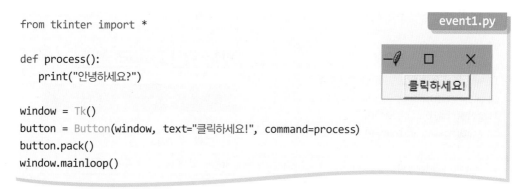

```python
from tkinter import *

def process():
    print("안녕하세요?")

window = Tk()
button = Button(window, text="클릭하세요!", command=process)
button.pack()
window.mainloop()
```

event1.py

버튼을 생성할 때, 키워드 인수 command를 추가하고 여기에 우리가 정의한 함수 이름을 전달하였다. 버튼이 클릭되면 키워드 인수 command를 통하여 전달된 함수를 호출하라고 파이썬에 알려주는 것이다. 변경된 프로그램을 실행하고 버튼을 클릭하면 클릭할 때마다 파이썬 셀에 "안녕하세요?"가 출력된다.

10 버튼 이벤트 처리하기 #2

온도 변환 프로그램의 버튼 하나에 함수를 연결하여 이벤트를 처리하여 보자.

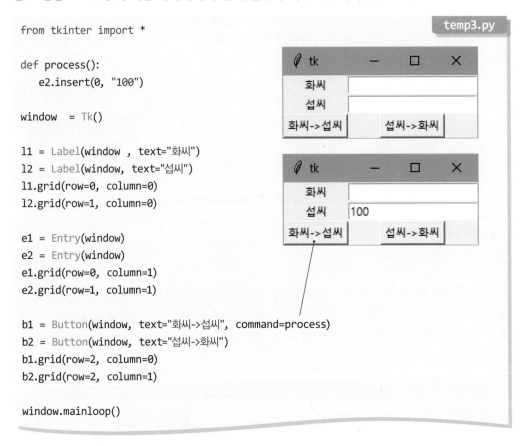

```python
from tkinter import *

def process():
    e2.insert(0, "100")

window  = Tk()

l1 = Label(window , text="화씨")
l2 = Label(window, text="섭씨")
l1.grid(row=0, column=0)
l2.grid(row=1, column=0)

e1 = Entry(window)
e2 = Entry(window)
e1.grid(row=0, column=1)
e2.grid(row=1, column=1)

b1 = Button(window, text="화씨->섭씨", command=process)
b2 = Button(window, text="섭씨->화씨")
b1.grid(row=2, column=0)
b2.grid(row=2, column=1)

window.mainloop()
```

위의 프로그램에서 "화씨->섭씨" 버튼을 클릭하면 두 번째 엔트리 위젯의 내용이 "100"으로 변경된다. 프로그램의 첫 부분을 보면 process()이라는 함수를 정의한다. 이 함수는 Button() 호출에서 이벤트 처리 함수로 등록된다.

```python
b1 = Button(window, text="화씨->섭씨", command=process)
```

이 버튼이 클릭되면 process() 함수가 호출되도록 버튼과 함수가 연결된 것이다.

11 버튼 이벤트 처리하기 #3

앞의 코드에서는 정식으로 온도를 변환하지 않았다. 온도는 사용자가 엔트리 위젯을 통하여 입력하고 이것을 get()이라는 메소드로 가져오면 된다. 코드를 좀 더 추가하여 보자.

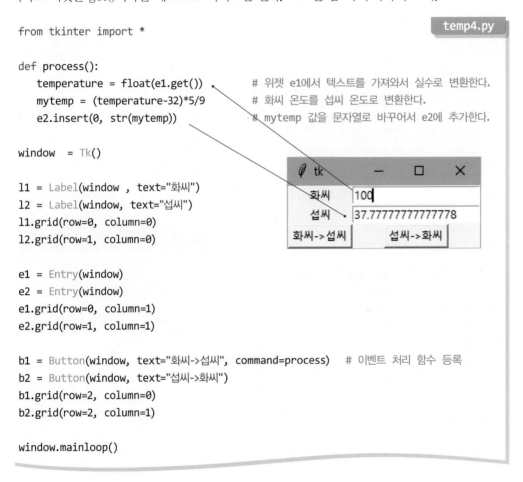

```
from tkinter import *                                           temp4.py

def process():
    temperature = float(e1.get())      # 위젯 e1에서 텍스트를 가져와서 실수로 변환한다.
    mytemp = (temperature-32)*5/9      # 화씨 온도를 섭씨 온도로 변환한다.
    e2.insert(0, str(mytemp))          # mytemp 값을 문자열로 바꾸어서 e2에 추가한다.

window  = Tk()

l1 = Label(window , text="화씨")
l2 = Label(window, text="섭씨")
l1.grid(row=0, column=0)
l2.grid(row=1, column=0)

e1 = Entry(window)
e2 = Entry(window)
e1.grid(row=0, column=1)
e2.grid(row=1, column=1)

b1 = Button(window, text="화씨->섭씨", command=process)    # 이벤트 처리 함수 등록
b2 = Button(window, text="섭씨->화씨")
b1.grid(row=2, column=0)
b2.grid(row=2, column=1)

window.mainloop()
```

도전문제

"섭씨→화씨" 버튼을 누르면 사용자가 입력한 섭씨온도가 화씨온도 변환되어서 화면에 표시되도록 코드를 추가하여 보자.

우리가 앞에서 제작한 온도 변환기는 너무 밋밋하다. 대부분의 tkinter 위젯은 배경(bg)과 전경(fg) 매개 변수를 사용하여 위젯의 색상을 지정할 수 있다. 온도 변환 프로그램의 색상과 폰트를 약간 변경해보았다.

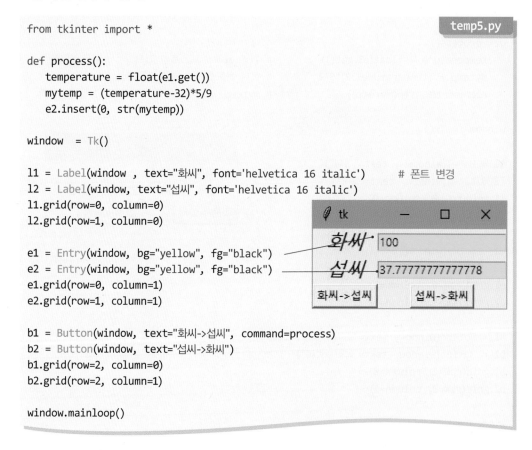

```python
from tkinter import *                                              temp5.py

def process():
    temperature = float(e1.get())
    mytemp = (temperature-32)*5/9
    e2.insert(0, str(mytemp))

window  = Tk()

l1 = Label(window , text="화씨", font='helvetica 16 italic')        # 폰트 변경
l2 = Label(window, text="섭씨", font='helvetica 16 italic')
l1.grid(row=0, column=0)
l2.grid(row=1, column=0)

e1 = Entry(window, bg="yellow", fg="black")
e2 = Entry(window, bg="yellow", fg="black")
e1.grid(row=0, column=1)
e2.grid(row=1, column=1)

b1 = Button(window, text="화씨->섭씨", command=process)
b2 = Button(window, text="섭씨->화씨")
b1.grid(row=2, column=0)
b2.grid(row=2, column=1)

window.mainloop()
```

13 절대 위치 배치 관리자

절대 위치 배치 관리자(place geometry manager)는 절대 위치를 사용하여 위젯을 배치한다. place() 함수를 호출하고 x와 y 매개변수를 사용한다.

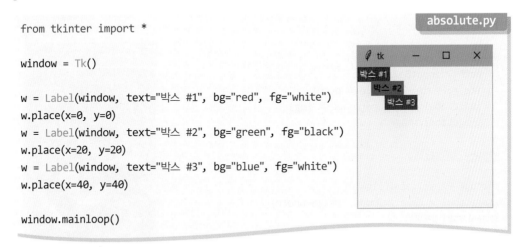

```python
from tkinter import *

window = Tk()

w = Label(window, text="박스 #1", bg="red", fg="white")
w.place(x=0, y=0)
w = Label(window, text="박스 #2", bg="green", fg="black")
w.place(x=20, y=20)
w = Label(window, text="박스 #3", bg="blue", fg="white")
w.place(x=40, y=40)

window.mainloop()
```

도전문제
화면에 5개의 버튼을 절대 위치를 주어서 배치해보자.

화면에 이미지를 표시하는 가장 간단한 방법은 레이블의 속성 image를 사용하여 레이블 안에
이미지를 표시하는 것이다.

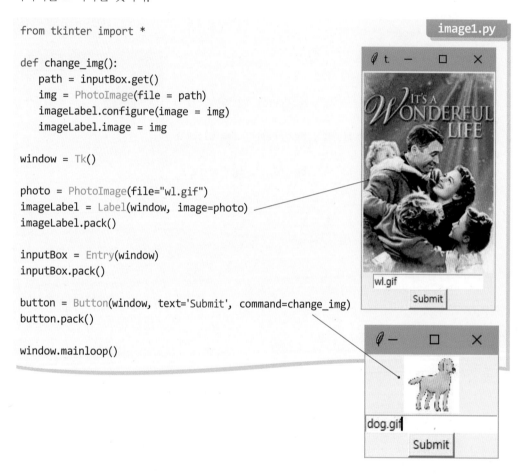

```python
from tkinter import *

def change_img():
    path = inputBox.get()
    img = PhotoImage(file = path)
    imageLabel.configure(image = img)
    imageLabel.image = img

window = Tk()

photo = PhotoImage(file="wl.gif")
imageLabel = Label(window, image=photo)
imageLabel.pack()

inputBox = Entry(window)
inputBox.pack()

button = Button(window, text='Submit', command=change_img)
button.pack()

window.mainloop()
```

image1.py

위의 코드에서 사용자가 이미지 이름을 입력한 후에, "Submit" 버튼을 누르면 이미지가 교체
된다. 이미지는 현재 GIF, PGM, PPM, PNG 형식만 가능하다. JPG 형식은 다른 라이브러리
를 사용해야 한다.

도전문제
격자 배치 관리자를 이용하여 6개의 이미지를 3×2 격자 형태로 표시하는 프로그램을 작성해보자.

15 MyPaint 프로그램 #1

다음과 같이 마우스를 움직여서 화면에 그림을 그리는 윈도우의 그림판과 비슷한 프로그램을 작성해보자. 버튼을 누른 채로 마우스를 움직이면 화면에 타원을 그려보자. 캔버스와 이벤트에 대하여 학습하게 될 것이다.

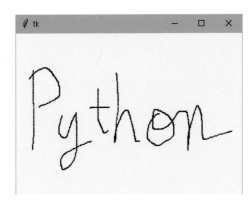

tkinter에서 그림을 그리려면 캔버스(canvas)라는 위젯이 필요하다. Canvas 위젯을 사용하면 많은 그래픽 기능을 사용할 수 있다. 캔버스 위젯도 tkinter에 포함되어 있다.

```
window = Tk()
...
canvas = Canvas(window, width=300, height=200)
```

캔버스 위젯은 많은 그리기 함수를 가지고 있지만 여기서는 타원을 그리는 함수만을 사용한다. 타원은 (x0, y0)와 (x1, y1)으로 정의되는 사각형 안에 그려진다.

```
canvas.create_oval(x0, y0, x1, y1, option, ...)
```

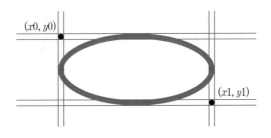

16 MyPaint 프로그램 #2

여기서는 마우스 버튼을 드래그할 때 발생하는 이벤트만 알아두면 되겠다. 마우스의 첫 번째 버튼을 누르면서 움직이면 "⟨B1-Motion⟩"라는 이벤트가 발생한다. 캔버스에서 발생하는 "⟨B1-Motion⟩" 이벤트와 paint() 함수를 다음과 같이 연결하였다.

```
canvas.bind( "<B1-Motion>", paint )
```

paint() 함수에서는 event 매개 변수를 이용하여서 마우스의 현재 위치를 알 수 있다.

```
def paint( event ):
    x = event.x
    y = event.x
    ...
```

마우스 움직일 때마다 그 위치에 자그마한 타원을 그리도록 하자. 완성된 코드는 다음과 같다.

mypaint1.py

```
from tkinter import *

def paint(event):
    x1, y1 = ( event.x-1 ), ( event.y+1 )
    x2, y2 = ( event.x-1 ), ( event.y+1 )
    canvas.create_oval( x1, y1, x2, y2,  fill = "black")

window = Tk()
canvas = Canvas(window)
canvas.pack()
canvas.bind("<B1-Motion>", paint)
window.mainloop()
```

> event.x-1을 x1에 대입하고 event.y+1을 y1에 대입한다.

 도전문제
좀 더 매끄럽게 그리려면 이전 점과 현재 점을 직선으로 연결하여 그리면 된다. 이전 점의 좌표를 변수에 저장해놓고 이전 점과 현재 점을 create_line(x1, y1, x2, y2)으로 그려보자. 이벤트 <B1-Press>와 <B1-Release>를 사용하라.

17 MyPaint 프로그램 #3

앞의 MyPaint 프로그램에서 색상을 변경할 수 있도록 하여보자. 캔버스 위젯 아래에 버튼 "빨강색"을 추가하고 이 버튼을 누르면 색상이 빨강색으로 변경되게 하자.

create_oval()을 호출할 때, fill로 색상을 지정한다. 따라서 이것을 변경하면 된다. 전역 변수 mycolor를 선언하고 "빨강색" 버튼이 눌리면 mycolor를 "red"로 변경한다. 전체 소스는 다음과 같다.

mypaint2.py

```python
from tkinter import *

mycolor = "blue"

def paint(event):
    x1, y1 = ( event.x-1 ), ( event.y+1 )
    x2, y2 = ( event.x-1 ), ( event.y+1 )
    canvas.create_oval( x1, y1, x2, y2,  fill = mycolor, outline=mycolor)

def change_color():
    global mycolor
    mycolor="red"

window = Tk()
canvas = Canvas(window)
canvas.pack()
canvas.bind("<B1-Motion>", paint)
button = Button(window, text="빨강색", command=change_color)
button.pack()
window.mainloop()
```

 도전문제
"녹색"이나 "노랑색"으로 변경하는 버튼도 만들어서 추가해보자.

우리는 다음과 같은 계산기를 작성해보자. 약간 어려운 내용도 있어서 입문자인 경우에는 건너
뛰어도 된다.

상당히 어렵게 보이지만 먼저 계산기의 사용자 인터페이스를 작성한 후에 이어서 계산기의 기
능을 구현하도록 하자.

계산기는 첫눈에 어떤 배치 관리자를 사용해야 하는지 알 수 있다. 격자 배치 관리자를 사용
하면 될 것이다. 그리고 버튼과 엔트리 위젯만 있으면 된다. 엔트리 위젯은 0행 전체를 차지하
면 되고 버튼은 1행부터 순차적으로 격자의 셀에 배치하면 될 것이다.

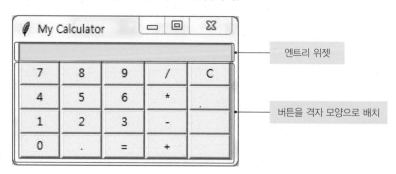

엔트리 위젯

버튼을 격자 모양으로 배치

엔트리 위젯부터 생성하여 보자.

```
from tkinter import *

window = Tk()
window.title("My Calculator")
display = Entry(window, width=33, bg="yellow")
display.grid(row=0, column=0, columnspan=5)
```

여기서 중요한 것은 grid() 함수의 매개 변수 columnspan이다. 이것은 몇 개의 셀을 병합할 것인지를 표시한다. columnspan=5라고 하면 0행의 5개의 셀을 합치라는 의미가 되는 것이다.

위의 코드를 실행하면 다음과 같은 화면이 나온다.

버튼을 생성하고 버튼을 격자 모양으로 배치해보자. 버튼은 Button() 함수로 생성하면 된다. 버튼을 생성하면서 버튼의 텍스트를 주어야 한다. 버튼이 상당히 많기 때문에 생성할 버튼의 텍스트를 어딘가에 모아 두면 편리하다. 어떤 자료형을 사용하는 것이 좋을까? 이것은 개발자의 취향하고도 상관이 있지만, 일반적으로 리스트가 가장 무난할 것이다. 따라서 버튼의 텍스트는 다음과 같이 리스트에 저장하는 것으로 하자. 다른 자료형을 사용하여도 된다.

```
button_list = [
'7',  '8',  '9',  '/',  'C',
'4',  '5',  '6',  '*',  ' ',
'1',  '2',  '3',  '-',  ' ',
'0',  '.',  '=',  '+',  ' ' ]
```

위의 버튼의 배치는 윈도우에 제공되는 기본 계산기와 유사하게 하였다.

여기서는 버튼을 생성하고 버튼을 격자 모양으로 배치해보자. 이것은 반복을 사용하면 될 것이다. 버튼의 개수는 button_list에 들어 있는 항목의 개수와 같으므로 button_list에 대하여 반복하면 된다.

```python
row_index = 1
col_index = 0
for button_text in button_list:
    Button(window, text=button_text, width=5).grid(row=row_index, column=col_index)
    col_index += 1
    if col_index > 4:
        row_index += 1
        col_index = 0
```

row_index와 col_index는 현재 생성되는 버튼이 어디에 배치될 것인지를 나타내는 변수이다. row_index가 행 번호이고 col_index가 열 번호이다. 처음에는 row_index가 1이고 col_index가 0이 된다. 1행부터 시작하는 이유는 0행에는 이미 엔트리 위젯이 배치되어 있기 때문이다.

col_index는 4를 초과하면 한 줄 아래로 내려가야 한다. 따라서 row_index를 증가시키고 col_index를 0으로 초기화한다. 이제까지의 코드를 실행하여 보면 다음과 같다.

(ADVANCED) 계산기 프로그램 #4

```
from tkinter import *                                    calc1.py

window = Tk()
window.title("My Calculator")
display = Entry(window, width=33, bg="yellow")
display.grid(row=0, column=0, columnspan=5)

button_list = [
'7',  '8',  '9',  '/',  'C',
'4',  '5',  '6',  '*',  ' ',
'1',  '2',  '3',  '-',  ' ',
'0',  '.',  '=',  '+',  ' ' ]

row_index = 1
col_index = 0
for button_text in button_list:
    Button(window, text=button_text, width=5).grid(row=row_index, column=col_
index)
    col_index += 1
    if col_index > 4:
        row_index += 1
        col_index = 0
```

지금은 버튼을 아무리 눌러도 계산이 되지 않는다. 버튼의 이벤트를 처리하지 않고 있기 때문이다. 아직은 할 일이 많다!

22 (ADVANCED) 계산기 프로그램 #5

이제 실제 계산이 되도록 기능을 구현하여 보자. 계산기라면 버튼을 눌렀을 때 숫자가 입력되면서 계산이 되어야 한다. 우리는 tkinter를 사용하고 있기 때문에 버튼을 누를 때 발생하는 이벤트를 처리하면 될 것이다.

버튼을 생성할 때 이벤트를 처리하는 함수를 등록하지 않았기 때문이다. 버튼이 이벤트 처리 함수를 등록하여 보자. 일단 버튼 이벤트 처리 함수부터 작성하자. 엔트리 위젯에 버튼의 텍스트를 추가하는 다음과 같은 함수를 작성한다.

```python
def click(key):
    display.insert(END, key)          # 엔트리 위젯의 끝에 key를 추가
```

자 이제는 버튼을 생성할 때, 위의 함수를 등록해보자.

```python
for button_text in button_list:
    Button(window, text=button_text, width=5,
            command=click(button_text)).grid(row=row_index, column=col_index)
    col_index += 1
    if col_index > 4:
        row_index += 1
        col_index = 0
```

정말 충격적인 결과가 나왔다. 버튼이 생성되면서 버튼의 텍스트가 display 엔트리 위젯에 추가가 된 것이다. 어떻게 된 일인가?

자세히 살펴보면 버튼의 command=click (button_text)에서 잘못된 거 같다. click(button_text)라고 쓰면 파이썬은 이것이 함수 호출이라고 판단한다. 따라서 즉시 함수 호출을 하는 것이다. 우리의 의도하고는 다르다. 우리는 버튼이 클릭될 때만 함수를 호출하도록 만들고 싶다. 어떻게 하면 될까?

23 (ADVANCED) 계산기 프로그램 #6

이럴 때는 반복문에서 하나의 함수를 정의하고 이 함수를 버튼에 등록하면 된다.

```
for button_text in button_list:
    def process(t=button_text):
        click(t)
    Button(window, text=button_text, width=5,
        command=process).grid(row=row_index, column=col_index)
    col_index += 1
    if col_index > 4:
        row_index += 1
        col_index = 0
```

반복문 안에서 button_text를 받아서 click()을 호출하는 함수 process()를 작성해두고 이 함수를 버튼에 등록하는 것이다. 이렇게 하면 우리가 원하는 대로 버튼이 클릭되었을 경우에만 click()이 호출되고 버튼의 텍스트가 올바르게 전달된다. 위와 같이 코드를 변경하고 실행하여 보면 다음과 같다.

이제까지의 전체 소스를 아래에 보였다.

```
calc2.py

from tkinter import *

window = Tk()
window.title("My Calculator")
display = Entry(window, width=33, bg="yellow")
display.grid(row=0, column=0, columnspan=5)

button_list = [
'7',  '8',  '9',  '/',  'C',
'4',  '5',  '6',  '*',  ' ',
'1',  '2',  '3',  '-',  ' ',
'0',  '.',  '=',  '+',  ' ' ]

def click(key):
    display.insert(END, key)

row_index = 1
col_index = 0
for button_text in button_list:
    def process(t=button_text):
        click(t)
    Button(window, text=button_text, width=5,
        command=process).grid(row=row_index, column=col_index)
    col_index += 1
    if col_index > 4:
        row_index += 1
        col_index = 0
```

25 (ADVANCED) 계산기 프로그램 #8

현재까지의 진척 사항을 정리해보자. 버튼을 누르면 버튼의 텍스트가 엔트리 위젯에 추가된다. 아직 계산 기능은 없다. 어떻게 하면 좋은가?

파이썬에는 수식을 받아서 계산을 수행하는 함수가 있다. 바로 eval()이라는 함수이다. eval()은 정말 유용한 함수이다. 문자열로 된 수식을 전달하면 이것을 해석하여서 계산 결과를 우리에게 넘겨준다. 예를 들면 다음과 같다.

```
>>> eval("1+2")
3
```

display 엔트리 위젯도 파이썬 형식의 수식을 가지고 있다. 따라서 display 엔트리 위젯의 내용을 가져와서 eval() 함수를 호출하면 된다. click() 함수를 다음과 같이 변경하자.

```
def click(key):
    if key == "=":
        result = eval(display.get())
        s = str(result)
        display.insert(END, "=" + s)
    else:
        display.insert(END, key)
```

위의 코드를 해석해보자. key가 "="이면 display 엔트리 위젯의 내용을 get() 함수를 호출하여 가져온다. 이것을 eval() 함수로 넘겨서 수식의 값을 계산하고 이것을 변수 result에 저장한다. 예를 들어서 사용자가 12*3을 입력하고 = 버튼을 눌렀다면 "12*3"이 eval()으로 전달되고 36이 result에 저장된다.

result에 저장된 값은 실수이기 때문에 display 엔트리 위젯에 바로 추가할 수 없다. 예를 들어서 36일 수 있다. 이것은 문자열 "36"으로 변환되어야 display 엔트리 위젯에 추가할 수 있다. 따라서 str() 함수를 호출하여 숫자를 문자열로 변환한 후에 display 엔트리 위젯의 끝에 추가한다.

이상의 코드를 실행하여 보면 다음과 같다.

12*3의 값이 올바르게 계산되어서 display 엔트리 위젯에 표시된 것을 볼 수 있다.

26 (ADVANCED) 계산기 프로그램 #9

이제까지의 소스를 다음에 정리하였다.

```python
from tkinter import *

window = Tk()
window.title("My Calculator")
display = Entry(window, width=33, bg="yellow")
display.grid(row=0, column=0, columnspan=5)

button_list = [
'7',  '8',  '9',  '/',  'C',
'4',  '5',  '6',  '*',  ' ',
'1',  '2',  '3',  '-',  ' ',
'0',  '.',  '=',  '+',  ' ' ]

def click(key):
    if key == "=":
        result = eval(display.get())
        s = str(result)
        display.insert(END, "=" + s)
    else:
        display.insert(END, key)


row_index = 1
col_index = 0
for button_text in button_list:
    def process(t=button_text):
        click(t)
    Button(window, text=button_text, width=5,
        command=process).grid(row=row_index, column=col_index)
    col_index += 1
    if col_index > 4:
        row_index += 1
        col_index = 0
```

27 (ADVANCED) 계산기 프로그램 #10

우리의 계산기는 꽤 쓸 만하다. 12*3과 같은 계산은 문제없이 한다. command=click(t)와 같이 () 기호가 붙으면 파이썬은 무조건 함수 호출을 즉시해버린다. 하지만 command=click이라고 하면 함수 호출이 즉시 되지 않는 것이다. 하지만 우리는 인수를 가지고 함수 호출을 해야 하기 때문에 함수를 하나 더 정의하는 것이다.

하지만 제곱이나 지수와 같은 계산들은 할 수 없다. 기본적인 산술 연산만을 할 수 있을 뿐이다. 또 메모리 기능도 없다. 이러한 것들은 여러분이 코드를 수정하여 추가하여 보자. 여러분이 추가하고 싶은 계산 기능이 있다면 추가하여도 좋을 것이다.

도전문제

(1) "C" 버튼을 누르면 엔트리 위젯에 저장된 내용이 삭제되게 하여보자.

(2) 나머지를 계산하는 버튼을 추가해보자.

이번 장에서 배운 것

» tkinter로 온도 변환기 프로그램을 만들 수 있나요?
  • 먼저 최상위 윈도우를 생성하고 버튼과 엔트리를 최상위 윈도우 안에 추가한다. 버튼이 눌리면 이벤트가 발생한다. 이벤트를 처리할 때는 버튼의 command 매개 변수에 이벤트를 처리하는 함수 이름을 적는다. 파이썬은 3종류의 배치 관리자를 제공한다. 적층 (pack) 배치 관리자, 격자(grid) 배치 관리자. 절대(place) 배치 관리자가 바로 그것이다.
» tkinter로 그림판 프로그램을 만들 수 있나요?
  • 캔버스 객체를 최상위 윈도우 안에 추가한다. 캔버스 객체에서 발생하는 드래그 이벤트를 처리한다. 드래그 이벤트가 발생하면 타원을 그린다. 타원들이 모여서 그림이 된다.
» tkinter로 계산기 프로그램을 만들 수 있나요?
  • 엔트리와 버튼을 격자 배치 관리자로 배치한다. 버튼을 누르면 해당 텍스트를 엔트리 위젯에 추가한다. "=" 버튼이 눌리면 엔트리에서 문자열을 가져다가 eval()로 계산하여서 엔트리에 다시 쓴다.

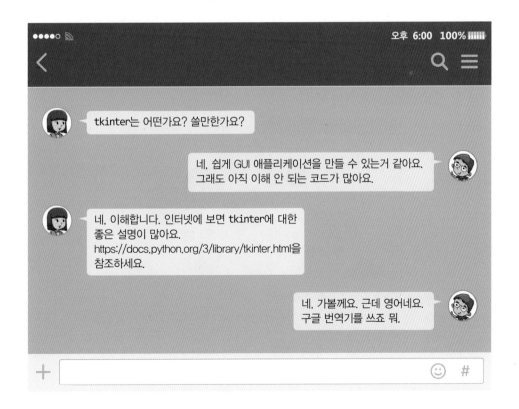

1 데이터를 입력받을 때 사용할 수 있는 다음과 같은 애플리케이션을 작성해보자.

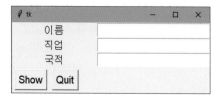

HINT 격자 배치 관리자를 사용한다.

2 마일을 킬로미터로 변환하는 다음과 같은 프로그램을 작성해보자.

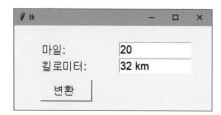

HINT "변환" 버튼이 눌려지면 엔트리에 입력된 값을 가져와서 변수에 저장한다. 이 변수에 1.609를 곱하여 킬로미터값을 얻은 후에 이 값을 엔트리에 표시한다. 배치 관리자는 절대 배치 관리자를 사용하자.

3 윈도우를 하나 만들고, 랜덤한 크기의 원을 여러 개 그려보자. 위치도 랜덤이어야 하고 크기, 색상도 랜덤으로 하여 본다.

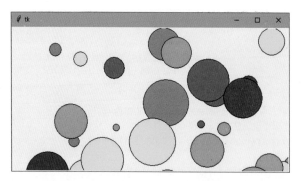

HINT random 모듈은 많은 함수를 제공하지만 가장 많이 사용되는 것은 다음의 2가지이다.

• randint(a, b) - [a, b] 구간에서 난수를 반환한다. randomint(0, 10)이라고 하면 0에서 10 사이에서 랜덤하게 하나를 선택하여 반환한다.
• randrange(range) - range 크기에서 난수를 발생한다. randrange(10)이라고 하면 0에서 9 사이에서 랜덤하게 하나를 선택하여 반환한다.

색상을 랜덤하게 선택하려면 다음과 같은 기법을 사용하라.

```
color = ["red", "orange", "yellow", "green", "blue", "violet"]
fill_color = random.choice(color))
```

4   우리가 앞에서 텍스트 버전으로 제작하였던 숫자 맞추기 게임을 그래픽 사용자 인터페이스 버전으로 작성해보자.

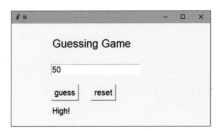

HINT   "숫자를 입력" 버튼이 눌려지면 엔트리에 입력된 값을 가져와서 guess 변수에 저장한다.

```
guess = int(entry.get())
```

이 변수를 정답과 비교하여서 적절한 메시지를 레이블을 통하여 출력한다.

```
label['text']= message
```

5   할 일을 입력받아서 화면에 누적하여 표시하는 다음과 같은 애플리케이션을 작성해보자.

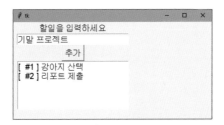

HINT   여러 줄의 텍스트를 표시하려면 Text 위젯을 사용한다. textarea= Text(window, height = 5, width = 25, font=("Arial", 15))로 생성한다. 할 일은 내부적으로 리스트에 저장할 수 있다.

6 화면의 하단에 버튼을 4개 배치히고 이 버튼을 누르면 화면의 사각형이 상하좌우로 움직이는 애플리케이션을 작성해보자.

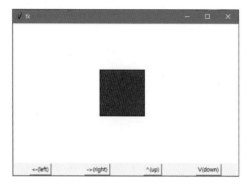

HINT 사각형은 canvas.create_rectangle(50, 25, 150, 75, fill="blue") 와 같이 생성할 수 있다.

7 가위, 바위, 보 게임을 GUI 버전으로 작성해보자. 사용자의 선택은 버튼으로 표시한다. 컴퓨터의 선택은 난수로 결정된다. 사용자는 버튼을 눌러서 가위, 바위, 보 중에서 하나를 선택할 수 있다. 사용자의 선택이 끝나면 결과를 화면에 텍스트로 표시한다.

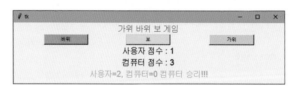

HINT 버튼을 수평으로 배치하려면 Frame 위젯을 생성하고 Frame 위젯의 배치 관리자를 격자로 한 후에 열 번호만 변경하여 배치한다.

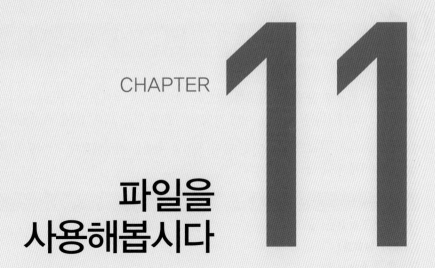

CHAPTER

파일을
사용해봅시다

11

그럼요. 파이썬에서 반복 루프와
시퀀스 객체를 이용하면 아주 쉽
게 파일 처리를 할 수 있어요!

파이썬에서 작업한 내용을
파일에 기록할 수 있나요?

이번 장에서는 다음과 같은 내용을 학습합니다.

● 왜 파일이 필요한지 설명할 수 있나요?

● 하드디스크에 파일을 생성하고 파일에 데이터를 저장할 수 있나요?

● 간단한 메모장 프로그램을 작성할 수 있나요?

파일은 현재도 컴퓨팅 환경에서 중요한 역할을 한다. 이번 장에서는 파일에 데이터를 쓰거나 읽는 방법에 대하여 살펴볼 것이다. 이번 장에서 다음과 같은 프로그램을 작성해본다.

(1) 행맨(hangman) 프로그램: 간단한 단어 게임인 행맨을 작성해본다. 단어들이 저장된 파일 에서 랜덤하게 하나 골라서 출제해보자.

(2) 메모장 프로그램: 윈도우에 있는 메모장과 같은 프로그램을 작성해보자.

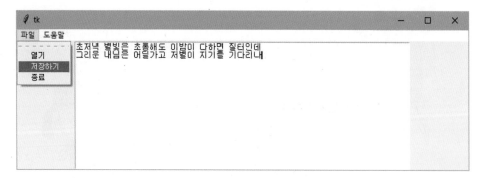

02 파일은 왜 필요한가?

프로그램이 종료되면 그동안 작업하였던 데이터는 모두 사라진다. 따라서 프로그램에서 어떤 데이터를 영구히 저장하고자 한다면, 하드디스크에 파일 형태로 저장하여야 한다. 구체적으로 어떤 경우에 파일이 필요할까? 예를 들어서 게임에서는 사용자의 점수를 score.txt 파일 안에 저장할 수 있다. 또 게임에서 사용되는 아이템, 색상, 폰트와 같은 사용자의 선택 사항을 파일에 저장할 수도 있다.

이번 장에서는 데이터를 파일에 저장하는 방법과 파일에서 데이터를 읽는 방법을 학습한다.

실습용 텍스트 파일 만들기

우리는 텍스트 파일에서 데이터를 읽어볼 것이다. 이 실습을 위하여 텍스트 파일을 생성해보자. 윈도우에서는 "메모장" 프로그램을 실행하여서 친구들의 연락처를 입력한 후에 "phones. txt" 파일로 저장해보자. 파일은 현재 작업 디렉토리에 저장하자.

03 파일에서 데이터 읽기 #1

어떻게 파일에 저장된 데이터를 읽을 수 있을까? 파일을 사용하려면 먼저 파일을 열어야 한다. 파일을 여는 함수는 open()이다. open()은 파일 이름을 받아서 파일 객체를 생성한 후에 이것을 반환한다. 파일이 열리면 우리는 파일에서 데이터를 읽거나 쓸 수 있다. 파일과 관련된 작업이 모두 종료되면 파일을 닫아야 한다. 파일 객체가 가지고 있는 close()를 호출하면 파일이 닫쳐진다.

파일을 열기 위해서는 다음과 같은 함수를 사용한다.

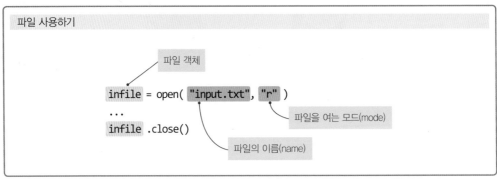

- open()의 첫 번째 매개 변수는 파일의 이름이다. open()은 이름이 "input.txt"인 파일을 열고, 파일과 연관된 객체를 생성한 후에, 이 객체를 반환한다. 파일에서 데이터를 읽거나 쓰려면 반드시 이 파일 객체가 필요하다. 만약 open()이 파일을 여는 데 실패하면 None 객체가 반환된다.
- open()의 두 번째 매개 변수는 파일을 여는 모드를 의미한다. 파일 모드는 파일과 관련된 여러 가지 선택 사항을 결정하는 문자열이다. 예를 들어서 파일 모드가 "r"이면 읽기 작업을 위하여 파일을 여는 것이다.
- close() 함수는 사용이 끝난 파일을 닫는다.

04 파일에서 데이터 읽기 #2

기본적인 파일 모드로 "r", "w", "a"가 있다. 그 의미는 다음 표와 같다.

파일 모드	모드 이름	설명
"r"	읽기 모드(read mode)	파일의 처음부터 읽는다.
"w"	쓰기 모드(write mode)	파일의 처음부터 쓴다. 파일이 없으면 생성된다. 만약 파일이 존재하면 기존의 내용은 지원진다.
"a"	추가 모드(append mode)	파일의 끝에 쓴다. 파일이 없으면 생성된다.
"rb", "wb"	이진 파일 모드	이진 파일은 이진 데이터가 저장된 파일이다.

"r"
파일의 처음 부터 읽는다.

"w"
파일의 처음 부터 쓴다.
만약 파일이 존재하면 기존의
내용이 지워진다.

"a"
파일의 끝에 쓴다.
파일이 없으면 생성 된다.

예를 들어서 현재 작업 디렉토리의 "phones.txt" 파일을 읽기 용도로 열려면 다음과 같은 문장을 사용한다.

```
infile = open("phones.txt", "r");
```

하지만 d: 드라이브의 루트 디렉토리에 있는 "phones.txt"을 열려면 다음과 같은 문장을 사용하여야 한다.

```
infile = open("d:/phones.txt", "r");
```

파일에서 데이터를 읽는 함수는 파일 객체의 read() 메소드이다. read() 함수는 파일 객체에서 전체 텍스트를 읽는다. 만약 지정된 개수의 문자만 읽으려면 read(10)과 같이 문자의 개수를 전달하면 된다. "phones.txt" 파일에서 전체 텍스트를 읽어서 화면에 출력하는 프로그램은 다음과 같다.

```
infile = open("phones.txt", "r")
lines = infile.read()
print(lines)
```

```
홍길동  010-1234-5678
김철수  010-1234-5679
김영희  010-1234-5680
```

파일에서 전체 데이터를 읽는 함수는 readlines()도 있다. 이 함수를 사용하면 다음과 같은 실행 결과가 출력된다.

```
infile = open("phones.txt", "r")
lines = infile.readlines()
print(lines)
```

```
['홍길동 010-1234-5678\n', '김철수 010-1234-5679\n', '김영희 010-1234-5680\n']
```

readlines()로 읽으면 파일에 저장된 각각의 줄이 리스트 안에 저장된다. 리스트 안의 하나의 항목은 파일에 저장된 하나의 줄에 해당한다. 맨 끝에 붙은 'Wn'에 주의하여야 한다. 'Wn'은 줄과 줄을 분리하는 줄바꿈 기호이다. 이것은 우리가 텍스트 파일을 작성할 때 엔터키를 눌렀기 때문에 입력되었다.

파일 작업을 한 후에는 반드시 파일을 닫도록 하자.

```
infile.close()
```

왜 파일은 닫아야 할까? 다른 프로그램이 파일을 사용할 수 있기 때문이다. 우리가 파일을 열어서 사용하고 있으면 다른 프로그램은 파일에 접근할 수 없다. 따라서 파일은 사용이 끝나면 바로 닫는 것이 좋다.

06 파일에서 한 줄씩 읽기

readlines() 함수는 한 번에 파일의 모든 줄을 읽는다. 만약 한 번에 하나의 줄만 읽기를 원한다면 다른 메소드를 사용하여야 한다. readline()는 한 번에 한 줄만 읽어서 문자열로 반환한다. 하지만 일반적으로는 파일에 몇 줄에 들어 있는지는 미리 알 수가 없다. 파일의 크기가 크고 한 줄 씩 읽어서 처리하려면 다음과 같은 방법을 사용하는 것이 좋다.

```python
infile = open("phones.txt", "r")
line = infile.readline().rstrip()
while line != "":
    print(line)
    line = infile.readline().rstrip()
infile.close()
```

readline.py

```
홍길동  010-1234-5678
김철수  010-1234-5679
김영희  010-1234-5680
```

파일에서 읽을 때 줄의 맨 끝에 있는 줄바꿈 기호를 삭제하고 읽어야 한다. 파이썬에서는 rstrip() 메소드가 이런 작업을 한다.

다음과 같은 문장을 사용하여서 파일 안의 내용을 읽어도 된다. 파이썬은 파일 객체를 문자열의 컨테이너로 간주한다. 따라서 파일에서 문자열을 읽을 때는 for 루프를 이용하여 파일 객체에 대하여 반복하여도 된다. 실제로는 이 방법도 많이 사용된다.

```python
infile = open("phones.txt", "r")
for line in infile:
    line = line.rstrip()
    print(line)
infile.close()
```

```
홍길동  010-1234-5678
김철수  010-1234-5679
김영희  010-1234-5680
```

각 반복에서 line 변수는 파일에서 다음에 읽을 문자열로 대입된다. 반복 루프의 몸체에서 이 텍스트를 처리하면 된다. 여기서는 단순히 화면에 문자열을 출력하였다.

07 파일에 데이터 쓰기

파일에 데이터를 쓰려면 open()으로 파일 객체를 생성한 후에 write() 함수를 이용하여 데이터를 저장한다. 파일에 데이터를 쓰려면 파일을 open()으로 열 때, "w" 모드를 사용한다. 아래 코드에서 3개의 문자열을 phones1.txt 파일에 저장하고 있다. 만약 동일한 이름의 파일이 디스크에 존재하면 기존의 데이터는 없어지고 새로운 데이터가 덮어써진다.

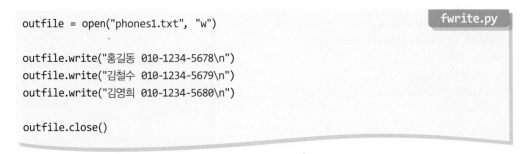

```python
outfile = open("phones1.txt", "w")

outfile.write("홍길동 010-1234-5678\n")
outfile.write("김철수 010-1234-5679\n")
outfile.write("김영희 010-1234-5680\n")

outfile.close()
```

현재 작업 디레토리에 phones1.txt가 생성되었는지를 확인하자.

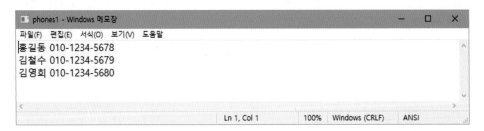

여기서 만약 한 줄의 끝에 줄바꿈 기호 "\n"를 붙이지 않으면 모든 줄이 하나로 붙게 된다.

08 파일에 데이터 추가하기

기존의 파일에 새로운 데이터를 추가하려면 파일모드로 "a"를 사용하면 된다. "a"는 "append" 의 약자이다. "phones.txt" 파일에 새로운 데이터를 추가해보자.

```
outfile = open("phones.txt", "a")

outfile.write("강감찬 010-1234-5681\n")
outfile.write("김유신 010-1234-5682\n")
outfile.write("정약용 010-1234-5683\n")

outfile.close()
```

fappend.py

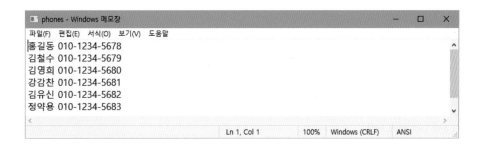

텍스트 파일에서 단어를 읽어야 한다면 어떻게 할 것인가? 예를 들어서 속담 파일에서 단어를 분리하여 리스트로 만들고 싶다고 하자.

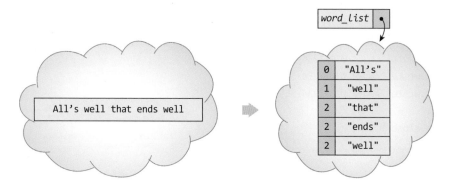

이때 사용할 수 있는 것이 split() 메소드이다. 문자열 객체의 split() 메소드는 공백문자를 이용하여 문자열에서 단어들을 분리한다.

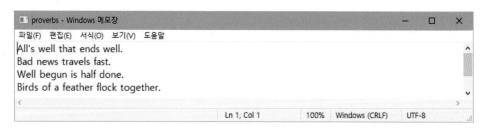

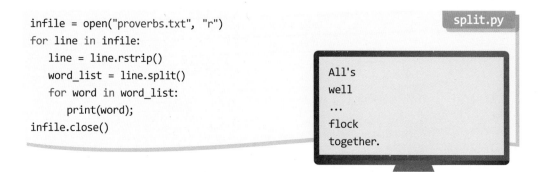

```python
infile = open("proverbs.txt", "r")
for line in infile:
    line = line.rstrip()
    word_list = line.split()
    for word in word_list:
        print(word);
infile.close()
```

```
All's
well
...
flock
together.
```

split.py

Lab 파일 복사하기

실습시간

파일을 복사하는 프로그램을 작성해보자. 파일의 이름은 사용자가 입력하도록 하자. 복사하고 싶은 파일을 일단 열어야 한다. 파일의 내용을 읽은 후에 새로운 파일을 만들어서 읽은 것을 그대로 쓰면 될 것이다. 화면에 복사한 파일의 내용을 출력하여서 복사가 잘되었는지를 검사하자.

파일을 복사하기 위해서는 파일을 연 후에 파일의 내용을 변수로 읽으면 된다. read() 함수를 호출할 때, 아무 것도 주지 않으면 파일 내용 전체가 변수에 문자열 형태로 읽혀진다. 이제 출력 파일을 "w" 모드로 연다. 변수에 있는 내용을 출력 파일에 쓰면 된다.

여기를 가리고 먼저 풀어보세요!

소스코드

fcopy.py

```
# 입력 파일 이름과 출력 파일 이름을 받는다.
infilename = input("입력 파일 이름: ");
outfilename = input("출력 파일 이름: ");

# 입력과 출력을 위한 파일을 연다.
infile = open(infilename, "r")
outfile = open(outfilename, "w")

# 전체 파일을 읽는다.
s = infile.read()

# 전체 파일을 쓴다.
outfile.write(s)

# 파일을 닫는다.
infile.close()
outfile.close()
```

```
입력 파일 이름: phones.txt
출력 파일 이름: temp.txt
```

실습시간 특정한 디렉토리 안의 모든 파일을 처리하는 프로그램을 작성해보자. 디렉토리 안의 모든 파일은 os.listdir()로 얻을 수 있다. 파일 중에서 "Python"을 포함하고 있는 줄이 있으면 파일의 이름과 해당 줄을 출력한다.

```
file.py :          if "Python" in e:
summary.txt : The joy of coding Python should be in seeing short
summary.txt : Python is executable pseudocode.
```

여기를 가리고 먼저 풀어보세요!

소스코드

grep.py

```python
import os
arr = os.listdir()

for f in arr:
    infile = open(f, "r", encoding="utf-8")
    for line in infile:
        e = line.rstrip()              # 오른쪽 줄바꿈 문자를 없앤다.
        if "Python" in e:
            print(f, ":", e)
    infile.close()
```

도전문제

(1) 위의 프로그램에서 줄번호도 출력할 수 있는가? 예를 들면 다음과 같다.

```
file.py 22 :          if "Python" in e:
summary.txt 30 : The joy of coding Python should be in seeing short
summary.txt 17 : Python is executable pseudocode.
```

(2) 특정 디렉토리 안에 있는 모든 파일을 열어서 한 줄을 추가하는 프로그램을 작성해보자. 예를 들어서 텍스트 파일의 맨 첫 부분에 다음과 같은 줄을 추가한다.

```
#define _CRT_SECURE_NO_WARNINGS
...
```

10 CSV 파일 처리하기 #1

CSV는 테이블 형식의 데이터를 저장하고 이동하는 데 사용되는 구조화된 텍스트 파일 형식이다. CSV는 1972년으로 거슬러 올라가며 Microsoft Excel와 같은 스프레드 시트 소프트웨어에 적합한 형식이다. 정부에서 제공하는 데이터는 CSV 형식의 데이터 세트가 많다.

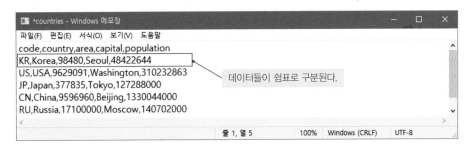

CSV 파일은 필드를 나타내는 열과 레코드를 나타내는 행으로 구성된다. 레코드의 필드는 대개 쉼표로 구분되지만 어떤 구분자도 사용이 가능하다. 즉 탭이나 콜론, 세미콜론 등의 구분자도 사용할 수 있다. 우리는 쉼표를 사용하도록 하자. CSV 파일의 첫 번째 레코드에는 열 제목이 포함되어 있을 수 있다. 따라서 열 제목은 제거할 수 있다. 이것은 CSV 형식 자체의 기능이 아니라 단순히 일반적인 관행이다. CSV 파일의 크기를 알 수 없고 잠재적으로 크기가 큰 경우 한 번에 모든 레코드를 읽지 않는 것이 좋다. 이때는 현재 행을 읽고, 현재 행을 처리한 후에 삭제하고 다음 행을 가져와야 한다.

CSV 파일은 판다스 라이브러리를 이용해서 읽는 것이 최선이다. 하지만 여기서는 순수 파이썬을 이용한 처리만 살펴보자. 앞에서 파이썬 모듈 csv는 CSV reader와 CSV writer를 제공한다. 두 객체 모두 파일 핸들을 첫 번째 매개 변수로 사용한다. 필요한 경우 delimiter 매개 변수를 사용하여 구분자를 제공할 수 있다.

11 CSV 파일 처리하기 #2

기상자료개방 포털 사이트에 들어가면 1980년부터 현재까지의 서울 날씨를 저장한 CSV 파일을 다운로드할 수 있다. 예를 들어서 서울의 기상 정보가 저장된 "weather.csv"라는 파일이 있다고 하자. 다음과 같은 코드로 CSV 파일을 읽을 수 있다.

```python
import csv                      # CSV 모듈을 불러온다.                      csv1.py

f = open('weather.csv')         # CSV 파일을 열어서 f에 저장한다.
data = csv.reader(f)            # reader() 함수를 이용하여 읽는다.
for row in data:
    print(row)
f.close()
```

```
['날짜', '지점', '평균기온(℃)', '최저기온(℃)', '최고기온(℃)']
['1980-04-01', '108', '6.5', '3.2', '11.7']
['1980-04-02', '108', '6.5', '1.4', '12.9']
['1980-04-03', '108', '11.1', '4.1', '18.4']
['1980-04-04', '108', '15.5', '8.6', '21']
...
```

CSV 파일에 저장된 데이터를 한 줄 씩 읽으려면 for 반복문을 사용해야 한다. CSV 파일의 각 행의 데이터가 리스트에 저장되어서 우리에게 전달된다. CSV 파일에 많은 데이터가 저장되어 있다면 상당한 시간이 걸릴 수 있다. 위의 실행 결과를 자세히 보면 첫 번째 행은 데이터의 속성을 표시하는 헤더이다. 만약 헤더를 제거하고 나머지 데이터만을 읽으려면 어떻게 하면 될까? next()를 한번 호출해주면 된다.

```python
import csv                      # CSV 모듈을 불러온다.                      csv2.py

f = open('weather.csv')         # CSV 파일을 열어서 f에 저장한다.
data = csv.reader(f)            # reader() 함수를 이용하여 읽는다.
header = next(data)             # 헤더를 제거한다.
for row in data:               # 반복 루프를 사용하여 데이터를 읽는다.
    print(row)
f.close()                       # 파일을 닫는다.
```

12 CSV 파일 처리하기 #3

이제 서울이 언제 가장 추웠는지를 조사해보자. CSV 파일에서 최저 기온은 4번째 열에 저장되어 있다. 인덱스로는 3이 된다. 따라서 리스트에서 row[3]을 찾으면 된다.

```
['1980-04-01', '108', '6.5', '3.2', '11.7']
['1980-04-02', '108', '6.5', '1.4', '12.9']
...
```

row[3]에 저장된 값은 문자열이다. 따라서 최저 기온이 가장 낮았던 날을 찾으려면 이것을 실수로 변환해야 한다. 문자열을 실수로 변환하는 함수는 float()이다.

```python
header = next(data)                    # 헤더를 읽는다.
for row in data:
    print(float(row[3]), end=" ")
```

```
3.2 1.4 4.1 8.6 12.5 4.3 4.7 8.4 5.7, ...
```

이제 가장 낮은 최저 기온을 찾으면 된다. temp라는 변수를 1000으로 초기화하고 이 값보다 낮은 row[3]이 발견되면 temp를 row[3]으로 바꾸면 된다. 전체 프로그램은 다음과 같다.

csv3.py

```python
import csv

f = open('weather.csv')
data = csv.reader(f)
header = next(data)
temp = 1000
for row in data:
    if temp > float(row[3]):
        temp = float(row[3])
print(temp)
f.close()
```

```
-19.2
```

실습시간 단어 게임으로 유명한 것이 행맨(hangman)이다. 행맨은 컴퓨터가 생각하는 단어를 맞춰가는 게임이다. 사용자는 한 번에 하나의 글자만을 입력할 수 있으며 맞으면 글자가 보이고 아니면 시도 횟수만 하나 증가한다.

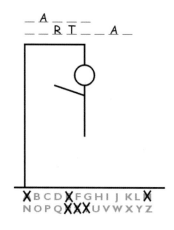

우리는 여기서 행맨의 단어를 선택하기 위하여 "words.txt"란 파일을 사용한다. 이 파일에는 단어들이 한 줄에 하나씩 저장되어 있다. 이들 단어들 중에서 랜덤하게 하나를 선택하도록 하자.

> **도전문제**
> tkinter를 사용하여 행맨의 GUI 버전을 작성할 수 있는가?

Lab 행맨 Solution

실습시간

```python
import random

guesses = ''
turns = 10

infile = open("words.txt", "r")
lines = infile.readlines()
word = random.choice(lines)

while turns > 0:
    failed = 0
    for char in word:
        if char in guesses:
            print(char, end="")
        else:
            print("_", end="")
            failed += 1
    if failed == 0:
        print("사용자 승리")
        break
    print("")
    guess = input("단어를 추측하시오: ")
    guesses += guess
    if guess not in word:
        turns -= 1
        print ("틀렸음!")
        print (str(turns)+ '기회가 남았음!')
        if turns == 0:
            print("사용자 패배 정답은 "+word)


infile.close()
```

우리가 윈도우에서 파일을 열 때는 tkinter의 파일 열기 대화 상자를 이용하면 파일을 쉽게 찾을 수 있다.

```
                                                              filename.py
from tkinter import *
from tkinter.filedialog import askopenfilename
from tkinter.filedialog import asksaveasfilename

readFile = askopenfilename()
if( readFile != None):
   infile = open(readFile, "r")

for line in infile.readlines():
   line = line.strip()
   print(line)


infile.close()
```

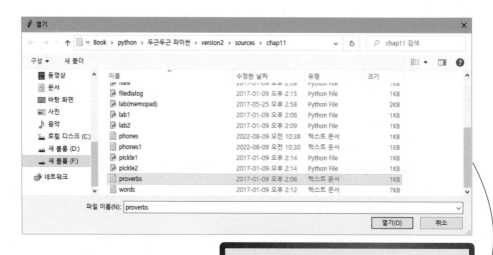

```
All's well that ends well.
Bad news travels fast.
Well begun is half done.
Birds of a feather flock together.
```

Lab 메모장

메모장의 기능을 수행하는 애플리케이션을 작성해본다.

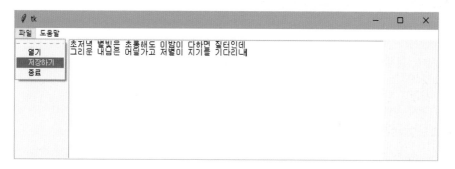

tkinter의 Text 위젯을 사용한다. Text 위젯은 다음과 같은 문장으로 생성할 수 있다.

```
window = Tk()
text = Text(window, height=30, width=80)
text.pack()
```

Text 위젯에 입력된 내용을 파일에 저장해보자. Text 위젯에 입력된 내용을 얻을 때는 get('1.0', END+'-1c')을 사용한다. 1.0은 1번째 행, 0번째 글자를 의미한다. END+'-1c'는 맨 끝에서 한문자만 제거하라는 의미이다.

```
lines = text.get('1.0', END+'-1c')
```

이것을 파일에 쓰면 된다. 사용자로부터 파일 이름을 받는 것은 filedialog.askopenfile()와 filedialog.asksaveasfile()을 이용한다. tkinter의 메뉴는 다음과 같이 생성한다.

```
menu = Menu(window)
window.config(menu=menu)
filemenu = Menu(menu)
menu.add_cascade(label="파일", menu=filemenu)
filemenu.add_command(label="열기", command=open)
filemenu.add_command(label="저장하기", command=save)
filemenu.add_command(label="종료", command=exit)
helpmenu = Menu(menu)
menu.add_cascade(label="도움말", menu=helpmenu)
helpmenu.add_command(label="프로그램 정보", command=about)
```

실습시간

```python
from tkinter import *
from tkinter import filedialog

def open():
    file = filedialog.askopenfile(parent=window, mode='r')
    if file != None:
        lines = file.read()
        text.insert('1.0', lines)
        file.close()

def save():
    file = filedialog.asksaveasfile(parent=window, mode='w')
    if file != None:
        lines = text.get('1.0', END+'-1c')
        file.write(lines)
        file.close()

def exit():
    if messagebox.askokcancel("Quit", "종료하시겠습니까?"):
        window.destroy()

def about():
    label = messagebox.showinfo("About", "메모장 프로그램")


window = Tk()
text = Text(window, height=30, width=80)
text.pack()

menu = Menu(window)
window.config(menu=menu)
filemenu = Menu(menu)
menu.add_cascade(label="파일", menu=filemenu)
filemenu.add_command(label="열기", command=open)
filemenu.add_command(label="저장하기", command=save)
filemenu.add_command(label="종료", command=exit)
helpmenu = Menu(menu)
menu.add_cascade(label="도움말", menu=helpmenu)
helpmenu.add_command(label="프로그램 정보", command=about)

window.mainloop()
```

Lab   파일 압축하기

 파이썬을 사용하면 파일을 압축하거나 압축해제할 수 있다. gzip 모듈을 사용하면 데이터를 압축하여 파일에 저장하거나 압축 파일에서 데이터를 읽을 수 있다. 압축 파일에서 데이터를 읽는 코드는 다음과 같다.

```
f = gzip.open('data.gz', 'rb')
result = f.read().decode('UTF-8')
print(result)
```

gzip.open()을 사용하여 압축 파일에서 데이터를 압축 해제하여 읽을 수 있다. 이때 파일 모드는 'rb' 즉 이진 읽기 모드이어야 한다. 아래의 코드는 문자열을 압축하여 파일에 저장하였다가 다시 읽는 코드이다.

여기를 가리고 먼저 풀어보세요!

```
import gzip

data = """You said some winds blow forever
        And I didn't understand
        But you saw my eyes were asking
        And smiling you took my hand
        So we walked along the seaside"""
f = gzip.open('data.gz', 'wb')          # 이진 쓰기 모드로 파일을 연다.
f.write(data.encode('UTF-8'))           # 문자열을 파일에 쓴다.
f.close()

f = gzip.open('data.gz', 'rb')          # 이진 읽기 모드로 파일을 연다.
result = f.read().decode('UTF-8')       # 파일에서 문자열을 읽는다.
print(result)                           # 읽은 문자열을 화면에 출력한다.
f.close()
```

fzip.py

실습시간 시저 암호를 구현하여 보자. 로마의 유명한 정치가였던 쥴리어스 시저(Julius Caesar, 100-44 B.C.)는 친지들에게 비밀리에 편지를 보내고자 할 때 다른 사람들이 알아보지 못하도록 문자들을 다른 문자들로 치환하였다. 시저 암호의 규칙을 표로 그려 보면 다음과 같다.

평 문	a	b	c	d	e	f	g	h	i	j	k	l	m	n	o	p	q	r	s	t	u	v	w	x	y	z
암호문	D	E	F	G	H	I	J	K	L	M	N	O	P	Q	R	S	T	U	V	W	X	Y	Z	A	B	C

예를 들어 평문 "come to me"은 "FRPH WR PH"으로 바 뀐다. 시저 암호 방식을 이용하여서 파일을 암호화하고 복호화하는 프로그램을 작성하라. 글자들은 모두 영어 소문자라고 가정한다.

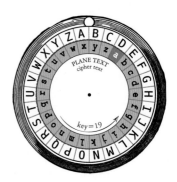

> 원문: the language of truth is simple.
> 암호문: wkh odqjxdjh ri wuxwk lv vlpsoh.

글자의 번호를 찾을 때 본문에서처럼 ord()를 이용하는 방법도 있지만 다음과 같이 a부터 z까지 글자를 모아두고

```
key = 'abcdefghijklmnopqrstuvwxyz'
```

key.index(ch)를 호출해도 0부터 시작하는 번호를 얻을 수 있다. index()는 문자열이나 리스트에서 특정한 값을 찾는 함수이다. 예를 들어서 key.index("b")는 1이다.

Lab 파일 암호화 Soluton

cipher.py

```python
key = 'abcdefghijklmnopqrstuvwxyz'

# 평문을 받아서 암호화하고 암호문을 반환한다.
def encrypt(n, plaintext):
    result = ''
    for l in plaintext.lower():
        try:
            i = (key.index(l) + n) % 26
            result += key[i]
        except ValueError:
            result += l

    return result.lower()

f = open("test.txt", "r")
s = f.read()
s = s.rstrip()

encrypted = encrypt(3, s)          # 3은 이동거리이다.
print ('평문: '  ,   s)
print ('암호문: ',   encrypted)
f.close()
```

도전문제

복호화 함수도 작성하여 테스트해보자.

이번 장에서 배운 것

» 왜 파일이 필요한지 설명할 수 있나요?
- 파일은 컴퓨터 전원이 꺼져도 없어지지 않는다. 변수에 들어 있는 값들은 컴퓨터 전원이 꺼지면 없어진다.

» 하드디스크에 파일을 생성하고 파일에 데이터를 저장할 수 있나요?
- 파일을 읽을 때는 파일을 열고, 데이터를 읽은 후에, 파일을 닫는 절차가 필요하다. 파일 모드에서 "r", "w", "a"가 있다. 각각 읽기모드, 쓰기모드, 추가모드를 의미한다. 파일을 저장할 때는 write() 메소드를, 파일에서 읽을 때는 read() 메소드를 사용한다.

» 간단한 메모장 프로그램을 작성할 수 있나요?
- tkinter의 Text 위젯을 사용한다. 사용자가 Text 위젯에 입력된 내용을 얻을 때는 get()을 사용한다. 이것을 파일의 write() 메소드를 이용하여 파일에 쓰면 된다.

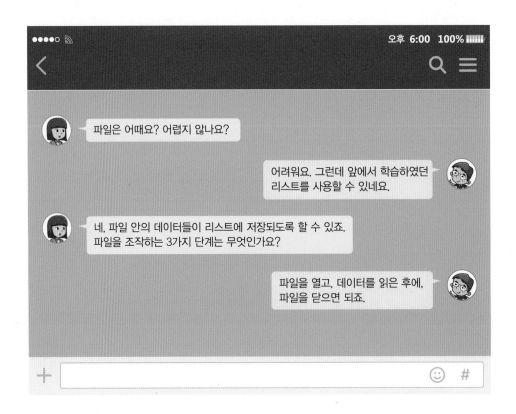

1 사용자가 입력한 텍스트 파일을 열어서 파일 안에 글자가 몇 개나 있는지를 계산하는 프로그램을 작성하라.

> 파일 이름을 입력하시오: words.txt
> 파일 안에는 총 5331 개의 글자가 있습니다.

HINT 텍스트 파일이므로 open(filename, "r") 과 같이 파일을 연다. 파일 안의 각 줄은 다음과 같이 읽을 수 있다.

```
infile = open(filename, "r")
for line in infile:
    ...
```

2 사용자로부터 파일 이름과 삭제할 문자열을 입력받는다. 파일을 열어서 사용자가 원하는 문자열을 삭제한 후에 다시 파일에 쓴다.

> 파일 이름을 입력하시오: words.txt
> 삭제할 문자열을 입력하시오: able
> 변경된 파일이 저장되었습니다.

HINT 문자열을 파일에 쓰려면 많은 방법이 있지만 다음과 같이 print()를 사용하여도 된다.

```
print(modified_s, file = outfile, end = "")
```

3 사용자가 입력하는 파일에 있는 각 문자들이 나타내는 빈도를 계산하는 프로그램을 작성하라.

> 입력 파일 이름: words.txt
> {'a': 338, 'b': 88, 'o': 334, 'u': 144, 't': 370, 'c': 177, 'n': 286, 'i': 296, 'd': 142, 'r': 348, 's': 272, 'j': 7, 'm': 127, 'e': 546, 'v': 40, 'f': 79, 'g': 114, 'l': 221, 'y': 68, 'w': 83, 'p': 138, 'h': 155, 'k': 63, 'x': 13, 'q': 10, 'I': 1, 'z': 3, 'B': 2, 'A': 1}

HINT 텍스트 파일이므로 open(filename, "r") 과 같이 파일을 연다. 파일 안의 각 줄은 다음과 같이 읽을 수 있다. 각 줄 안의 문자들은 다시 for 루프를 이용하면 된다.

```
for line in infile:
    for ch in line:
        ...
```

4 텍스트 파일에서 특정한 줄을 읽는 프로그램을 작성해보자.

```
파일 이름: test.txt
줄번호: 20

20번째 줄: This is line #20
```

HINT readlines() 메서드를 호출해본다.

5 텍스트 파일 "data.txt"에 실수값들이 저장되어 있다고 가정하자. 한 줄에 하나의 실수만 저장되어 있다. 예를 들면 다음과 같다.

data.txt

```
23.0
51.0
68.5
82.9
103.2
```

이 파일을 읽어서 합계와 평균을 계산한 후에 이것을 "output.txt" 파일에 저장하는 프로그램을 작성하라.

output.txt

```
합계=328.6
평균=65.72
```

```
입력 파일 이름: data.txt
출력 파일 이름: output.txt
```

HINT 이번에는 파일에서 한 줄씩 읽는 것이 편리하다.

```
line = infile.readline()
```

문자열을 실수로 변환하려면 float() 함수를 사용한다.

6   Matplotlib 라이브러리는 인기 있는 데이터 시각화 라이브러리이다. 여기서는 텍스트 파일에서 가져온 데이터를 기반으로 그래프를 그려보자. 학생 이름과 점수가 다음과 같은 파일에 저장되어 있다고 가정하자.

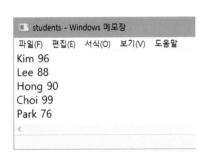 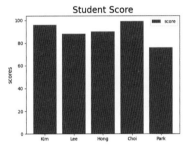

> **HINT** 시각화를 위해 `matplotlib.pyplot` 모듈을 가져와야 한다. 이어서 `open()` 함수를 사용하여 읽기 모드 'r'에서 파일을 연다. for 루프를 사용하여 파일의 각 줄을 반복하고 파일의 각 행을 리스트에 추가한다. `plt.bar( )` 함수를 사용하여 x축에 학생 이름을 표시하고 y축에 점수를 표시한다.

7   tkinter를 사용하여 다음과 같은 사용자 인터페이스를 만든다. "추가" 버튼을 누르면 사용자가 입력한 이름과 전화 번호 리스트가 파일 "phone_book.dat"에 저장된다. "파일 읽기"를 누르면 파일 "phone_book.dat"에서 이름과 전화 번호를 읽어오는 프로그램을 작성하라.

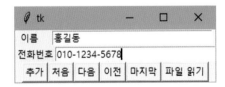

> **HINT** 엔트리 위젯에서 데이터를 읽어오려면 `e.get()`을 사용한다. 또 엔트리 위젯에 문자열을 쓰려면 `e.insert(0, string)`을 사용한다. 엔트리 위젯의 내용을 지우려면 `e.delete(0, END)`를 사용한다. 프로그램 내부에서는 딕셔너리를 사용하여 사용자의 이름과 전화 번호를 저장한다. 딕셔너리에 항목을 추가하려면 `dict[name] = phone` 과 같은 문장을 사용한다. 딕셔너리에서 첫 번째 항목을 읽으려면 딕셔너리를 리스트로 변환한 후에 첫 번째 항목을 꺼내야 한다.

```
phone_list = list(phone_book)   # phone_book은 딕셔너리이다.
```

다양한
라이브러리를
사용해봅시다

파이썬에서 사용할 수
있는 외부 라이브러리도
많은가요?

네, 여기서는 외부 라이브러리
를 사용하여 무엇을 할 수 있
는 지를 알아봅시다.

이번 장에서는 다음과 같은 내용을 학습합니다.

- 외부 라이브러리를 설치할 수 있나요?
- 맷플롯립(MatPlotLib)을 설치하여 화면에 그래프를 그릴 수 있나요?
- 필로우(Pillow)를 설치하여 간단한 영상 처리 프로그램을 작성할 수 있나요?
- OpenCV를 설치하여 간단한 비디오 처리 프로그램을 작성할 수 있나요?

파이썬은 수많은 라이브러리로 유명하다. 이번 장에서는 그중에서 3개를 골라서 사용해보자.

(1) 수치 데이터로 그래프를 그려보자.

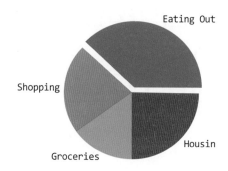

(2) 포토샵과 같이 이미지를 처리할 수 있는 프로그램을 작성해보자.

(3) 사진을 카툰처럼 만들어보자.

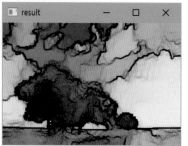

02 파이썬의 외부 라이브러리

파이썬은 방대한 외부 라이브러리를 자랑한다. 현재 137,000개가 넘는 파이썬 라이브러리가 있다. 파이썬이 단기간에 큰 인기를 얻을 수 있었던 이유도 서드 파티에서 제공하는 엄청난 양의 오픈소스 라이브러리가 있었기 때문이다. 파이썬 라이브러리는 딥러닝, 데이터 처리, 데이터 시각화, 이미지 처리 응용 프로그램을 개발하는 데 중요한 역할을 한다.

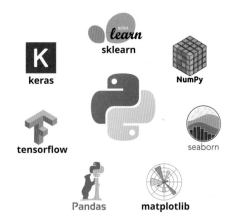

- 맷플롯립(Matplotlib): 몇 줄의 코드로 차트, 그래프, 파이 차트, 산점도, 히스토그램, 오류 차트 등을 그릴 수 있다.
- 판다스(Pandas): 데이터 분석 및 모델링과 같은 작업의 경우, 판다스를 사용하면 R과 같은 도메인별 언어로 전환할 필요 없이 이러한 작업을 수행할 수 있다.
- 넘파이(NumPy): 대규모 다차원 배열 및 행렬에 대한 지원을 제공하는 파이썬의 기본 패키지 중 하나이다.
- Tensorflow: 가장 인기 있는 딥러닝 프레임워크인 TensorFlow는 고성능 수치 계산을 위한 오픈 소스 소프트웨어 라이브러리이다.
- 필로우(Pillow): PIL(Python Imaging Library)와 호환성을 유지하면서 쉽게 사용할 수 있는 영상 처리 라이브러리이다.
- 파이게임(Pygame) : 게임을 제작하기 위한 프레임워크이다. 캔버스와 그래픽 그리기, 다채널 사운드 처리, 클릭 이벤트 처리, 충돌 감지 등의 작업을 지원한다.

03 라이브러리 설치 방법

파이썬 패키지를 설치할 때 가장 많이 사용하는 도구가 바로 pip이다. 다른 언어는 라이브러리를 설치하기가 만만치 않지만, 파이썬은 너무나도 간단하다. pip는 파이썬에 기본적으로 포함되는 설치 도구이다. 파이썬을 설치할 때 PATH를 변경하겠다고 체크했어야 어디서나 pip를 실행할 수 있다.

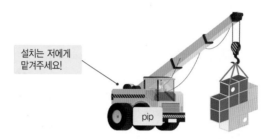

설치는 저에게 맡겨주세요!

pip

예를 들어서 pip를 이용하여 영상 처리 라이브러리인 필로우(pillow)를 설치해보자. 관리자 모드로 명령 프롬프트를 열고 다음과 같이 입력하면 필로우가 설치된다.

```
d:\>pip install Pillow            설치를 원하는 패키지 이름
Collecting Pillow
    Downloading Pillow-3.3.0-cp35-cp35m-win32.whl (1.3MB)
        100% |##############################| 1.3MB 867kB/s
Installing collected packages: Pillow
Successfully installed Pillow-3.3.0
You are using pip version 8.1.1, however version 8.1.2 is available.
You should consider upgrading via the 'python -m pip install --upgrade pip' comm
and.
```

pip를 업그레이드하라는 명령어. 반드시 할 필요는 없다.

NOTE

만약 패키지가 설치되지 않는다면?

파이썬의 버전과 라이브러리 패키지의 버전이 일치하지 않는 경우가 많다. 예를 들어서 파이썬은 최신 버전이지만 라이브러리는 아직 업데이트가 안 되어 있는 경우가 많다. 이런 때는 파이썬의 버전을 낮추어서 설치해보자. 예를 들어서 최신 파이썬 버전은 3.10이지만 라이브러리 설치를 위하여 파이썬 3.8로 낮추어서 설치하는 것이다.

04 Matplotlib로 그래프를 그려보자

Matplotlib은 GNUplot처럼 그래프를 그리는 라이브러리이다. 최근에 파이썬의 인기가 아주 높기 때문에 Matplotlib도 많이 사용된다. 또 Matplotlib이 MATLAB을 대신할 수 있다는 점도 장점이다. MATLAB이 비싸고 상업용 제품인 반면에, MatPlotLib은 무료이고 오픈 소스이다. "pip install matplotlib"로 설치한다.

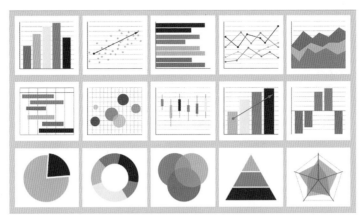

(출처: pixabay)

우리는 matplotlib의 하위 모듈인 pyplot을 사용한다. pyplot은 객체 지향적인 인터페이스를 제공한다. matplotlib.pyplot를 plt 이름으로 사용하는 것은 거의 표준 관행이 되었다. 가장 기본이 되는 선그래프를 그려보자. 선그래프를 그리려면 x값과 y값이 필요하다. 우리가 x값과 y값을 리스트 형태로 plot() 함수로 전달하면, plot() 함수는 이것으로 선 그래프를 그린다. x 축값을 별도로 주지 않으면 리스트 y의 인덱스를 x값으로 간주한다.

```
import matplotlib.pyplot as plt

X = [ 1, 2, 3, 4, 5, 6, 7]
Y = [15.6, 14.2, 16.3, 18.2, 17.1, 20.2, 22.4]

plt.plot(X, Y)        # 선그래프를 그린다.
plt.show()
```

plot1.py

이번에는 하나의 그래프에 서울과 부산의 기온을 표시해보자. 서울과 부산의 기온이 저장된 2개의 리스트를 pyplot에 전달하면 된다. 각 축에 레이블도 붙여보자.

plot2.py

```
X = [ "Mon", "Tue", "Wed", "Thur", "Fri",  "Sat", "Sun" ]
Y1 = [15.6, 14.2, 16.3, 18.2, 17.1, 20.2, 22.4]
Y2 = [20.1, 23.1, 23.8, 25.9, 23.4, 25.1, 26.3]

plt.plot(X, Y1, X, Y2)             # plot()에 2개의 리스트를 보낸다.
plt.xlabel("day")                  # x축 레이블
plt.ylabel("temperature")          # y축 레이블
plt.show()
```

레전드(legend)와 제목도 붙여보자. 레전드는 각 y축값이 무엇을 나타내는지를 설명한다.

plot3.py

```
X = [ "Mon", "Tue", "Wed", "Thur", "Fri",  "Sat", "Sun" ]
Y1 = [15.6, 14.2, 16.3, 18.2, 17.1, 20.2, 22.4]
Y2 = [20.1, 23.1, 23.8, 25.9, 23.4, 25.1, 26.3]

plt.plot(X, Y1, label="Seoul")              # 분리시켜서 그려도 됨
plt.plot(X, Y2, label="Busan")              # 분리시켜서 그려도 됨
plt.xlabel("day")
plt.ylabel("temperature")
plt.legend(loc="upper left")                # 레전드
plt.title("Temperatures of Cities")         # 그래프의 제목
plt.show()
```

07 2차 함수와 3차 함수 그리기

앞의 그래프를 보면 우리가 전달한 데이터값을 전부 선으로 연결하여서 그리는 것을 알 수 있다. 만약 데이터 값만을 기호로 표시하고자 한다면 별도의 형식문자열을 전달하면 된다.

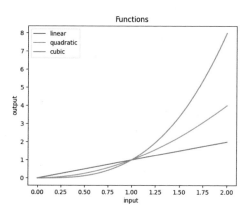

plot4.py

```python
import matplotlib.pyplot as plt

x, y, z = [], [], []

for i in range(100):      # 선형 함수
    x.append(i/50.0)

for i in x:      # 2차 함수
    y.append(i**2)

for i in x:      # 3차 함수
    z.append(i**3)

plt.plot(x, x, label="linear")
plt.plot(x, y, label="quadratic")
plt.plot(x, z, label="cubic")

plt.xlabel("input")
plt.ylabel("output")
plt.legend(loc="upper left")      # 레전드
plt.title("Function")      # 그래프의 제목
plt.show()
```

08 막대 그래프와 파이챠트

이번에는 막대 그래프를 그려보자. 막대 그래프는 bar()를 호출하여 그린다.

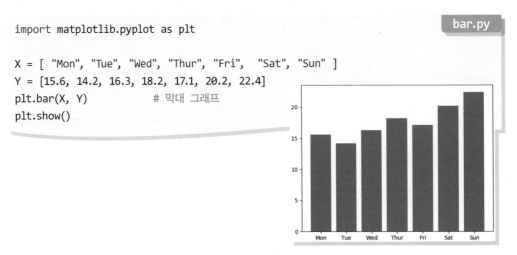

```python
import matplotlib.pyplot as plt

X = [ "Mon", "Tue", "Wed", "Thur", "Fri",  "Sat", "Sun" ]
Y = [15.6, 14.2, 16.3, 18.2, 17.1, 20.2, 22.4]
plt.bar(X, Y)            # 막대 그래프
plt.show()
```

파이 챠트는 pie()를 호출하여 그린다. 파이 챠트 중에서 하나의 파이가 눈에 띄기를 원한다면 explode 매개 변수(폭발처럼 떨어져 나가서 그려짐)를 이용한다. 월별 가계 지출을 파이 차트로 표시하는 프로그램을 작성해보자.

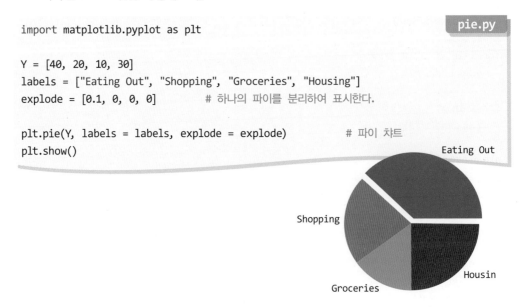

```python
import matplotlib.pyplot as plt

Y = [40, 20, 10, 30]
labels = ["Eating Out", "Shopping", "Groceries", "Housing"]
explode = [0.1, 0, 0, 0]         # 하나의 파이를 분리하여 표시한다.

plt.pie(Y, labels = labels, explode = explode)         # 파이 챠트
plt.show()
```

09 필로우를 이용한 영상 표시

우리는 앞에서 필로우 라이브러리를 설치하였다. 영상 파일을 하나 읽어서 tkinter를 이용하여 표시해보자. 필로우는 자신의 영상 형식을 tkinter 형식으로 변환해준다. 필로우는 많은 영상 포맷을 지원한다. BMP, EPS, GIF, IM, JPEG, MSP, PCX, PNG, PPM, TIFF, WebP, ICO, PSD, PDF 등의 형식을 지원한다고 한다. 현재 디렉토리에 있는 lenna.png 파일을 읽어서 화면에 표시해보자.

```python
# PIL 모듈에서 몇 개의 클래스를 포함시킨다.
from PIL import Image, ImageTk

# tkinter 모듈을 포함시킨다.
import tkinter as tk

# 윈도우를 생성하고 윈도우 안에 캔버스를 생성한다.
window = tk.Tk()
canvas = tk.Canvas(window, width=500, height=500)
canvas.pack()

# 윈도우를 생성하고 윈도우 안에 캔버스를 생성한다.
img = Image.open("lenna.png")

# tk 형식으로 영상을 변환한다.
tk_img = ImageTk.PhotoImage(img)

# tkinter의 캔버스에 영상을 표시한다.
canvas.create_image(250, 250, image=tk_img)

window.mainloop()
```

`pillow1.py`

하나 주의할 점은 tkinter 모듈을 포함시킬 때 다음과 같이 하여야 한다.

```python
import tkinter as tk
```

이제까지처럼 다음과 같이 하면

```python
from tkinter import *
```

여러 가지 클래스 이름이 중복되어서 문제가 발생한다. 즉 tkinter 모듈과 PIL 모듈 안에 들어 있는 클래스들이 충돌하게 된다. 현재까지는 tkinter 만을 사용할 때와 별반 다른 것이 없다. 다음 절에서 영상 처리 연산을 적용하여 보자.

10 필로우를 이용한 영상 처리: 영상 회전

이번에는 영상을 읽어서 45도 회전한 후에 화면에 표시해본다.

```python
from PIL import Image, ImageTk
import tkinter as tk

window = tk.Tk()
canvas = tk.Canvas(window, width=500, height=500)
canvas.pack()

# 영상 파일을 연다.
im = Image.open("lenna.png")

# 영상을 45도 회전한다.
out = im.rotate(45)

# 영상을 tkinter 형식으로 변환한다.
tk_img = ImageTk.PhotoImage(out)

# 영상을 tkinter에서 화면에 표시한다.
canvas.create_image(250, 250, image=tk_img)
window.mainloop()
```

pillow2.py

11 필로우를 이용한 영상 처리: 영상 흐리게 하기

이번에는 영상을 읽어서 흐리게 한 후에 화면에 표시해본다.

```python
from PIL import Image, ImageTk, ImageFilter
import tkinter as tk

window = tk.Tk()
canvas = tk.Canvas(window, width=500, height=500)
canvas.pack()

# 영상 파일을 연다.
im = Image.open("lenna.png")

# 영상을 흐리게 한다.
out = im.filter(ImageFilter.BLUR)

# 영상을 tkinter 형식으로 변환한다.
tk_img = ImageTk.PhotoImage(out)

# 영상을 tkinter에서 화면에 표시한다.
canvas.create_image(250, 250, image=tk_img)
window.mainloop()
```

pillow3.py

영상 처리도 아주 방대한 분야이다. 관심이 있다면 관련 자료를 찾아보기 바란다. 필로우의 각종 함수에 대한 정보는 https://pillow.readthedocs.io/en/3.3.x/에서 찾을 수 있다.

12 메뉴 만들기

tkinter는 메뉴를 표시할 수 있다. 메뉴에 영상 처리 기능들을 연결해보자.

```python
import tkinter as tk

# 파일 메뉴에서 "열기"를 선택하였을 때 호출되는 함수
def open():
    pass

# 파일 메뉴에서 "종료"를 선택하였을 때 호출되는 함수
def quit():
    window.quit()

# 윈도우를 생성한다.
window = tk.Tk()

# Menu()를 사용하여 윈도우 안에 메뉴를 생성한다.
menubar = tk.Menu(window)

# 메뉴바 안에 "파일" 메뉴를 생성한다.
filemenu = tk.Menu(menubar)

# "파일" 메뉴 안에 "열기" 메뉴항목을 추가한다.
filemenu.add_command(label="열기", command=open)
filemenu.add_command(label="종료", command=quit)

# "파일" 메뉴를 누르면 아래로 다른 메뉴가 확장되도록 한다.
menubar.add_cascade(label="파일", menu=filemenu)

# 윈도우 창의 메뉴로 menubar를 지정한다.
window.config(menu=menubar)
window.mainloop()
```

13 영상 처리 기능을 메뉴로 연결

앞에서 학습한 영상 처리 기능 2가지를 "영상처리" 메뉴 아래에 위치시켜 보자. 그리고 메뉴 항목을 선택하면 메뉴가 실행되도록 하자.

```python
from PIL import Image, ImageTk, ImageFilter
import tkinter as tk
from tkinter import filedialog as fd


im = None
tk_img = None

# 파일 메뉴에서 "열기"를 선택하였을 때 호출되는 함수
def open():
    global im, tk_img
    fname = fd.askopenfilename()
    im = Image.open(fname)
    tk_img = ImageTk.PhotoImage(im)
    canvas.create_image(250, 250, image=tk_img)
    window.update()

# 파일 메뉴에서 "종료"를 선택하였을 때 호출되는 함수
def quit():
    window.quit()

# 영사처리 메뉴에서 "열기"를 선택하였을 때 호출되는 함수
def image_rotate():
    global im, tk_img
    out = im.rotate(45)
    tk_img = ImageTk.PhotoImage(out)
    canvas.create_image(250, 250, image=tk_img)
    window.update()

# 영사처리 메뉴에서 "열기"를 선택하였을 때 호출되는 함수
def image_blur():
    global im, tk_img
    out = im.filter(ImageFilter.BLUR)
    tk_img = ImageTk.PhotoImage(out)
    canvas.create_image(250, 250, image=tk_img)
    window.update()
```

pillow5.py

```python
# 윈도우를 생성한다.
window = tk.Tk()
canvas = tk.Canvas(window, width=500, height=500)
canvas.pack()

# 메뉴를 생성한다.
menubar = tk.Menu(window)
filemenu = tk.Menu(menubar)

ipmenu = tk.Menu(menubar)
filemenu.add_command(label="열기", command=open)
filemenu.add_command(label="종료", command=quit)
ipmenu.add_command(label="영상회전", command=image_rotate)
ipmenu.add_command(label="영상흐리게", command=image_blur)
menubar.add_cascade(label="파일", menu=filemenu)
menubar.add_cascade(label="영상처리", menu=ipmenu)

window.config(menu=menubar)
window.mainloop()
```

파일 메뉴에서 메뉴 항목 "열기"를 선택하면 open() 함수가 호출된다. 여기서 askopenfilename() 함수를 사용하여 사용자가 대화 상자를 통하여 영상을 선택할 수 있게 하였다.

```python
# 파일 메뉴에서 "열기"를 선택하였을 때 호출되는 함수
def open():
    global im, tk_img
    fname = fd.askopenfilename()
    im = Image.open(fname)
    tk_img = ImageTk.PhotoImage(im)
    canvas.create_image(250, 250, image=tk_img)
    window.update()
```

이후에 실행되는 함수들이 여기서 읽은 영상 데이터를 사용하기 때문에 im과 tk_img 변수를 전역 변수로 하였다.

```python
global im, tk_img
```

 도전문제
Pillow의 매뉴얼(http://pillow.readthedocs.io/en/3.0.x/handbook/index.html)을 참조하여 컬러 영상을 흑백 영상으로 바꾸는 기능을 위의 프로그램에 추가해보자.

 도전문제
미니 포토샵을 만들어 보자.

14 OpenCV 라이브러리

OpenCV (Open Source Computer Vision Library)는 컴퓨터 비전 응용 프로그램을 개발할 수 있는 강력한 라이브러리이다. OpenCV는 BSD 라이센스 하에 배포되므로 학술적 및 상업적 용도로 무료이다. OpenCV는 계산 효율성과 실시간 응용 프로그램에 중점을 두고 설계되었다. OpenCV의 코어 부분은 C /C++로 작성되었으며 CPU의 멀티 코어를 이용할 수 있도록 설계되었다.

현재 OpenCV는 4만 7천명 이상의 사용자를 가지고 있으며 1400만 개가 넘는 다운로드 수를 기록했다고 한다. OpenCV는 영상 처리, 얼굴 인식, 물체 감지, 비디오 캡처 및 분석, 딥러닝 프레임워크인 TensorFlow , Torch/PyTorch, Caffe도 지원하고 있다.

OpenCV 라이브러리를 사용하면 다음과 같은 작업을 쉽게 할 수 있다.

- 영상 파일의 읽기 및 쓰기
- 비디오 캡처 및 저장
- 영상 처리 (필터, 변환)
- 영상이나 비디오에서 얼굴, 눈, 자동차와 같은 특정 물체를 감지
- 비디오를 분석하여 움직임을 추정하고, 배경을 없애고, 특정 물체를 추적할 수 있다.
- 기계 학습 알고리즘을 사용하여 물체를 인식할 수 있다.

OpenCV는 다음과 같이 설치할 수 있다.

```
C> pip install opencv-python  Enter
```

15 그림을 만화처럼 만들어보기

우리는 유튜브 영상에서 사진을 만화처럼 만드는 것을 흔히 볼 수 있다. 어떻게 하는 것일까? OpenCV에는 이것을 수행하기 위한 함수가 포함되어 있다.

```
import cv2       # (1)                                         opencv1.py

img1 = cv2.imread('dog.jpg', cv2.IMREAD_COLOR)        # (2)
img2 = cv2.stylization(img1, sigma_s=100, sigma_r=0.9) # (3)

cv2.imshow('original', img1)                          # (4)
cv2.imshow('result', img2)
cv2.waitKey(0)                                        # (5)
cv2.destroyAllWindows()                               # (6)

cv2.imwrite('result.jpg', img2)                       # (7)
```

(1) OpenCV 라이브러리를 파이썬에서 사용하려면 import를 이용하여서 소스에 포함시킨다.

(2) cv2 모듈에 포함된 imread()는 이미지를 읽는 함수이다. cv2.IMREAD_COLOR는 이미지가 컬러 이미지임을 나타낸다.

(3) stylization() 함수가 이미지를 만화로 만들어주는 핵심적인 함수이다. 파라미터로 sigma_s와 sigma_r이 있다. sigma_s는 이미지를 얼마나 흐리게 만들 것인지를 결정한다. 0에서 200까지의 값이 가능하다. sigma_r은 경계선을 얼마나 보존할 것인지를 결정한다. 0에서 1까지의 값이 가능하다.

(4) imshow()는 이미지를 윈도우에 표시하는 함수이다. 윈도우는 "original"이라는 이름이 붙여진다.

(5) waitKey()는 사용자가 키를 입력하기를 기다린다.

(6) 사용자가 어떤 키라도 입력하면 destroyAllWindows()를 사용하여 모든 윈도우를 없앤다.

(7) 결과 이미지는 "result.jpg"라는 이름으로 현재 디렉토리에 저장한다.

16 CCTV 프로그램 작성하기

OpenCV를 이용하면 비디오를 아주 간편하게 처리할 수 있다. 웹캠을 가지고 있는 경우, 이것을 CCTV 카메라처럼 이용할 수 있다. 즉 웹캠에서 입력된 비디오를 파일에 저장할 수 있다. 다음 프로그램을 시작하기 전에 웹캠을 컴퓨터에 연결한다.

```python
                                                            opencv2.py
import cv2

cap= cv2.VideoCapture(0)          # (1)

writer= cv2.VideoWriter('myvideo.mp4', cv2.VideoWriter_fourcc(*'DIVX'),
        20, (640, 480))                   # (2)

while True:                               # (3)
    ret,frame= cap.read()                 # (4)
    writer.write(frame)                   # (5)
    cv2.imshow('frame', frame)            # (6)
    if cv2.waitKey(1) & 0xFF == 27:       # (7)
        break

cap.release()                             # (8)
writer.release()
cv2.destroyAllWindows()
```

(1) VideoCapture()는 웹캠이나 비디오 파일을 오픈한다. 조금 시간이 걸릴 수도 있다.

(2) OpenCV에서는 cv2.VideoWriter 클래스를 이용하여 일련의 프레임을 비디오 파일로 저장할 수 있다. cv2.VideoWriter_fourcc(*'DIVX')은 MP4 코덱의 일종이다. 20은 초당 프레임 수이다. (640, 480)은 프레임의 크기이다.

(3) 비디오의 각 프레임을 처리하기 위한 반복 루프이다.

(4) 비디오의 하나의 프레임을 읽어온다.

(5) 비디오 파일에 현재의 프레임을 쓴다.

(6) 윈도우에 현재의 프레임을 표시한다.

(7) 사용자가 윈도우에서 ESC 키를 누르면 반복 루프를 종료한다.

(8) 비디오 처리 객체를 제거한다.

13

객체란 무엇인가요?

객체는 최근에 가장 중요해진 개념입니다.

객체는 무엇인가요?

이번 장에서는 다음과 같은 내용을 학습합니다.

- 객체의 개념을 설명할 수 있나요?
- 객체와 클래스의 관계를 이해할 수 있나요?
- 객체를 활용하여 간단한 프로그램을 작성할 수 있나요?

앞에서 우리는 데이터와 코드를 조직화하는 여러 가지의 방법을 학습하였다. 우리는 리스트(list)를 이용하여 변수들을 하나로 묶을 수 있었다. 함수 (function)를 사용하여서 코드를 하나로 묶을 수 있었다.

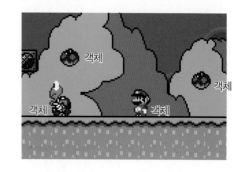

객체(object)는 함수와 변수를 하나의 단위로 묶을 수 있는 방법이다. 객체는 프로그래밍에서 아주 유용한 개념이며 현재까지 아주 중요하게 사용

된다. 특히 파이썬에서는 모든 것이 객체로 작성되어 있다. 이러한 프로그래밍 방식을 객체지향 (object-oriented)이라고 한다.

우리는 입문자이기 때문에 반드시 우리가 객체를 정의할 필요는 없다. 우리는 파이썬이 제공하는 많은 객체들을 사용하여서 프로그램을 작성할 수 있으면 된다. 하지만 우리가 객체를 정의할 수 있다면 프로그래밍이 아주 편해진다. 이번 장에서는 다음과 같은 프로그램을 작성해 본다.

(1) 자동차를 나타내는 클래스를 정의하고 사용해본다.

(2) 자동차 운행 시뮬레이션을 만들어본다.

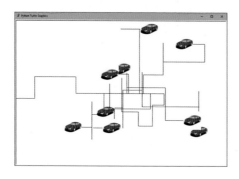

02 객체 지향 프로그래밍

우리가 살고 있는 실제 세계에는 사람, 텔레비전, 세탁기, 냉장고 등의 많은 객체가 존재한다. 객체들은 나름대로의 고유한 기능을 수행하면서 다른 객체들과 상호 작용한다. 객체 지향 프로그래밍(OOP: object-oriented programming)은 이러한 실제 세계를 흉내 내서, 소프트웨어도 객체로 구성하는 방법이다.

예를 들면, 사람이 리모콘을 이용하여서 텔레비전을 조작하는 상황을 생각해보자. 티비와 리모콘은 모두 특정한 기능을 수행하는 객체라고 생각할 수 있고 티비와 리모콘은 메시지를 보내고 받으면서 상호 작용하고 있다.

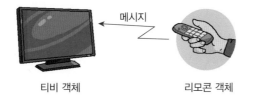

티비 객체   리모콘 객체

소프트웨어 개발도 이와 같이 하는 방식을 객체 지향이라고 한다. 다양한 기능을 하는 소프트웨어 객체들이 존재하고 이러한 객체들을 조합하여 자기가 원하는 기능을 구현하는 기법이다. 프로그램에서는 현실 세계에서 볼 수 있는 물리적인 객체도 사용하지만, 소프트웨어 세계에서만 존재하는 객체도 사용한다. 예를 들면 화면의 윈도우나 버튼도 하나의 객체로 취급된다.

03 객체의 속성과 동작

객체(object)란 무엇인가? 객체는 하나의 사물이라고 생각하면 된다. 우리가 일상생활에서 사용하는 물건이 객체가 될 수 있다. 예를 들어서 자동차를 생각해보자. 자동차는 속도, 색상, 가격, 모델과 같은 속성(attribute)을 가지고 있다. 또 자동차는 주행할 수 있고, 방향을 전환하거나 정지할 수 있다. 이러한 것을 객체의 동작(action) 또는 행동(behavior)이라고 한다.

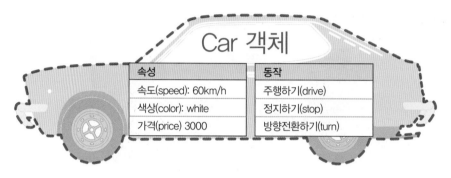

사람이나 동물도 객체가 될 수 있다. 예를 들어, 강아지도 객체로 나타낼 수 있다. 강아지의 속성은 나이, 이름, 품종이 될 수 있으며, 짖기, 먹기, 잠자기 등의 동작을 할 수 있다.

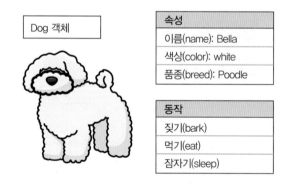

객체 지향에서 속성은 객체 안의 변수로 구현되며, 동작은 객체 안의 함수로 구현된다. 객체 안의 함수를 메소드(method)라고 한다. 객체는 다음과 같은 수식으로 정의된다.

객체 = 속성 + 메소드

04 클래스와 객체

객체를 하나만 생성할 예정이라면 비교적 쉽다. 하지만 동일한 객체를 여러 개 만든다고 해보자. 예를 들어서 이 세상의 자동차는 하나가 아니고 아주 많다. 객체를 여러 개 만드는 경우에는, 객체의 설계도를 먼저 작성한 후에, 이 설계도를 이용하여서 객체를 원하는 개수만큼 찍어내는 편이 편리하다.

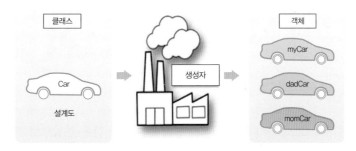

클래스는 class 키워드를 사용하여서 정의한다. 가장 간단하게는 다음과 같이 정의할 수 있다.

```
class Car:
    pass
```

class 키워드로 시작하여 클래스를 생성하고 있음을 표시한 후에 클래스 이름을 추가한다. 클래스 이름은 일반적으로 낙타 표기법(단어의 첫 글자를 대문자)이다. 위에서는 pass를 사용하여 나중에 채워 넣겠다고 표시하였다. 이제 클래스 Car에 속성을 추가해보자. 객체가 가지고 있는 속성을 변수로 표현한다.

```
class Car:
    def __init__(self, speed, color):
        self.speed = speed
        self.color = color
```

> 객체를 초기화하는 특별한 메소드이다. 속도, 색상을 받아서 객체 안의 변수에 저장한다.

상당히 이상한 형태의 메소드 __init__()가 추가되었다. 이것은 생성자라고 불린다. 생성자의 역할은 객체의 속성을 초기화하는 것이다. 생성자 메소드는 항상 self라고 불리는 첫 번째 매개 변수를 가지고 있다. 이것은 객체 자신을 참조하는 변수이다. 객체 안의 속성을 참조할 때는 항상 . 연산자를 사용한다. self.speed와 self.color는 현재 생성되고 있는 객체의 속성이다. 생성자에서는 전달받은 speed와 color 값으로 객체의 속성을 초기화한다. __init__()는 우리가 호출할 필요가 없다. 객체가 생성될 때 자동으로 호출된다.

05 객체 생성과 속성 참조

우리는 앞장에서 클래스 Car를 정의하였다. 클래스는 객체의 청사진으로서 객체의 구조를 정의할 뿐이다. 클래스를 정의한다고 해서 객체가 생성되는 것은 아니다. 이것은 다음과 같이 이해하자. 우리가 집의 설계도를 완성했다고 해서 집이 바로 지어진 것은 아니다.

집의 설계도(청사진)   실제 집은 설계도에 의하여 지어진다.

앞에서 정의된 클래스 Car로부터 객체를 생성해보자. 다음과 같은 문장으로 객체가 생성된다.

```
myCar = Car(0, "white")
```

Car(0, "white") 호출이 생성자 __init__()을 호출하게 된다. 0이 speed로 전달되고 "white"가 color로 전달된다. 위의 문장이 실행되면 다음과 같은 객체가 생성된다.

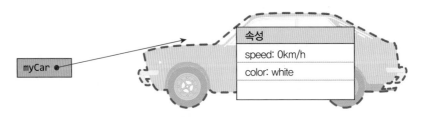

객체를 생성하는 것을 클래스의 인스턴스(instance)를 생성한다고도 말한다. 객체가 생성되면 우리는 . 연산자를 이용하여 객체 안의 속성 값을 참조할 수 있다.

```
print(myCar.speed)      # 0이 출력된다.
print(myCar.color)      # "white"가 출력된다.
```

우리가 앞에서 작성한 Car 클래스에는 메소드가 하나도 없었다. 이제 2개의 메소드를 클래스에 추가해보자.

```
class Car:                                          car1.py
    def __init__(self, speed, color):
        self.speed = speed          # 반드시 self.을 앞에 붙여야 속성이 된다.
        self.color = color          # 반드시 self.을 앞에 붙여야 속성이 된다.

    def drive(self):                # 메소드의 첫 번째 인수는 항상 self이다.
        self.speed = 60             # 반드시 self.을 앞에 붙여야 속성이 된다.
        print("주행중입니다.")
    def stop(self):
        self.speed = 0              # 반드시 self.을 앞에 붙여야 속성이 된다.
        print("정지했습니다.")
```

모든 메소드는 첫 번째 인수로 self를 가져야 한다. 또 변수 앞에 self를 붙여야 객체 안의 속성이 된다. self를 붙이지 않으면 단순한 지역 변수가 된다. 객체를 생성하고 객체의 메소드 drive()를 호출해보자. 메소드를 호출할 때도 . 연산자를 사용한다.

```
myCar = Car(0, "white")         # 객체를 생성한다.

myCar.drive()                   # 객체의 drive() 메소드를 호출한다.
print(myCar.speed)              # 60이 출력된다.
myCar.stop()                    # 객체의 stop() 메소드를 호출한다.
print(myCar.speed)              # 0이 출력된다.
```

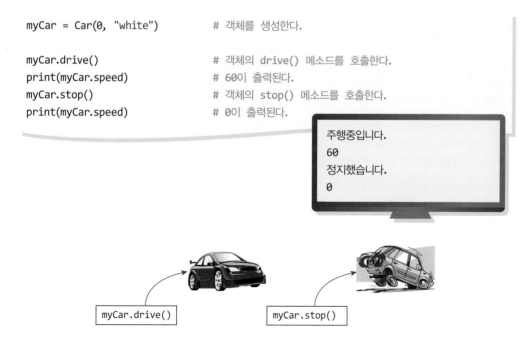

```
주행중입니다.
60
정지했습니다.
0
```

myCar.drive()   myCar.stop()

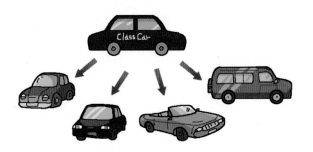

우리는 하나의 클래스로 여러 개의 객체를 생성할 수 있다. 하나의 설계도만 있으면 동일한 형태의 집을 여러 채 지을 수 있는 것과 마찬가지이다. 하나의 자동차 설계도에서 수많은 자동차를 생산할 수 있는 것과 마찬가지이다.

```python
class Car:
    def __init__(self, speed, color):
        self.speed = speed
        self.color = color

    def drive(self):
        self.speed = 60
        print("주행중입니다.")

myCar = Car(60, "green")        # 객체를 생성한다.
dadCar = Car(70, "silver")      # 객체를 생성한다.
momCar = Car(30, "red")         # 객체를 생성한다.
```

car2.py

여기서 반드시 기억할 사항은 동일한 클래스로 객체를 여러 개 생성하더라도 객체가 가지고 있는 변수의 값은 다를 수 있다는 점이다. 객체가 가진 데이터는 객체마다 다르게 설정할 수 있다. 위의 예에서도 각 자동차 객체마다 색상과 속도는 다르게 초기화할 수 있다.

08 self는 무엇인가?

파이썬의 클래스 정의에서 self는 상당히 많이 등장한다. 도대체 self는 무엇인가?

```python
class Car:
    def __init__(self, speed, color):
        self.speed = speed
        self.color = color
    def drive(self):
        self.speed = 60
        print("주행중입니다.")

myCar = Car(0, "blue")
yourCar = Car(0, "white")

myCar.drive()
yourCar.drive()
```

메소드가 호출될 때, 어떤 객체가 메소드를 호출했는지 알아야 한다. 즉 myCar 객체가 drive()를 호출했는지, yourCar 객체가 drive()를 호출하였는지 drive() 메소드가 알아야 한다는 것이다. drive() 메소드의 self 매개 변수는 어떤 객체가 메소드를 했는지를 알려준다. 하지만 우리가 drive()를 호출할 때는 객체를 인수로 넣어서 보내지는 않는다. 하지만 우리가 myCar.drive()처럼 호출하면 myCar가 self로 전달된다. 따라서 메소드의 첫 번째 인수는 항상 self 이여야 한다. 또 메소드 안에서 속성을 사용하려면 변수 앞에 self를 붙여야 한다. self를 붙이지 않으면 단순한 지역 변수가 된다.

09 우리는 이미 객체를 사용해보았다!

우리가 맨 처음에 학습하였던 터틀 그래픽을 기억하는가? 터틀 그래픽에서 거북이가 바로 객체이다!

> 저도 객체였지요.

```
from turtle import *      # turtle 모듈에서 모든 것을 불러온다.
alex = Turtle()           # ① 거북이 객체를 생성한다.

alex.forward(100)         # ② forward()는 거북이 객체의 메소드이다.
alex.left(90)             # left()는 거북이 객체의 메소드이다.
alex.forward(200)         # forward()는 거북이 객체의 메소드이다.
```

문장 ①에서 객체가 생성된다. 문장 ②에서 거북이 객체가 가진 메소드를 호출할 수 있다. forward()는 거북이 객체의 메소드이다. 사실 우리는 우리가 객체를 직접 생성하는 일보다는 이미 만들어진 객체를 사용하는 일이 많을 것이다. 여러분이 https://docs.python.org/3.6/library/turtle.html을 방문해보면 거북이가 가지고 있는 수많은 메소드가 보일 것이다.

24.1.2.1. Turtle methods

Turtle motion
    Move and draw
```
        forward() | fd()
        backward() | bk() | back()
        right() | rt()
        left() | lt()
        goto() | setpos() | setposition()
        setx()
        sety()
        setheading() | seth()
        home()
        circle()
        dot()
        stamp()
        clearstamp()
        clearstamps()
        undo()
        speed()
```

10 화면에 Car 객체를 그려보자.

우리는 앞에서 자동차를 나타내는 Car 클래스를 작성해보았다. 만약 자동차를 화면에 그리는 부분이 있다면 훨씬 재미있게 코드를 작성할 수 있을 것이다. 터틀 그래픽을 사용하여서 화면에 자동차를 그리고 움직여 보자.

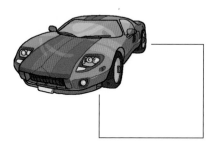

어떻게 자동차를 그리는 부분을 Car 클래스 안에 추가할 수 있을까? Car 클래스 안에서 거북이를 생성하여서 객체 안에 저장하면 된다. 터틀 그래픽에도 이미지를 등록하여서 사용할 수 있다. register_shape() 함수를 사용하면 된다.

```python
from turtle import *
class Car:
    def __init__(self, speed, color, fname):
        self.speed = speed
        self.color = color
        self.turtle = Turtle()          # 클래스 안에 거북이 객체를
        self.turtle.shape(fname)        # 생성하여 저장한다.

    def drive(self, distance):
        self.turtle.forward(distance)

    def turnleft(self, degree):
        self.turtle.left(degree)
                                        # 터틀 그래픽에서 사용되는
register_shape("car1.gif")              # 이미지를 등록한다.
myCar = Car(60, "blue", "car1.gif")
for i in range(4):
    myCar.drive(100)
    myCar.turnleft(90)
```

car3.py

11 2개의 객체를 만들어보자

앞 페이지에서는 하나의 Car 객체 만을 화면에 그려보았다. 만약 여러 개의 Car 객체를 생성하고 저장하려면 어떻게 하면 될까? 2개의 Car 객체를 생성하고 화면에 그려보자.

```python
from turtle import *
class Car:
    def __init__(self, speed, color, fname):
        self.speed = speed
        self.color = color
        self.turtle = Turtle()
        self.turtle.shape(fname)

    def drive(self, distance):
        self.turtle.forward(distance)

    def turnleft(self, degree):
        self.turtle.left(degree)

register_shape("car1.gif")
register_shape("car2.gif")
myCar = Car(0, "blue", "car1.gif")
yourCar = Car(0, "red", "car2.gif")

for i in range(4):
    myCar.drive(300)
    myCar.turnleft(90)
    yourCar.drive(100)
    yourCar.turnleft(60)
```

만약 10개 이상의 객체가 필요하다면 어떻게 해야 할까? 10개 이상이면 앞장에서처럼 객체를 하나씩 생성하여 이름 붙이는 것은 상당히 힘들어진다. 이 경우에는 빈 리스트를 만들고 여기에 객체를 하나씩 생성하여 저장하면 된다. 객체에 대한 처리를 할 때는 리스트에서 객체를 하나씩 꺼내서 객체의 메소드를 호출하면 된다.

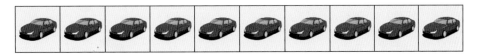

우리의 예제에서 리스트에 10개의 Car 객체를 생성하여 저장하고, 다음과 같이 자동차들이 랜덤하게 움직이는 애니메이션을 작성해보자.

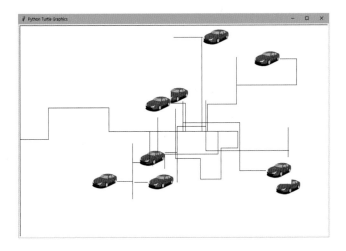

13 자동차 애니메이션

car5.py

```python
import random
from turtle import *

class Car:
    def __init__(self, speed, color, fname):
        self.speed = speed
        self.color = color
        self.turtle = Turtle()
        self.turtle.shape(fname)
        self.turtle.speed(self.speed)

    def drive(self, distance):
        self.turtle.forward(distance)

    def turnleft(self, degree):
        self.turtle.left(degree)

register_shape("car2.gif")

car_list = [ ]          # 빈 리스트를 생성한다.
for _ in range(10):
    car_list.append(Car(random.randint(1, 10), "red", "car2.gif"))

for _ in range(10):     # 10번 반복
    for car in car_list:
        car.drive(random.randint(50, 100))
        car.turnleft(random.choice([0, 90, 180, 270]))
```

리스트에서 Car 객체를
하나씩 꺼내서 움직인다.

리스트에서 Car 객체를
하나씩 생성하여 움직인다.

여기서 random.choice([0, 90, 180, 270])은 주어진 리스트에서 랜덤하게 하나의 항목을 선택한다. 즉 자동차들은 직각으로 움직이게 된다.

이번 장에서 배운 것

» 객체의 개념을 설명할 수 있나요?

- 객체(object)는 함수와 변수를 하나의 단위로 묶을 수 있는 방법이다. 객체는 프로그래밍에서 아주 유용한 개념이며 현재까지 아주 중요하게 사용된다. 특히 파이썬에서는 모든 것이 객체로 작성되어 있다. 이러한 프로그래밍 방식을 객체지향(object-oriented)이라고 한다.

» 객체와 클래스의 관계를 이해할 수 있나요?

- 클래스는 객체의 청사진으로서 객체의 구조를 정의한다.

» 객체를 활용하여 간단한 프로그램을 작성할 수 있나요?

- 하나의 클래스로 여러 개의 객체를 생성할 수 있다. 클래스 안에는 변수와 함수들을 정의한다. 클래스가 정의되면 객체를 생성할 수 있고, . 연산자를 사용하여 객체 안의 속성과 메소드를 사용할 수 있다.

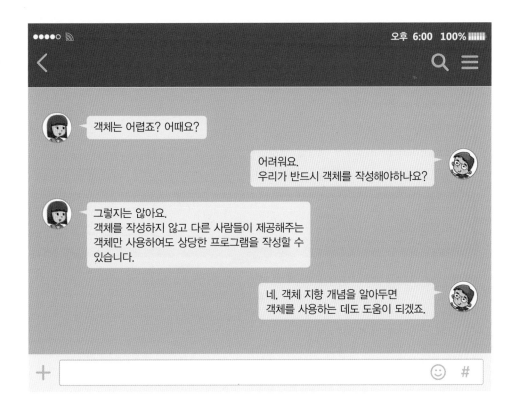

1 원을 나타내는 클래스 Circle 을 정의해보자. Circle 클래스에 포함되는 변수와 함수는 다음과 같다. Circle 클래스의 객체를 생성하고 테스트해보자.

- 반지름(radius)
- calcPerimeter() - 원의 둘레를 계산한다.
- calcArea() - 원의 면적을 계산한다.

```
반지름: 100
원의 면적: 31415.92
원의 둘레: 628.3184
```

HINT Circle 클래스의 변수는 생성자 안에서 정의한다. 함수는 클래스 안에서 정의한다.

2 TV를 클래스로 정의해보자. TV 클래스는 다음과 같은 변수들과 함수들을 가진다. TV 클래스의 객체를 생성하고 테스트해보자.

- 채널(channel)
- 볼륨(volume)
- 전원상태(on)
- turnOn() - TV를 켠다.
- turnOff() - TV를 끈다.
- setChannel(channel) - 채널을 변경한다.
- setVolume(volume) - 볼륨을 변경한다.

```
TV의 채널: 11
TV의 음량: 6
```

HINT TV 클래스의 변수는 생성자 안에서 정의한다. 함수는 클래스 안에서 정의한다.

```python
class TV:
    def __init__(self):
        self.channel = 1
    ...
```

```
def turnOn(self):
    ...
```

3 터틀 그래픽에서 각각의 거북이는 객체이다. 2개의 거북이를 생성하여서 다음과 같이 서로 다른 방향으로 움직이도록 하자.

HINT 터틀 그래픽에서 거북이 객체는 다음과 같이 생성할 수 있다.

```
lee = turtle.Turtle()
```

4 (ADVANCED) 공을 클래스로 정의하고 공을 화면에서 움직이는 애니메이션을 작성해 보자. 공은 화면을 벗어나지 않아야 한다. 그리고 여러 개의 공 객체를 생성하여서 리스트에 저장한 후에 하나씩 꺼내서 움직이도록 하자.

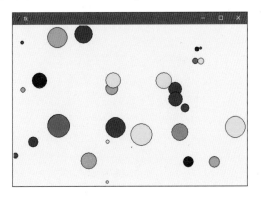

5 (ADVANCED) 다음과 같은 자동차 게임을 작성해보자. 객체 개념과 tkinter를 사용해 본다. 자동차를 클래스로 정의하고 이 클래스를 이용하여 여러 개의 자동차 객체를 생성한다. 객체들은 리스트에 저장된다. 배경을 이미지로 설정하고 위에서 아래로 반복적으로 움직인다.

tkinter는 게임 작성에도 사용할
수 있어요. 이번에는 간단한
게임을 작성해볼까요.

앞에서 tkinter를 자세히
배웠는데 어디에
사용하는 거죠?

이번 장에서는 다음과 같은 내용을 학습합니다.

- 간단한 게임을 설계할 수 있나요?
- PyGame을 이용하여 간단한 게임을 작성할 수 있나요?
- PyGame과 객체 지향 기법을 동시에 사용할 수 있나요?

01 pygame을 이용한 게임 작성

파이썬은 상당한 규모의 라이브러리를 자랑하는데 그 중에서 PyGame은 게임 작성용 라이브러리이다. pygame은 SDL 라이브러리의 파이썬 인터페이스이다. SDL은 사운드, 비디오, 마우스, 키보드, 조이스틱과 같  은 시스템의 기본 멀티미디어 하드웨어 구성 요소에 대한 크로스 플랫폼 액세스를 제공한다.

pygame은 기본 파이썬에 포함되어 있지 않다. pygame을 설치하려면 명령 프롬프트에서 "pip install pygame"을 입력하여 실행한다.

```
C> pip install pygame
```

설치가 올바르게 되었는지는 다음과 같은 명령어로 내장된 예제를 실행하여서 확인할 수 있다.

```
C> py -m pygame.examples.aliens
```

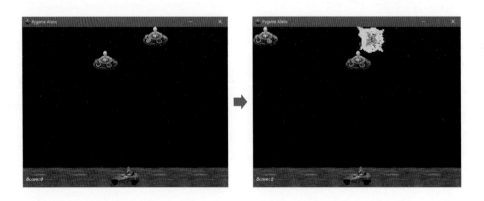

위와 같은 게임 창이 나타나면 PyGame이 제대로 설치된 것이다. 이 책에서는 PyGame의 가장 핵심적인 부분만을 단계별로 설명한다. 본문에서는 함수만을 사용한다. 각 단계별로 프로그램을 작성하면서 자세히 설명하고자 한다. 다만 클래스 개념은 사용하지 않았다. 독자들은 도전문제로 클래스를 사용하여 전체 코드를 다시 작성(리팩토링)해볼 수 있다.

02 게임 설계

게임을 본격적으로 작성하기 전에 우리가 만들 게임을 설계하여보자. 이번 장에서는 "갤러그"와 유사한 게임을 제작하여 보자. 이제까지 우리가 학습한 모든 것을 사용하여 보자. 갤러그는 유명한 아케이드 게임으로 일본 게임사 남코에 의하여 1982년에 처음으로 배포되었으며 사용자는 우주선의 포를 발사하여서 외계인들의 침공으로부터 지구를 구하는 게임이다.

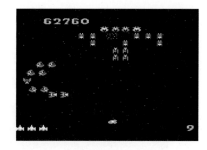

- 게임의 목표는 우리 우주선이 마시일로 외계 우주선을 격추하는 것이다.
- 우리 우주선은 화면의 하단에서 왼쪽이나 오른쪽으로만 화살표 키를 이용하여서 이동한다.
- 외계 우주선은 왼쪽에서 오른쪽으로, 위에서 아래로 자동으로 이동한다.
- 우리 우주선은 스페이스 키를 눌러서 미사일을 발사할 수 있다.
- 미사일에 외계 우주선에 맞으면 점수가 1만큼 증가하고 외계 우주선이 초기화된다.

어떤 변수가 필요한가?

우리는 함수와 변수만을 사용하여 게임을 작성할 것이다. 주요 변수는 다음과 같다.

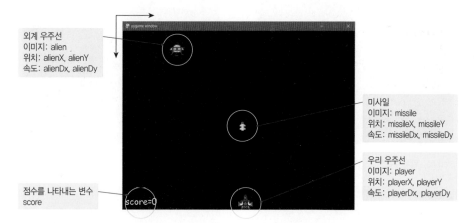

외계 우주선
이미지: alien
위치: alienX, alienY
속도: alienDx, alienDy

미사일
이미지: missile
위치: missileX, missileY
속도: missileDx, missileDy

우리 우주선
이미지: player
위치: playerX, playerY
속도: playerDx, playerDy

점수를 나타내는 변수
score

▷ 각 객체들의 현재 위치는 ...X, ...Y 변수로 나타낸다.
▷ 각 객체들의 현재 속도는 ...Dx, ...Dy 변수로 나타낸다. Dx가 붙으면 x 방향 속도를 의미한다. Dy가 붙으면 y 방향 속도를 의미한다. 게임 루프가 한번 반복될 때마다 ...Dx와 ...Dy 변수 값이 ...X와 ...Y 변수에 더해진다.
▷ 점수는 score 전역 변수로 나타낸다.

이 책에서 사용한 아이콘들은 모두 www.flaticon.com에서 다운로드받은 것이다. www.flaticon.com에 감사드린다.

구현 단계

이번 장에서는 게임을 순차적으로 구현한다. 구체적으로 다음과 같은 단계로 설명하고자 한다.

Step #1: pygame을 이용하여 빈 화면을 생성한다.

Step #2: 화면에 우리 우주선을 추가하고 방향키로 우주선을 움직인다.

Step #3: 외계 우주선을 생성하여서 자동으로 움직이게 한다.

Step #4: 우리 우주선에서 미사일을 발사하도록 한다.

Step #5: 외계 우주선이 미사일에 맞으면 점수를 증가시킨다.

Step #6: 여러 개의 외계 우주선을 생성해본다.

우리는 단계적으로 게임을 만들어보자. 이 프로그램은 검정색의 윈도우만 생성한다.

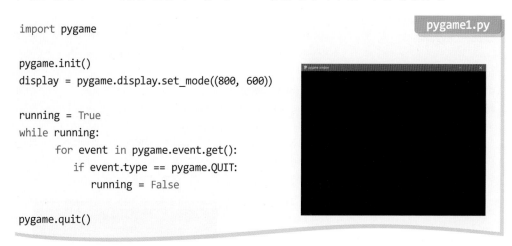

```
import pygame

pygame.init()
display = pygame.display.set_mode((800, 600))

running = True
while running:
        for event in pygame.event.get():
            if event.type == pygame.QUIT:
                running = False

pygame.quit()
```

pygame1.py

2행과 5행은 pygame 라이브러리를 가져와서 초기화한다. 8행은 디스플레이 윈도우를 설정한다. 생성할 윈도우의 너비와 높이를 지정하는 리스트 또는 튜플을 제공한다. 이 프로그램은 튜플을 사용하여 800×600 크기의 윈도우를 만든다. 10행은 간단한 게임 루프이다. 사용자가 종료 버튼을 클릭할 때까지 반복한다. 12행은 pygame을 종료한다.

게임 루프

거의 모든 게임은 반복 루프를 사용하여 게임 플레이를 제어한다. 이것을 게임 루프(game loop)라고 한다. 게임 루프는 다음과 같은 네 가지 중요한 작업을 처리한다. 게임 루프의 하나의 사이클을 프레임(frame)이라고 하며, 사이클을 빠르게 수행할수록 게임 실행 속도가 빨라진다.

입력 처리 → 게임업데이트 → 화면 그리기

- 사용자의 입력을 처리한다.
- 모든 게임 객체의 상태를 업데이트하고 이동시킨다.
- 화면을 다시 그린다.
- 게임의 속도를 조절한다.

현재까지의 코드에서는 사용자가 종료 버튼을 눌렀는지만 검사하고 있다.

화면에 이미지 표시하기

```
import pygame                                        pygame2.py

pygame.init()
display = pygame.display.set_mode((800, 600))
myfont = pygame.font.SysFont('Comic Sans MS', 30)
score = 0


player=pygame.image.load("spaceship.png")
playerX, playerY, playerDx, playerDy = 400, 550, 0, 0        ←—— (1)


running = True
while running:
    for event in pygame.event.get():
        if event.type == pygame.QUIT:
            running = False

    display.fill((0, 0, 0))
    display.blit(player, (playerX, playerY))
    pygame.display.update()
                                                        (2)
pygame.quit()
```

(1) 우리 주인공을 나타내는 이미지를 화면에 표시해보자. 이미지를 표시하려면 현재 작업 디렉
토리에 이미지가 있어야 한다. pygame.image.load() 함수를 호출하여서 이미지를 불러올
수 있다.

(2) 이미지를 표시하는 함수는 blit()이다. 이것은 비트 블록 전송을 의미하는 용어로서 이미
지를 원하는 위치에 빠르게 표시하는 기능을 제공한다. 하지만 이미지를 표시하기 전에
display.fill((0, 0, 0))를 호출해서 화면을 검정색으로 칠해야 한다. (0, 0, 0) 값은 RGB 값
이다. 이어서 display.blit(player, (playerX, playerY))을 호출하여서 (playerX, playerY)
위치에 우주선을 표시한다. 또 pygame.display.update()를 호출하여서 전체 화면 업데이
트를 지시하여야 한다. 게임 루프에서는 매번 화면의 배경색을 칠하고 화면 위에 각 객체를
다시 그려야 한다.

우주선 움직이기

키보드를 사용하여 플레이어가 화면의 객체를 제어할 수 있게 해보자. 플레이어가 위쪽 화살표 키나 아래쪽 화살표 키를 누르면 화면의 이미지를 위, 아래로 이동시킨다. 키보드 이벤트를 처리하면 된다. pygame.event.get() 함수를 호출하여서 모든 이벤트를 얻은 후에 event.type == pygame.KEYDOWN이면(즉 키가 눌려지면) 왼쪽 화살표키와 오른쪽 화살표 키만을 처리한다. 왼쪽 화살표 키라면 우리 우주선의 x방향 속도 playerDx를 −0.1로 설정한다. 오른쪽 화살표키라면 우리 우주선의 x방향 속도 playerDx를 +0.1로 설정한다. 만약 키에서 손이 떨어지면 playerDx와 playerDy를 모두 0으로 설정한다.

```
import pygame

pygame.init()
display = pygame.display.set_mode((800, 600))

player=pygame.image.load("spaceship.png")
playerX, playerY, playerDx , playerDy = 400, 550, 0, 0

running = True

while running:
    for event in pygame.event.get():
        if event.type == pygame.QUIT:
            running = False

        if event.type == pygame.KEYDOWN:
            if event.key == pygame.K_LEFT:      playerX -= 1
            if event.key == pygame.K_RIGHT:     playerX += 1     (1)

    display.fill((0, 0, 0))
    display.blit(player, (playerX, playerY))
    pygame.display.update()

pygame.quit()
```

pygame3.py

(1) K_UP, K_DOWN, K_LEFT, K_RIGHT는 키보드의 화살표 키에 해당한다. 이벤트의 종류가 KEYDOWN이면 키보드의 어떤 키가 눌린 것을 의미한다. 왼쪽 화살표나 오른쪽 화살표키가 눌리면 우리 우주선 이미지의 위치를 나타내는 playerX와 playerY를 적절하게 변경한다. 화면에 이미지를 그릴 때, 이번에는 고정된 위치가 아니라 (playerX, playerY)에 그린다.

몇 가지의 작은 문제가 나타날 수 있다. 한 가지 문제는 이미지가 화면에서 벗어날 수 있다는 점이다. 이것은 여러분들이 코드를 추가해보자. 이미지를 화면에 유지하려면 이미지가 화면 밖으로 이동하는지 감지하는 코드를 추가해야 한다. 이를 위해 (playerX, playerY) 좌표가 화면의 경계를 넘어 이동했는지 확인한다. 만약 그렇다면 이미지를 다시 가장자리로 이동하도록 지시하라.

위의 코드는 방향키를 연속하여 누르고 있는 것을 감지하지 못한다. 따라서 우리는 화살표키가 눌리면 우주선의 속도를 나타내는 playerDx를 0.1이나 −0.1 정도로 설정한 후에 이것을 반복할 때마다 playerX 변수에 더하는 편이 낫다.

```
import pygame                                              pygame4.py

pygame.init()
display = pygame.display.set_mode((800, 600))

player=pygame.image.load("spaceship.png")
playerX, playerY, playerDx , playerDy = 400, 550, 0, 0

running = True

while running:
    for event in pygame.event.get():
        if event.type == pygame.QUIT:
            running = False

        if event.type == pygame.KEYDOWN:
            if event.key == pygame.K_LEFT:          playerDx = -0.1
            if event.key == pygame.K_RIGHT:         playerDx = 0.1
        if event.type == pygame.KEYUP:
            if event.key == pygame.K_RIGHT or event.key == pygame.K_LEFT:
```

```
            playerDx = 0  •——— (1)

        playerX += playerDx •——————— (2)

        display.fill((0, 0, 0))
        display.blit(player, (playerX, playerY))
        pygame.display.update()

    pygame.quit()
```

(1) 위의 코드는 방향키를 연속하여 누르고 있는 것을 감지하지 못한다. 따라서 우리는 화살표 키가 눌리면 우주선의 속도를 나타내는 playerDx를 0.1이나 −0.1 정도로 설정한 후에 이 것을 반복할 때마다 playerX 변수에 더하는 편이 낫다. 또 방향키에서 손을 뗐을 경우에는 우리 우주선의 속도를 정상으로 돌려놓아야 한다. 따라서 KEYUP 이벤트이고 왼쪽이나 오른쪽 화살표 키이면 속도를 0으로 설정한다.

(2) 게임 루프에서는 우리 우주선의 위치를 나타내는 playerX 변수에, 속도를 나타내는 playerDx를 더해준다. 즉 playerDx는 단위 시간 동안 움직이는 거리, 즉 우리 우주선의 속도라고 생각하면 된다.

이제는 외계인 우주선을 화면의 상단에 만들어보자. 외계인 우주선을 나타내는 이미지를 공개 이미지 사이트에서 다운로드한다.

pygame5.py

```python
import pygame

pygame.init()
display = pygame.display.set_mode((800, 600))

player=pygame.image.load("spaceship.png")
playerX, playerY, playerDx , playerDy = 400, 550, 0, 0

alien=pygame.image.load("alien.png")          ← (1) 외계 우주선 이미지를
alienX, alienY, alienDx , alienDy    = 0, 10, 0.1, 0.1   읽는다.

running = True
while running:
    for event in pygame.event.get():
        if event.type == pygame.QUIT:
            running = False

        if event.type == pygame.KEYDOWN:
            if event.key == pygame.K_LEFT:        playerDx = -0.1
            if event.key == pygame.K_RIGHT:       playerDx = 0.1
        if event.type == pygame.KEYUP:
            if event.key == pygame.K_RIGHT or event.key == pygame.K_LEFT:
            playerDx = 0

    playerX += playerDx

    display.fill((0, 0, 0))
    display.blit(player, (playerX, playerY))
    display.blit(alien, (alienX, alienY))       ← (1) 외계 우주선 이미지를
    pygame.display.update()                        화면에 표시한다.

pygame.quit()
```

외계인 우주선을 움직여 보자.

외계인 우주선은 사용자의 키에 따라서 움직이는 것이 아니고 NPC처럼 자율적으로 움직여야 한다. 따라서 우리의 코드에 외계인 우주선을 움직이는 코드를 추가하자.

pygame6.py

```
import pygame

pygame.init()
display = pygame.display.set_mode((800, 600))

player=pygame.image.load("spaceship.png")
playerX, playerY, playerDx , playerDy = 400, 550, 0, 0

alien=pygame.image.load("alien.png")
alienX, alienY, alienDx , alienDy  = 0, 10, 0.1, 0.1

running = True
while running:
    for event in pygame.event.get():
        if event.type == pygame.QUIT:
            running = False

        if event.type == pygame.KEYDOWN:
            if event.key == pygame.K_LEFT:       playerDx = -0.1
            if event.key == pygame.K_RIGHT:      playerDx = 0.1
        if event.type == pygame.KEYUP:
            if event.key == pygame.K_RIGHT or event.key == pygame.K_LEFT:
                playerDx = 0

    playerX += playerDx

    alienX += alienDx          (1) 외계 우주선을 움직인다.
    if  alienX <= 0 or alienX > 750:
        alienDx *= -1
        alienY += 30
    display.fill((0, 0, 0))
    display.blit(player, (playerX, playerY))
    display.blit(alien, (alienX, alienY))
    pygame.display.update()

pygame.quit()
```

(1) 게임 루프에서 alienX에 alienDx가 더해진다. 따라서 외계 우주선은 x방향으로 이동한다.
만약 alienX가 0보다 작거나 750보다 크면 외계 우주선의 y좌표에 30이 더해진다. 따라서
한 칸 아래쪽으로 내려오게 된다.

Step #4: 미사일 만들기

미사일도 이미지를 구해서 화면에 표시한 후에 이미지의 위치를 변경해주면 된다. 미사일의 경우에는 발사전과 발사후를 구분하여야 한다. 발사전에는 미사일을 숨기고, 미사일을 움직이지 않는다. 미사일이 발사되면 미사일을 움직인다. 따라서 미사일은 2가지의 상태가 있어야 한다. 여기서는 "hidden"과 "fire" 상태로 구분한다. 상태를 나타내는 변수는 missileState이다.

```python
import pygame

pygame.init()
display = pygame.display.set_mode((800, 600))

player=pygame.image.load("spaceship.png")
playerX, playerY, playerDx , playerDy = 400, 550, 0, 0

alien=pygame.image.load("alien.png")
alienX, alienY, alienDx , alienDy   = 0, 10, 0.1, 0.1

missile = pygame.image.load('missile.png')          (0) 미사일 이미지를 읽는다.
missileX, missileY, missileDx , missileDy   = 0, 1000, 0, 0.1
missileState = "hidden"

running = True
while running:
    for event in pygame.event.get():
        if event.type == pygame.QUIT:
            running = False

        if event.type == pygame.KEYDOWN:
            if event.key == pygame.K_LEFT:          playerDx = -0.1
            if event.key == pygame.K_RIGHT:         playerDx = 0.1
            if event.key == pygame.K_SPACE:
                if missileState == "hidden":                (1)
                    missileState = "fire"
                    missileX, missileY = playerX, playerY
        if event.type == pygame.KEYUP:
            if event.key == pygame.K_RIGHT or event.key == pygame.K_LEFT:
                playerDx = 0

    playerX += playerDx
```

```
        alienX += alienDx
        if alienX <= 0 or alienX > 750:
            alienDx *= -1
            alienY += 30

        if missileY <= 0:           (2)
            missileY = 1000
            missileState = "hidden"

        if missileState == "fire":      (3)
            missileY -= missileDy

        display.fill((0, 0, 0))
        display.blit(player, (playerX, playerY))
        display.blit(missile, (missileX, missileY))
        display.blit(alien, (alienX, alienY))
        pygame.display.update()
                                            (4)

pygame.quit()
```

(1) 미사일은 사용자가 키보드의 스페이스키를 누르면 발사된다. 스페이스키가 눌렸을 때, 미사일의 상태가 "hidden"이면 "fire"로 상태를 바꾸고 미사일의 위치를 우리 우주선의 위치로 설정한다.

(2) 미사일의 y좌표가 0보다 작아지면 미사일이 화면을 벗어난 것이다. 따라서 미사일을 숨기고 상태를 "hidden"으로 바꾼다.

(3) 반복 루프에서 미사일의 상태가 "fire"이면 미사일의 y 좌표를 missileDy만큼 감소시킨다. 따라서 미사일이 화면의 위쪽으로 이동하게 된다.

(4) 미사일을 화면의 (missileX, missileY)에 그린다.

충돌 감지는 게임에서 아주 중요한 문제이다. 충돌 감지는 객체를 둘러싸는 사각형이 겹치는지 겹치지 않는지를 알고리즘으로 검사하면 된다. 물론 함수 작성도 어렵지는 않지만 우리는 pygame에 제공하는 함수 colliderect()를 사용하자.

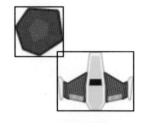

소스 코드에서 변경된 부분을 색상을 다르게 표시하였다.

pygame8.py

```python
import pygame

pygame.init()
display = pygame.display.set_mode((800, 600))
myfont = pygame.font.SysFont('Comic Sans MS', 30)          (1)
score = 0

player=pygame.image.load("spaceship.png")
playerX, playerY, playerDx , playerDy = 400, 550, 0, 0

alien=pygame.image.load("alien.png")
alienX, alienY, alienDx , alienDy   = 0, 10, 0.1, 0.1

missile = pygame.image.load('missile.png')
missileX, missileY, missileDx , missileDy   = 0, 1000, 0, 0.1
missileState = "hidden"

running = True
while running:
    for event in pygame.event.get():
        if event.type == pygame.QUIT:
            running = False

        if event.type == pygame.KEYDOWN:
            if event.key == pygame.K_LEFT:          playerDx = -0.1
            if event.key == pygame.K_RIGHT:         playerDx = 0.1
            if event.key == pygame.K_SPACE:
                if missileState == "hidden":
                    missileState = "fire"
                    missileX, missileY =playerX, playerY
```

```python
        if event.type == pygame.KEYUP:
            if event.key == pygame.K_RIGHT or event.key == pygame.K_LEFT:
                playerDx = 0
                                                    (2)
    rect1 = pygame.Rect(alien.get_rect(topleft=(alienX, alienY)))
    rect2 = pygame.Rect(missile.get_rect(topleft=(missileX, missileY)))
    if rect1.colliderect(rect2) and missileState != "hidden":
        score += 1
        alienX, alienY, alienDx , alienDy   = 0, 10, 0.1, 0.1


    playerX += playerDx


    alienX += alienDx
    if  alienX <= 0 or alienX > 750:
        alienDx *= -1
        alienY += 30


    if missileY <= 0:
        missileY = 1000
        missileState = "hidden"


    if missileState == "fire":
        missileY -= missileDy


    display.fill((0, 0, 0))
    display.blit(player, (playerX, playerY))
    display.blit(missile, (missileX, missileY))
    display.blit(alien, (alienX, alienY))
    text = myfont.render(f'score={score}', False, (255, 255, 255))
    display.blit(text,(10,550))
    pygame.display.update()
                            (3)
pygame.quit()
```

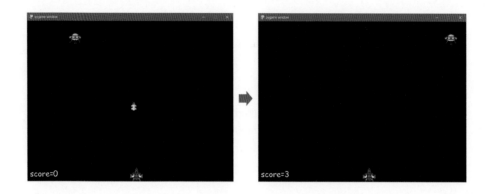

(1) 점수를 표시하기 위하여 폰트를 'Comic Sans MS'로 초기화하고 점수를 나타내는 변수 score를 생성한다.

(2) 각 이미지를 둘러싸고 있는 사각형을 얻어서 이들 사각형이 겹치는 지를 colliderect()로 검사한다. 만약 충돌이 감지되면 점수를 1만큼 증가시키고, 외계 우주선의 위치를 초기화한다.

```python
rect1 = pygame.Rect(alien.get_rect(topleft=(alienX, alienY)))
rect2 = pygame.Rect(missile.get_rect(topleft=(missileX, missileY)))
// 충돌 검사
if rect1.colliderect(rect2) and missileState != "hidden":
    score += 1        // 충돌이면 점수 증가
    alienX, alienY, alienDx , alienDy   = 0, 10, 0.1, 0.1
```

(3) 점수를 나타내는 변수 score를 (10, 550) 위치에 표시한다. 여기서 (255, 255, 255)는 텍스트의 색상이다.

```python
text = myfont.render(f'score={score}', False, (255, 255, 255))
display.blit(text,(10,550))
```

08 Step #6: 외계인 우주선 많이 생성하기

우주선의 개수를 늘리려면 어떻게 하면 좋을까? 변수보다는 리스트를 사용해야 한다. 외계인 우주선의 위치와 속도를 저장하는 리스트를 4개 생성한다.

- alienX[ ]: 외계인 우주선의 x좌표를 저장한다.
- alienY[ ]: 외계인 우주선의 y좌표를 저장한다.
- alienDx[ ]: 외계인 우주선의 x 속도를 저장한다.
- alienDy[ ]: 외계인 우주선의 y 속도를 저장한다.

앞의 소스에서는 변수였던 것이 리스트가 되었으므로 모든 코드를 리스트에서 하나씩 꺼내서 처리하도록 변경하면 된다. 클래스와 객체 개념을 사용하면 외계인 우주선에 대한 모든 속성을 하나의 객체에 저장할 수 있어서 깔끔한 코드가 된다. 이것은 도전 문제로 넘긴다.

pygame9.py

```
import pygame

pygame.init()
display = pygame.display.set_mode((800, 600))
myfont = pygame.font.SysFont('Comic Sans MS', 30)
score = 0

player = pygame.image.load("spaceship.png")
playerX, playerY, playerDx , playerDy = 400, 550, 0, 0

alien=pygame.image.load("alien.png")
alienX = [ ]
```

```
alienY = [ ]
alienDx = [ ]
alienDy = [ ]
alienNumber = 6

for i in range(alienNumber):
    alienX.append(20+i*60)
    alienY.append(10)
    alienDx.append(0.1)
    alienDy.append(0.0)

missile = pygame.image.load('missile.png')
missileX, missileY, missileDx , missileDy   = 0, 1000, 0, 0.1
missileState = "hidden"

running = True
while running:
    for event in pygame.event.get():
        if event.type == pygame.QUIT:
            running = False

        if event.type == pygame.KEYDOWN:
            if event.key == pygame.K_LEFT:          playerDx = -0.1
            if event.key == pygame.K_RIGHT:         playerDx = 0.1
            if event.key == pygame.K_SPACE:
                if missileState == "hidden":
                    missileState = "fire"
                    missileX, missileY =playerX, playerY
            if event.type == pygame.KEYUP:
                if event.key == pygame.K_RIGHT or event.key == pygame.K_LEFT:
                    playerDx = 0

    playerX += playerDx

    display.fill((0, 0, 0))
    for i in range(alienNumber):
        alienX[i] += alienDx[i]
        alienY[i] += alienDy[i]
        if  alienX[i] <= 0 or alienX[i] > 750:
            alienDx[i] *= -1
            alienY[i] += 30
        rect1 = pygame.Rect(alien.get_rect(topleft=(alienX[i], alienY[i])))
```

```
        rect2 = pygame.Rect(missile.get_rect(topleft=(missileX, missileY)))
        if rect1.colliderect(rect2) and missileState != "hidden":
            score += 1
            alienX[i], alienY[i], alienDx[i] , alienDy[i] = 0, 1000, 0.1, 0.0
        display.blit(alien, (alienX[i], alienY[i]))

    if missileY <= 0:
        missileY = 1000
        missileState = "hidden"

    if missileState == "fire":
        missileY -= missileDy

    display.blit(player, (playerX, playerY))
    display.blit(missile, (missileX, missileY))
    text = myfont.render(f'score={score}', False, (255, 255, 255))

    display.blit(text,(10,550))
    pygame.display.update()

pygame.quit()
```

도전문제
1. 미사일이 연속적으로 발사되도록 수정해보자. 이것도 리스트를 만들고 여기에 미사일을 저장하면 된다. 리스트에 들어 있는 모든 미사일들을 화면에 그려야 한다.
2. 외계 우주선이 단순하게 하강하는 것이 아니고 회전하면서 하강하게 수정해보자.

찾아보기